21 世纪高职高专规划教材·财务会计系列

会计实务实训

主　编　丁希宝
副主编　李艳梅　杨淑华　李　琳
参　编　邵　婷　李巧玲　刘俊杰

武汉理工大学出版社
·武　汉·

图书在版编目(CIP)数据

会计实务实训/丁希宝主编. —武汉:武汉理工大学出版社,2016.11
(21世纪高职高专规划教材·财务会计系列)
ISBN 978-7-5629-5191-9

Ⅰ.①会… Ⅱ.①丁… Ⅲ.①会计实务-习题集 Ⅳ.①F233-44

中国版本图书馆CIP数据核字(2016)第268033号

项目负责人:崔庆喜(027-87523138)
责任编辑:雷　蕾
责任校对:王小平
版面设计:天成图文
出版发行:武汉理工大学出版社
网　　址:www.wutp.com.cn
地　　址:武汉市洪山区珞狮路122号
邮　　编:430070
印　　刷:湖北丰盈印务有限公司
经　　销:各地新华书店
开　　本:787×1092　1/16
印　　张:12
插　　页:1
字　　数:307千
版　　次:2016年11月第1版
印　　次:2016年11月第1次印刷
印　　数:2000册
定　　价:24.00元

凡使用本教材的教师,可通过E-mail索取教学参考资料。
E-mail:wutpcqx@163.com
本社购书热线电话:027-87384729　87664138　87165708(传真)

目　录

项目一 会计核算的基本要求

知识能力点测试

一、单项选择题

1. 下列对会计核算基本前提的表述中恰当的是(　　)。

A. 持续经营和会计分期确定了会计核算的空间范围

B. 一个会计主体必然是一个法律主体

C. 货币计量为会计核算提供了必要的手段

D. 会计主体确立了会计核算的时间范围

2. 确立会计核算空间范围所依据的会计核算基本前提是(　　)。

A. 会计主体　　B. 会计分期　　C. 持续经营　　D. 货币计量

3. 企业应当以实际发生的交易或者事项为依据进行确认、计量和报告,如实反映符合确认和计量要求的各项会计要素及其他相关信息,体现的是(　　)的原则。

A. 实质重于形式　　B. 可理解性　　C. 可靠性　　D. 相关性

4. 会计信息质量要求中,要求企业前后期间提供相互可比的会计信息的是(　　)。

A. 可比性　　B. 明晰性　　C. 及时性　　D. 客观性

5. 企业采用的会计处理方法不能随意变更,体现了(　　)会计信息质量要求。

A. 谨慎性　　B. 可比性　　C. 客观性　　D. 重要性

6. 企业将融资租入的固定资产作为自有固定资产管理,体现了会计信息质量要求中的(　　)。

A. 可比性　　B. 及时性　　C. 实质重于形式　　D. 谨慎性

7. 下列各项业务中,没有体现谨慎性质量要求的是(　　)。

A. 对应收账款计提坏账准备

B. 固定资产采用双倍余额递减法计提折旧

C. 对固定资产计提减值准备

D. 存货按历史成本计量

8. 下列各项中,体现谨慎性要求的是(　　)。

A. 存货采用历史成本计价　　B. 应收账款计提坏账准备

C. 固定资产计提折旧　　D. 无形资产摊销

9. 企业对交易或者事项进行会计确认、计量和报告应当保持应有的谨慎,不应高估资产或者收益、低估负债或者费用,所反映的是会计信息质量要求中的(　　)。

A. 重要性　　B. 实质重于形式　　C. 谨慎性　　D. 及时性

10. 我国企业会计准则规定,企业会计的确认、计量和报告应当以(　　)为基础。

A. 权责发生制 B. 实地盘存制 C. 永续盘存制 D. 收付实现制

11. 根据资产的定义,下列事项中不属于资产特征的是( )。

A. 资产是企业拥有或控制的经济资源 B. 资产预期会给企业带来未来经济利益

C. 资产是由企业过去的交易或事项形成的 D. 资产是投资者投入的

12. 下列各项对收入的描述正确的是( )。

A. 在日常活动中形成的,会导致所有者权益增加的、与所有者投入资本无关的经济利益总流入

B. 销售商品收入、提供劳务收入和让渡资产使用权收入,包括企业代第三方收取的款项

C. 销售商品收入、提供劳务收入和计入损益的利得

D. 销售商品收入、直接计入所有者权益的利得和损失、让渡资产使用权收入

13. 下列项目中,能同时使资产和负债发生变化的是( )。

A. 赊购商品 B. 宣告股票股利

C. 接受捐赠 D. 收回应收账款

14. 下列经济业务中,能引起公司股东权益总额变动的是( )。

A. 盈余公积弥补亏损 B. 股东大会向投资者宣告分配现金股利

C. 向投资者分配股票股利 D. 用资本公积金转增股本

15. 下列项目中,不符合费用定义的是( )。

A. 广告费用 B. 处置固定资产净损失

C. 业务招待费 D. 质量保证费

16. 资产按照购置资产时所付出的对价的公允价值计量,其会计计量属性是( )。

A. 重置成本 B. 可变现净值 C. 公允价值 D. 历史成本

二、多项选择题

1. 下列各项中属于资产范围的是( )。

A. 库存商品 B. 周转材料

C. 经营租出的设备 D. 预收货款

E. 预付货款

2. 下列各项中,符合谨慎性会计信息质量要求的有( )。

A. 将融资租赁的固定资产作为自有固定资产入账

B. 固定资产期末发生减值,计提减值准备

C. 固定资产采用年限平均法计提折旧

D. 固定资产采用双倍余额递减法计提折旧

E. 固定资产采用年数总和法计提折旧

3. 下列各项中,不属于利得的有( )。

A. 出租无形资产取得的收益 B. 出售无形资产取得的净收益

C. 出租固定资产取得的收益 D. 出售固定资产取得的净收益

E. 出售库存商品取得的收入

4. 反映企业经营成果的会计要素包括( )。

A. 收入　　B. 费用　　C. 资产

D. 所有者权益　　E. 利润

5. 下列各项中,体现实质重于形式要求的有(　　)。

A. 固定资产计提折旧

B. 将融资租赁的固定资产作为自有固定资产入账

C. 无形资产进行摊销

D. 售后回租

E. 售后回购

6. 下列业务事项中,可以引起资产和负债同时变化的有(　　)。

A. 计提存货跌价准备　　B. 收回前欠货款

C. 预付采购货款　　D. 取得长期借款

E. 偿还前欠货款

7. 下列属于会计基本假设的有(　　)。

A. 历史成本　　B. 持续经营

C. 会计主体　　D. 会计分期

E. 可比性

8. 下列属于会计计量属性的有(　　)。

A. 历史成本　　B. 重置成本

C. 可变现净值　　D. 现值

E. 公允价值

9. 下列属于会计信息质量要求的有(　　)。

A. 可靠性　　B. 可理解性

C. 可比性　　D. 谨慎性

E. 历史成本

10. 下列经济业务事项中,不违背可比性要求的有(　　)。

A. 由于本年利润计划完成情况不佳,决定暂停无形资产的摊销

B. 鉴于2007年开始执行新准则,将发出存货计价方法由后进先出法改为先进先出法

C. 由于固定资产购建完成并达到预定可使用状态,将借款费用由资本化改变为费用化核算

D. 某项专利技术已经丧失使用价值和转让价值,将其账面价值一次性转入当期营业外支出

E. 如果固定资产所含经济利益的预期实现方式发生了重大改变,企业应当相应改变固定资产折旧方法

三、判断题

1. 会计主体为会计核算提供了空间范围,持续经营为会计核算提供了时间范围。(　　)

2. 会计政策一经确定,不得变更,符合可比性要求。(　　)

3. 我国企业会计准则规定,企业的会计核算应当以权责发生制为基础。(　　)

4. 一个会计主体必然是一个法律主体。（　　）

5. 业务收支以外币为主的企业，也可以选定某种外币为记账本位币，但编制的会计报表应当折算为人民币反映。（　　）

6. 某企业2×08年12月份发生的经济业务，会计人员在2×09年1月份才入账，这违背了及时性要求。（　　）

7. 利得是指由企业日常活动所形成的、会导致所有者权益增加的、与所有者投入资本无关的经济利益的流入。（　　）

8. 谨慎性要求不应高估资产或者收益，意味着可以适当低估资产或者收益。（　　）

9. 确认会计信息的重要性，很大程度上取决于会计人员的职业判断，企业应当根据其所处环境和实际情况，从项目的性质和金额大小两方面加以判断。（　　）

10. 资产在取得时历史成本和公允价值一般是一致的，但随着时间的推移两者出现了不一致。（　　）

四、问答题

1. 什么是会计？
2. 简述会计的四大基本假设。
3. 会计信息质量的基本要求有哪些？
4. 什么是资产？资产有哪些特征？
5. 什么是负债？负债有哪些特征？
6. 什么是收入？收入如何分类？
7. 什么是利得和损失？
8. 会计的计量属性有哪些？

项目二 货币资金的核算

第一部分 知识能力点测试

一、单项选择题

1. 下列事项中不属于货币资金特点的是(　　)。
A. 普遍可接受性　　B. 是最重要的资产
C. 货币形态存在　　D. 最强的流动性
2. 下列事项中不属于货币资金的是(　　)。
A. 备用金　　B. 库存现金　　C. 银行存款　　D. 其他货币资金
3. 一般情况下,下列事项中可以用现金支付的是(　　)。
A. 支付的材料款　　B. 支付的税金
C. 发给职工的工资　　D. 支付的办公用品款
4. 内部各部门周转使用的备用金,可以通过"(　　)"科目核算。
A. 银行存款　　B. 应收账款　　C. 其他应收款　　D. 预付账款
5. 关于库存现金长款,无法查明原因的应记"(　　)"科目。
A. 其他业务收入　　B. 营业外收入　　C. 冲减营业外支出　　D. 其他应付款
6. 关于库存现金短款,无法查明原因的应记"(　　)"科目。
A. 其他应收款　　B. 营业外支出　　C. 其他业务支出　　D. 管理费用
7. 下列不属于现金支付业务的原始凭证的是(　　)。
A. 车、船票　　B. 付款凭证　　C. 工资单　　D. 借款收据
8. 支票的付款期限为(　　)。
A. 10 天　　B. 20 天　　C. 30 天　　D. 60 天
9. 银行本票的付款期限最长不得超过(　　)。
A. 6 个月　　B. 2 个月　　C. 30 天　　D. 1 个月
10. 银行汇票结算方式的付款期限为(　　)。
A. 1 个月　　B. 2 个月　　C. 3 个月　　D. 6 个月
11. 根据内部控制制度的要求,出纳人员不可以(　　)。
A. 登记现金和银行存款日记账　　B. 保管库存现金和各种有价证券
C. 保管会计档案　　D. 保管空白收据、空白支票以及有关印章
12. 下列各项中,不属于其他货币资金有(　　)。
A. 银行本票　　B. 银行汇票　　C. 商业汇票　　D. 在途货币资金
13. 托收承付结算方式需要通过"(　　)"科目核算。
A. 应收账款　　B. 预收账款　　C. 应收票据　　D. 其他货币资金

14.(　　)结算方式只适用于在同一票据交换区域需要支付各种款项的单位和个人。

A. 银行汇票　　B. 银行本票　　C. 商业汇票　　D. 汇兑

15. 企业日常经营活动的资金收付通过(　　)账户办理。

A. 基本存款　　B. 专用存款　　C. 一般存款　　D. 临时存款

二、多项选择题

1. 货币资金包括(　　)。

A. 库存现金　　B. 备用金　　C. 银行存款　　D. 其他货币资金

2. 下列行为中,可以用现金支付的有(　　)。

A. 支付给职工的工资　　B. 支付出差人员的差旅费

C. 支付办公用品款 752 元　　D. 支付向供销社采购的农副产品款 10 万元

3. 下列结算方式中,同城异地均可使用的结算方式有(　　)。

A. 委托收款　　B. 银行本票　　C. 银行汇票　　D. 托收承付

4. 下列项目中,在其他货币资金中核算的有(　　)。

A. 汇往采购地采购专户的款项　　B. 银行签发银行汇票

C. 信用证存款　　D. 银行签发银行本票

5. 下列结算方式中应在应收账款中核算的有(　　)。

A. 银行汇票　　B. 委托收款　　C. 商业汇票　　D. 托收承付

6. 银行存款日记账的核对主要是指(　　)。

A. 银行存款日记账与银行存款收款、付款凭证要互相核对

B. 银行存款日记账与银行存款总账要互相核对

C. 银行存款日记账与收款、付款单位要进行核对

D. 银行存款日记账与银行开出的银行存款对账单要相互核对

7. 由于银行存款收支凭证在企业、银行间传递需要一定时间,因而在同一日期的同一笔业务,会出现一方已入账、另一方未入账的情况,这种情况包括(　　)。

A. 银行已记作企业存款增加,而企业尚未接到收款通知

B. 银行已记作企业存款减少,而企业尚未收到付款通知

C. 企业已记作银行存款增加,而银行尚未办妥入账手续

D. 企业已记作银行存款减少,而银行尚未支付入账的款项

8. 符合银行存款管理规范的有(　　)。

A. 一个企业只能选择一家银行的一个营业机构开立一个基本存款账户

B. 日常转账结算和现金存取通过基本存款账户办理

C. 企业支付款项时,存款账户内必须有足够的资金

D. 不准出租、出借银行账户

9. 下列选项中符合货币资金内部控制管理要求的是(　　)。

A. 严格职责分工　　B. 实行交易分开

C. 实施内部稽核　　D. 实施定期轮岗制度

10. 下列情况中违背严格职责分工的控制原则的是(　　)。

A. 由出纳人员兼任收入总账和明细账的登记工作

B. 由出纳人员兼任收入与费用的相关账务核算

C. 由出纳人员兼任会计档案保管工作

D. 由出纳人员保管签发支票所需全部印章

11. 企业进行库存现金清查时发现库存现金短缺 100 元,应由出纳员赔偿。报经批准后账务处理正确的是(　　)。

A. 借:待处理财产损溢 100
　贷:库存现金 100

B. 借:其他应收款 100
　贷:库存现金 100

C. 借:营业外支出 100
　贷:库存现金 100

D. 借:其他应收款 100
　贷:待处理财产损溢 100

12. 库存现金盘盈的账务处理中,可能贷记的科目有(　　)。

A. 管理费用　　B. 营业外收入　　C. 销售费用　　D. 其他应付款

13. 属于库存现金支出的原始凭证有(　　)。

A. 工资单　　B. 借款收据　　C. 差旅费报销单　　D. 付款凭证

14. 采购员报销差旅费涉及的账户有(　　)。

A. 其他应收款　　B. 库存现金　　C. 其他应付款　　D. 管理费用

15. 下列项目中符合库存现金保管制度的是(　　)。

A. 超过库存限额的现金应在当日下班前送存银行

B. 超过库存限额的现金应在次日下班前送存银行

C. 限额内的库存现金下班后可以自由存放在出纳员的抽屉内过夜

D. 限额内的库存现金下班后必须存放在保险柜内

16. 下列项目中符合库存现金收支规定的是(　　)。

A. 企业的库存现金收入当日必须送存银行

B. 一般不允许坐支

C. 提现时开具现金支票

D. 库存现金应采用实地盘点

17. 下列说法中不正确的是(　　)。

A. 结算起点为 2 000 元

B. 库存现金限额一般为企业 4~5 天的正常开支需要量

C. 企业绝对不可以坐支库存现金

D. 库存现金盘点时,出纳必须在场

18. 下列项目中(　　)属于库存现金的使用范围。

A. 工资性津贴　　B. 抚恤金　　C. 个人劳务报酬　　D. 大额购货款

19. 下列项目中通过"其他货币资金"账户核算的有(　　)。

A. 外埠存款　　B. 银行本票存款　　C. 银行汇票存款　　D. 商业汇票

20. 银行存款支出日记账对应的借方账户可能为(　　)。

A. 库存现金　　B. 应付账款　　C. 原材料　　D. 长期借款

21. 商业汇票按承兑人不同可以分为(　　)。

A. 定额汇票　　B. 非定额汇票　　C. 商业承兑汇票　　D. 银行承兑汇票

三、判断题

1. 货币资金按其存放的地点和用途不同可分为库存现金、银行存款和其他货币资金。（ ）

2. 按照规定，单位库存现金的支出应由出纳人员一人办理。（ ）

3. 坐支一律禁止。（ ）

4. 库存现金限额一般按照单位 5～15 天日常零星开支所需库存现金确定。（ ）

5. 库存现金的核算包括总分类核算与序时核算。（ ）

6. 如果拨付备用金、收回备用金通过“其他应收款”科目核算，则按报销金额补足备用金，不再通过“其他应收款”科目。（ ）

7. 对库存现金情况进行定期或不定期的清查。一般来说，清查小组清查库存现金多采用突击盘点方法，不预先通知出纳员。（ ）

8. 出纳员可以登记固定资产明细账。（ ）

9. 银行汇票和商业汇票使用灵活、票随人到，都通过“其他货币资金”账户核算。（ ）

10. 商业承兑汇票由付款人承兑，银行承兑汇票由银行承兑。（ ）

11. 银行存款日记账的记录同银行对账单进行逐笔核对时，如发现双方余额不一致，调节后相符，应依照“银行存款余额调节表”调整银行存款账。（ ）

12. 银行存款余额调节表调节后的余额既不是企业银行存款日记账的余额，也不是银行对账单的余额，它是企业银行存款的真实数字。（ ）

13. 企业在银行的其他存款，如外埠存款、银行汇票存款、银行本票存款、信用证存款等，在“其他货币资金”账户核算，也可以通过“银行存款”账户核算。（ ）

14. 其他货币资金就性质而言，同库存现金和银行存款一样均属于货币资金，但是存放地点和用途不同于库存现金和银行存款。（ ）

15. 银行存款的清查要做到银行存款余额调节表中双方余额相等为止。（ ）

16. 采用托收承付结算方式的每笔金额起点为 1 000 元。（ ）

17. 商业承兑汇票到期日付款人账户不足支付时，其开户银行应代为付款。（ ）

18. 企业平时核对银行存款只需以银行对账单为准。（ ）

19. 企业的出纳员既要登记现金日记账，又要登记现金总账。（ ）

20. 基本存款账户是办理企业日常结算和现金收付业务的账户。（ ）

四、问答题

1.《现金管理暂行条例》规定的开户单位可以使用库存现金的范围如何？

2. 什么是坐支？

3. 国家规定的银行结算方式有哪些？

4. 什么是未达账项？发生未达账项的情况有哪些？

5. 什么是其他货币资金？主要有哪些其他货币资金？

第二部分 业务能力测试

1. A公司20×9年6月28日库存现金日记账累计发生额借方86 000元、贷方80 000元、余额6 000元。20×9年6月29日发生下列业务：

(1)将现金5 000元存入银行。

(2)提取现金900元。

(3)张华出差预借差旅费1 000元。

(4)提取现金1 000元。

(5)用现金支付培训费：张强500元、王良500元，总计1 000元。

要求：编制会计分录并登记库存现金日记账(表2-1)。

表2-1 库存现金日记账 第 页

20×9年		凭证号数	摘 要	对方科目	借 方	贷 方	余 额
月	日						
		本日合计					

2. 黄河工厂20×9年3月31日银行存款科目和银行对账单余额均为54 500元。该厂20×9年4月份发生如下经济业务：

(1)1日，向新兴公司购买A材料30吨，价款4 500元，增值税进项税额765元，以6734#转账支票支付，材料已验收入库；

(2)1日，向东南工厂销售甲产品5件，价款10 000元，增值税销项税额1 700元，收到1 302元银行汇票，存入银行；

(3)1日，本厂职工王伟因公出差，借支差旅费600元，开出1732#现金支票付讫；

(4)1日，从市百货公司购买办公用品一批计985元，用6735#转账支票支付，办公用品交厂部使用；

(5)1日，经银行同意，以4184#信汇凭证汇往上海工商银行款项5 000元，开立采购专户；

(6)1日，向东南工厂销售乙产品10件，价款200元，增值税销项税额340元，收到5603#转账支票一张，已送存银行；

(7)6日，由向阳工厂购入B材料一批，价款1 500元，增值税销项税额255元，以6736#转账支票付讫，材料已验收入库；

(8)8 日，开出 1733# 现金支票，提现 500 元备用；

(9)9 日，开出 4185# 信汇凭证支付前欠向阳工厂货款 5 200 元，其中含增值税进项税额 884 元；

(10)10 日，接到银行转来自来水公司 872# 委托收款凭证通知，付水费 400 元。其中：厂部耗用 200 元，车间耗用 200 元。

(11)11 日，接到 4 月上旬“银行对账单”(表 2-2)如下。

表 2-2 中国工商银行对账单

户名：黄河工厂 账号：45622211210

日期	结算方式	结算号	借方	贷方	余额
20×9.04.01	期初余额				54 500.00
20×9.04.01	转账支票	6734#	5 265.00		49 235.00
20×9.04.01	转账支票	6735#	985.00		48 250.00
20×9.04.01	现金支票	1732#	600.00		47 650.00
20×9.04.01	信汇	4184#	5 000.00		42 650.00
20×9.04.01	汇票	1302#		11 700.00	54 350.00
20×9.04.06	转账支票	6736#	1 755.00		52 595.00
20×9.04.09	信汇	4185#	5 200.00		47 395.00
20×9.04.09	托收	913#		10 200.00	57 595.00
20×9.04.10	委托收款	872#	400.00		57 195.00
20×9.04.10	转账支票	6737#	1 500.00		55 695.00
合计			20 705.00	21 900.00	55 695.00

要求：编制会计分录，登记银行存款日记账(表 2-3)，编制银行存款余额调节表(表 2-4)。

表 2-3 银行存款日记账

20×9 年		凭证号数	摘要	结算凭证		对方科目	借方	贷方	余额
月	日			种类	号数				

表 2-4　银行存款余额调节表　20×9 年 4 月 11 日

项　目	金　额	项　目	金　额
银行存款日记账余额		银行对账单余额	
加:银行已收、企业未收款		加:企业已收、银行未收款	
减:银行已付、企业未付款		减:企业已付、银行未付款	
调节后存款余额		调节后存款余额	

3. 长江企业发生如下经济业务:

(1)委托银行开出银行汇票 50 000 元,采购员张宇持汇票到采购地采购材料。

(2)企业在外地开立采购专户,委托银行汇款 100 000 元到采购专户。

(3)张宇采购结束,材料价款为 45 000 元,增值税为 7 650 元,货款共 52 650 元。企业已用银行汇票支付 50 000 元,差额 2 650 元采用汇兑结算方式补付,材料已验收入库。

(4)李杨在外地采购结束,乙材料价款为 80 000 元,增值税为 13 600 元,款项共 93 600 元,材料已验收入库。同时接到银行多余款收账通知,退回余款 6 400 元。

(5)企业委托银行开出银行本票 20 000 元,有关手续已办妥。

(6)企业购买办公用品 2 300 元,用信用卡付款。收到银行转来的信用卡存款的付款凭证及所附账单,经审核无误。

要求:根据以上经济业务编制会计分录。

4. 大华公司 2×10 年 12 月发生如下业务:

(1)销售商品一批给 B 企业,价款为 20 000 元,增值税为 3 400 元。委托银行收款,款项已经收到。

(2)销售商品一批给 C 企业,价款为 10 000 元,增值税为 1 700 元,收到转账支票一张。

(3)归还前欠 D 公司的材料款 50 000 元。

(4)汇往天津 10 000 元,开立采购专户。

(5)在天津采购原材料一批,价款为 8 000 元,增值税为 1 360 元,多余款项转回本企业开户行,材料已验收入库。

(6)从银行提取库存现金 50 000 元备发工资。

(7)银行代为支付本季度的生产用水电费 2 000 元。

要求:编制上述业务的相关分录。

5. 某企业 2×10 年 5 月 31 日银行存款日记账余额 476 000 元,银行对账单余额 486 000元。经逐笔核对,发现有以下几笔未达账项:

(1)企业偿还 A 公司货款 50 000 元、已登记入账,但银行尚未登记入账;

(2)企业收到销售商品款 70 200 元、已登记入账,但银行尚未登记入账;

(3)银行已划转电费 9 800 元、已登记入账,但企业尚未收到付款通知单、未登记入账;

(4)银行已收到外地汇入货款 40 000 元、已登记入账,但企业尚未收到收款通知单、未登记入账。

要求:根据上述资料填制银行存款余额调节表(表 2-5)。

表 2-5 银行存款余调节表 2×10 年 5 月 31 日

项 目	金 额	项 目	金 额
银行存款日记账余额		银行对账单余额	
加：银行已收、企业未收款		加：企业已收、银行未收款	
减：银行已付、企业未付款		减：企业已付、银行未付款	
调节后存款余额		调节后存款余额	

项目三　应收及预付款项的核算

第一部分　知识能力点测试

一、单项选择题

1. 下列项目中，属于应收账款核算范围的是(　　)。

A. 职工借款

B. 采购员出差预借差旅费

C. 因商品交易而发生的应收商品价款和代垫运费款项

D. 支付给供货单位的包装物押金

2. 企业为了采购原材料而事先支付的款项称为(　　)。

A. 应收账款　　B. 预付账款　　C. 应付票据　　D. 其他应收款

3. 企业发生的现金折扣应借记“(　　)”账户。

A. 管理费用　　B. 财务费用　　C. 主营业务成本　　D. 销售费用

4.“坏账准备”是用来调整(　　)的账户。

A. 管理费用　　B. 应付账款　　C. 应收账款　　D. 主营业务收入

5. 采用备抵法核算坏账的企业，在实际发生坏账损失时，应借记“(　　)”账户。

A. 管理费用　　B. 坏账准备　　C. 银行存款　　D. 应收账款

6. 采用备抵法核算坏账的企业，提取坏账准备的依据是(　　)。

A. 应收票据的余额　　B. 应付账款的余额

C. 应收账款的余额　　D. 预付账款的余额

7. 为了鼓励购买者多买而在价格上给予的一定折扣称为(　　)。

A. 商业折扣　　B. 现金折扣　　C. 销售折让　　D. 削价处理

8. 某企业销售甲商品一批，计价 5 000 元，付款条件为“2/10，1/15，n/30”，如果客户在第 19 天付款，客户应付款(　　)元。

A. 4 900　　B. 4 980　　C. 5 000　　D. 4 800

9. 1 月 1 日某公司销货一批，收到一张面值为 40 000 元、期限为 3 个月的商业承兑汇票，票面年利率为 6%，则该票据的到期值为(　　)元。

A. 40 600　　B. 40 100　　C. 40 010　　D. 41 200

10. 在上题中若甲企业 2 月 1 日将该票据向银行贴现，贴现率为 9%，则该票据的贴现实得金额为(　　)元。

A. 39 991　　B. 36 400　　C. 39 400　　D. 39 700

11. 对于到期未能收回的带息应收票据，收款单位应将本息转入“(　　)”账户处理。

A. 应收账款　　B. 预付账款　　C. 应付账款　　D. 其他应收款

12. 对于已贴现的商业承兑汇票，承兑人和申请贴现企业的银行存款不足时，申请贴现单位在收到银行作逾期贷款处理通知时，作(　　)会计分录。

A. 借:应收票据
　　贷:银行存款

B. 借:应收账款
　　贷:应收票据

C. 借:应收账款
　　贷:短期借款

D. 借:应收票据
　　贷:短期借款

13. 设置"预付账款"科目的企业，在收到材料、抵偿预付款时，应作(　　)会计分录(假定不考虑增值税，企业对原材料采用计划成本核算)。

A. 借:预付账款
　　贷:银行存款

B. 借:预付账款
　　贷:原材料

C. 借:材料采购
　　贷:预付账款

D. 借:原材料
　　贷:应付账款

14. 反映和监督其他应收款项资金的增减和占用情况的账户为"(　　)"。

A. 应收账款　　B. 其他应收款　　C. 应收票据　　D. 预付账款

15. 某企业赊销商品一批，标价为20 000元，商业折扣为10%，增值税税率为17%，现金折扣条件为"2/10,1/20,n/30"。企业销售商品时代垫运费400元，若企业按总价法核算，则应收账款的入账金额是(　　)元。

A. 21 060　　B. 20 000　　C. 21 460　　D. 23 400

16. 某企业采用账龄分析法核算坏账。该企业2×12年12月31日应收账款余额为200万元，"坏账准备"科目贷方余额为5万元；2×13年发生坏账8万元，发生坏账回收2万元。2×13年12月31日应收账款余额为120万元(其中未到期应收账款为40万元，估计损失1%；过期1个月应收账款为30万元，估计损失2%；过期2个月应收账款为20万元，估计损失4%；过期3个月应收账款为20万元，估计损失6%；过期3个月以上应收账款为10万元，估计损失10%)。企业2×13年应提取的坏账准备为(　　)万元。

A. 5　　B. 4　　C. 3　　D. −5

17. 某企业2×16年5月10日销售产品一批，销售收入为20 000元，规定的现金折扣条件为"2/10,1/20,n/30"，适用的增值税税率为17%。企业2×16年5月26日收到该笔款项时，应给予客户的现金折扣(计算现金折扣时应考虑增值税)为(　　)元。

A. 0　　B. 200　　C. 468　　D. 234

18. 某企业采用账龄分析法计提坏账准备。期初坏账准备余额为15万元，本期需要按照2%的比例计提坏账准备的应收账款为150万元，本期需要按照4%的比例计提坏账准备的应收账款225万元，本期发生坏账损失3万元，则本期应计提坏账准备的金额为(　　)万元。

A. −6　　B. 0　　C. 15　　D. 12

19. 某企业为一般纳税人企业，增值税税率为17%，产品价目表标明产品的不含税销售价格为3 000元/件，购买20件以上，可获得5%的商业折扣；购买40件以上，可获得10%的商业折扣。某客户购买该产品35件，规定付款条件为"2/10,1/20,n/30"，购货单位于9天内付款，该销售企业销售实现时，其"应收账款"科目中登记的货款金额是(　　)元。

A. 116 707.5　　B. 99 750　　C. 97 755　　D. 105 000

20. AS公司于2×12年成立并开始采用应收账款余额百分比法计提坏账准备，计提比率为 2%。2×12 年末应收账款余额为 750 万元；2×13 年 2 月确认坏账损失 15 万元，2×13年 11 月收回已作为坏账损失处理的应收账款 3 万元，2×13 年末应收账款余额为 600 万元，则该企业 2×13 年末提取坏账准备的金额是(　　)万元。

A. 9　　B. 15　　C. 12　　D. 3

21. 不单独设置“预付账款”账户的企业，对其预付给供货单位的货款，应记入(　　)。

A.“应收账款”账户的借方　　B.“应付账款”账户的借方

C.“应付账款”账户的贷方　　D.“应收账款”账户的贷方

二、多项选择题

1. 应收款项包括(　　)。

A. 应收账款　　B. 预收账款　　C. 应收票据　　D. 其他应收款

2. 在现金折扣条件下，应收账款的计价方法有(　　)。

A. 直接转销法　　B. 总价法　　C. 净价法　　D. 备抵法

3. 某企业收到商业承兑汇票一张，票面金额为 30 000 元，票面年利息率为 8%，期限为 3 个月，票据到期后，付款单位未能兑现，企业则应做(　　)的账务处理。

A. 借记应收账款 30 000 元

B. 借记应收账款 30 600 元

C. 贷记应收票据 30 000 元、财务费用 600 元

D. 贷记应收票据 30 600 元、财务费用 100 元

4. 下列属于其他应收款项的有(　　)。

A. 备用金　　B. 暂付款　　C. 存出保证金　　D. 罚款

5. 估计坏账损失的主要方法有(　　)。

A. 应收账款余额百分比法　　B. 账龄分析法

C. 销货百分比法　　D. 应收票据余额百分比法

6.“坏账准备”科目的期末余额(　　)。

A. 可能在借方　　B. 可能在贷方

C. 可能等于 0　　D. 一定在贷方

7. 下面是一些票据贴现的公式，其中正确的有(　　)。

A. 贴现息＝票据到期日×贴现率×贴现期

B. 贴现实收金额＝票据到期值－贴现息

C. 贴现实收金额＝票据到期值×(1－贴现率×贴现期)

D. 贴现利息＝面值×利率×期限

8. 采用备抵法核算坏账损失，体现了(　　)原则。

A. 谨慎性　　B. 权责发生制

C. 可理解性　　D. 实质重于形式

9. 一般来说，企业的应收款项符合下列条件之一的，应确认为坏账：(　　)。

A. 债务人死亡，以其遗产清偿后仍然无法收回

B. 债务人破产，以其破产财产清偿后仍然无法收回

C. 债务人在较长时间内未履行其偿债义务，并有足够证据表明无法收回或收回的可能

性极小

D. 债务人失踪，但可以用其财产清偿

10. 企业采用应收款项余额百分比法或账龄分析法计提坏账准备，本期以下项目应记入“坏账准备”科目贷方的有（　　）。

A. 发生的坏账损失

B. 已经作为坏账核销的应收账款又收回

C. 期末估计坏账损失大于调整前“坏账准备”科目贷方余额的差额部分

D. 期末估计坏账损失小于调整前“坏账准备”科目贷方余额的差额部分

11. 按现行制度规定，不能用“应收票据”及“应付票据”账户核算的票据包括（　　）。

A. 银行本票存款　B. 银行承兑汇票　C. 外埠存款　D. 商业承兑汇票

12. 计提坏账准备的应收账款，包括（　　）。

A. 不含增值税的价款

B. 增值税的销项税额

C. 支付的代垫运杂费

D. 企业持有的未到期应收票据，如有确凿证据证明不能够收回或收回可能性不大时，或者已到期的应收票据不能收回，已将其账面余额转入应收账款

13. 按照企业会计制度，以下有关计提坏账准备的范围，正确的表述是（　　）。

A. 应收账款和其他应收款可计提坏账准备

B. 企业的预付账款，如有确凿证据表明其不符合预付账款性质，或因供货单位破产、撤销等原因已无望再收到所购货物的，应当将原计入预付账款的转入其他应收款，并按照规定计提坏账准备

C. 企业持有的未到期应收票据，如有确凿证据证明不能够收回或收回可能性不大时，或者已到期的应收票据不能收回，应将其账面价值转入应收账款，并计提相应坏账准备

D. 除此以外企业不应对预付账款和应收票据计提相应坏账准备

14. 下列各项中，应通过“应收账款”账户核算的有（　　）。

A. 应收销货款

B. 应收代垫运杂费

C. 未设置“预收账款”账户的企业预收的销货款

D. 未设置“预付账款”账户的企业预付的购货款

三、判断题

1. 企业预付款项给供应单位形成的债权，应在“预付账款”或“应付账款”科目核算。（　　）

2. 企业需要到外地临时或零星采购，可以将款项通过银行汇入采购地银行，这部分汇入采购地银行的资金应通过“银行存款”科目核算。（　　）

3. 在我国的会计实务中，带息应收票据贴现时，应将其贴现利息直接计入当期损益。（　　）

4. 企业内部各部门、各单位从财会部门领走的供周转使用的现金不属于企业的“库存现金”，因此不应在“库存现金”科目核算。（　　）

5. 企业无论采用什么样的方法核算坏账损失，其确认坏账的标准都是相同的。(　　)

6. 由于企业应收及预付款项均属于债权，因此，都存在发生坏账损失的风险，都应提取一定比例的坏账准备。(　　)

7. 某企业 20×8 年 3 月 10 日签发一张期限为 3 个月的商业承兑汇票，其到期日为 6 月 10 日。(　　)

8. 已确认为坏账的应收账款，并不意味着企业放弃了其追索权，一旦重新收回，应及时入账。(　　)

9. “坏账准备”账户在期末结账前如为借方金额，则反映的内容是已确认的坏账损失超出坏账准备的余额。(　　)

10. 企业采用汇兑结算时，汇往外地的款项要先通过“其他货币资金——外埠存款”科目核算。(　　)

11. 企业应向职工收取的暂付款项可在“应收账款”科目进行核算。(　　)

12. 预付款项不多的企业，可以将预付的款项直接记入“应付账款”科目的借方，不设置“预付账款”科目。但在编制会计报表时，要将“预付账款”和“应收账款”科目的金额分开列示。(　　)

13. 企业实际发生坏账损失时，应借记“坏账准备”科目，贷记“应收账款”科目。(　　)

14. 企业采用应收账款余额百分比法计提坏账准备时，期末“坏账准备”科目余额应等于按应收账款余额的一定百分比计算的坏账准备金额。(　　)

15. 按总价法核算存在现金折扣的交易，其实际发生的现金折扣作为当期的财务费用。(　　)

16. 2×08 年 4 月 5 日，B 企业赊销产品一批，价款为 10 万元，增值税税额为 1.7 万元，现金折扣条件为“2/10，1/20，n/30”。假设折扣不考虑增值税因素。4 月 12 日，购货单位付款。则 B 企业应确认财务费用 1 000 元。(　　)

17. 无息票据的贴现所得一定小于票据面值，而有息票据的贴现所得则不一定小于票据面值。(　　)

18. 企业取得应收票据时，无论是否带息，均应按其到期值入账。(　　)

四、问答题

1. 什么是贴现？
2. 什么是应收账款？
3. 简述商业折扣与现金折扣的区别。
4. 什么是坏账？什么是备抵法？
5. 简述其他应收款包含的内容。

第二部分　业务能力测试

1. 新民机械制造有限公司 2×15 年 4 月发生如下经济业务：

(1)售给甲公司商品一批，价款为 5 000 元，增值税税款为 850 元，付款条件为“2/10，1/20，n/30”，用银行存款代垫运杂费 300 元。货款尚未收到。计算现金折扣时不考虑增值税。

(2)售给乙公司商品一批，价款为 70 000 元，增值税税率为 17%，商业折扣为 5%，货款尚未收到。

(3)在销货后的第 15 天收到甲公司支票一张，偿付业务(1)欠下的所有款项。

(4)收到乙公司支票一张，计 39 200 元，以偿付其部分账款。

(5)准备向丙公司购入一批材料，用银行存款预付货款 110 000 元。

(6)向丙公司购入的材料已运到并验收入库，价款为 120 000 元，税款为 20 400 元，支付运杂费 900 元，用银行存款补足余款，原材料按实际成本核算。

要求：编制上述经济业务的会计分录。

2. 新民机械制造有限公司 2×15 年 1 月 1 日“坏账准备”账户的贷方余额为 1 200 元，2×15年度共发生以下有关业务：

(1)应收 A 公司款项 1 500 元因故不能收回，经批准转为坏账。

(2)收到已作为坏账冲销的 B 公司款项 600 元，款项存入银行。该客户这次来函通知说，B 公司尚欠的 1 000 元，下月可望归还。

(3)2×15 年年末应收账款的余额为 700 000 元，按应收账款余额的 5‰计提坏账准备。

要求：根据以上资料编制会计分录。

3. 新民机械制造有限公司 2×15 年应收票据的有关经济业务如下：

(1)收到甲公司交来面值 100 000 元、期限60 天、年利率 6%的商业承兑汇票一张，偿还所欠货款。

(2)将甲公司交来的商业承兑汇票向银行贴现，附追索权，贴现率为 7%，贴现天数为 30 天。款项存入银行。

(3)销售给乙公司产品一批，计价 20 000 元，增值税税额为 3 400 元，乙公司交来一张面值 23 400 元、期限 90 天、不带息的银行承兑汇票。

(4)将乙公司交来的票据向银行贴现，不附追索权，贴现率为 7%，贴现天数为 50 天。

(5)接银行通知，前已向银行贴现的甲公司的票据已到期，但由于甲公司无力支付，银行已在新民机械制造有限公司的存款账户中按票据面值扣款。该票据的到期利息尚未提取。

要求：编制以上经济业务的会计分录。

4. 新民机械制造有限公司 2×15 年 6 月发生的部分经济业务如下：

(1)以银行存款为职工暂垫水电费 3 200 元。

(2)以银行存款支付租入包装物押金 800 元。

(3)以现金支付职工刘伟出差预借差旅费 500 元。

要求：编制以上经济业务的会计分录。

5. 新民机械制造有限公司决定对总务科实行定额备用金制度，核定周转使用备用金定额 1 500 元，该公司不设“备用金”账户。20×8 年 1 月发生以下有关的经济业务：

(1)用现金拨付总务科备用金 1 500 元。

(2)总务科凭单据报销办公费 270 元，财务部门审核后予以报销，并用现金补足定额。

要求：编制以上经济业务的会计分录。

6. 甲企业为增值税一般纳税人，适用的增值税税率为 17%。2×16 年发生如下经济业务：

(1)2 月 2 日向乙企业赊销商品一批，该批商品价税合计为 234 000 元，销售成本为

160 000元，现金折扣条件为“2/10，n/30”。另以银行存款代垫运杂费 2 000 元。

(2)3 月 12 日，乙企业用银行存款支付上述代垫运杂费 2 000 元，并开出一张面值为 234 000 元、票面利率为 6%、期限为 6 个月的带息商业汇票偿付上述货款和增值税。

(3)用银行存款向 A 公司预付材料款 25 000 元。

(4)收到 A 公司发来的材料。材料价款为 40 000 元，增值税为 6 800 元。甲企业对材料采用实际成本法核算。

(5)开出支票补付应付 A 公司不足材料款。

(6)租入包装物一批，以银行存款向出租方支付押金 5 000 元。

要求：编制上述业务的会计分录。

7. A 企业为一般纳税企业，2×15 年 10 月 1 日取得应收票据，票据面值为 10 000 元，票面利率为 12%，6 个月期限，利息按月计提；2×16 年 2 月 1 日，A 企业将该票据背书转让(不附追索权)购进原材料，专用发票注明价款为 12 000 元，进项税额为 2 040 万元，差额部分通过银行支付。

要求：(1)编制 2×15 年 12 月 31 日计提利息的会计分录。

(2)编制 2×16 年 2 月 1 日背书转让购进原材料的会计分录。

8. 2×15 年 7 月 20 日，A 公司向 B 公司赊销一批商品，开出的增值税专用发票上注明的销售价格为 100 万元，增值税为 17 万元；同时收到 B 公司开具的不带息商业承兑汇票，到期日为 2×15 年 12 月 20 日。10 月 20 日，A 公司将该商业承兑汇票向银行贴现，贴现金额为 115 万元。协议约定，银行在票据到期日不能从 B 公司收到票款时，可向 A 公司追偿。12 月 20 日，B 公司因财务困难未向银行支付票款。当日，A 公司收到银行退回已贴现的商业承兑汇票，并以银行存款支付全部票款；同时将应收票据转为应收账款。

要求：编制 A 公司有关会计分录。

9. A 公司为增值税一般纳税企业，适用的增值税税率为 17%。2×08 年 3 月发生下列业务：

(1)3 月 2 日，向 B 公司赊销某商品 100 件，每件标价 200 元，实际售价为 180 元(售价中不含增值税税额)，已开增值税专用发票。商品已交付 B 公司。代垫 B 公司运杂费 2 000 元。现金折扣条件为“2/10，1/20，n/30”，计算现金折扣时不考虑增值税。该批商品的成本为 15 000 元。

(2)3 月 4 日，销售给乙公司商品一批，增值税发票上注明价款为 20 000 元，增值税税额为 3 400 元，乙公司以一张期限为 60 天、面值为 23 400 元的无息商业承兑汇票支付。该批商品的成本为 16 000 元。

(3)3 月 8 日，收到 B 公司 3 月 2 日所购商品货款并存入银行。

(4)3 月 11 日，A 公司从甲公司购买原材料一批，价款为 20 000 元，按合同规定先预付 40%购货款，其余货款待验货后支付。

(5)3 月 20 日，因急需资金，A 公司将收到的乙公司的商业承兑汇票到银行办理贴现，不附追索权，年贴现率为 10%。

(6)3 月 21 日，收到从甲公司购买的原材料，并验收入库，余款以银行存款支付。增值税专用发票注明价款 20 000 元、增值税 3 400 元。

要求：编制上述业务的会计分录(假定现金折扣不考虑增值税因素)。

10. 甲企业采用应收账款余额百分比法计提坏账准备，计提比例为0.5%。2×07年末坏账准备科目为贷方余额7 000元。2×08年甲企业应收账款及坏账损失发生情况如下：

(1)1月20日，收回上年已转销的坏账损失20 000元。

(2)6月4日，获悉应收乙企业的账款45 000元，由于该企业破产无法收回，确认坏账损失。

(3)12月31日，甲企业应收账款余额为1 200 000元。

要求：编制上述有关坏账准备的会计分录。

11. 甲公司对应收账款采用备抵法核算坏账损失，按应收账款余额的5%计提坏账准备，20×2年初"坏账准备"余额为10万元，20×2年末"应收账款"余额为220万元。20×3年原应收乙公司货款因破产产生坏账20万元，20×3年末"应收账款"余额为260万元。20×4年收回原已确认的丙公司坏账10万元，20×4年"应收账款"余额为240万元。

要求：编制以上与坏账有关的会计分录。

项目四　存货的核算

第一部分　知识能力点测试

一、单项选择题

1. 对存货不多的企业，发出存货一般按(　　)对存货进行计价。

A. 个别计价法　　B. 后进先出法　　C. 售价法　　D. 计划成本

2. 工业企业外购存货时在运输途中发生的合理损耗应计入(　　)。

A. 管理费用　　B. 营业外损失　　C. 其他业务支出　　D. 采购成本

3. A企业为一般纳税人，委托C单位加工B材料(非金银首饰)，发出原材料价款为20 000元，支付加工费10 000元，取得的增值税专用发票上注明增值税税额为1 700元，由受托方代收代缴的消费税为1 000元，材料已加工完毕并验收入库，款项均已支付。委托方收回后的B材料用于连续生产应税消费品，该B材料收回时的成本为(　　)元。

A. 30 000　　B. 31 000　　C. 32 700　　D. 22 700

4. 乙企业为增值税一般纳税企业，适用的增值税税率为17%。本月购进原材料1 000千克，购买价款为50 000元，增值税税额为8 500元；发生的保险费为360元，入库前的挑选整理费用为130元；验收入库时发现数量短缺1%，经查属于运输途中的合理损耗。乙企业该批原材料实际单位成本为(　　)元/千克。

A. 50.64　　B. 50.87　　C. 50　　D. 51

5. 某企业为增值税一般纳税企业，适用的增值税税率为17%，从外地购入原材料1 000吨，收到增值税专用发票上注明的售价为1 200元/吨，购买价款共为1 200 000元，增值税税额为204 000元，另发生运输费50 000元(取得增值税专用发票，可按11%抵扣增值税)、装卸费10 000元，途中保险费为10 000元。运输途中发生1%的合理损耗。则该原材料的入账价值为(　　)元。

A. 1 264 500　　B. 1 270 000　　C. 1 474 000　　D. 1 258 000

6. 下列各项支出中，一般纳税企业不应计入存货成本的是(　　)。

A. 购入存货时发生的增值税进项税额　　B. 入库前的挑选整理费

C. 购买存货而发生的运输费用　　D. 购买存货而支付的进口关税

7. 在物价上涨的情况下，采用先进先出法对存货计价会使企业当期的利润(　　)。

A. 减少　　B. 增加　　C. 不变　　D. 增加或减少

8. 在物价变动的情况下，采用(　　)计价可使库存材料的价值比较接近市场价格。

A. 先进先出法　　B. 加权平均法　　C. 后进先出法　　D. 个别计价法

9. 如果存货种类繁多，为简化核算工作，存货可以(　　)进行核算。

A. 计划成本　　B. 实际成本　　C. 进价　　D. 个别计价

10. 随同产品出售但不单独计价的包装物，应该在发出时将其实际成本计入（　　）。

A. 营业费用　B. 销售费用　C. 管理费用　D. 主营业务成本

11."在途物资"账户应该按（　　）计价。

A. 计划成本　B. 实际成本

C. 生产成本　D. 计划成本与实际成本之间的差异

12. 发出材料成本差异应从"材料成本差异"账户（　　）转出。

A. 借方　B. 贷方

C. 借方或贷方均可　D. 由企业自定借方或贷方

13. 销售甲产品时附带出售包装桶，包装桶单独计价。该批包装桶的成本应计入（　　）。

A. 生产成本　B. 制造费用　C. 其他业务成本　D. 销售费用

14. 为生产产品领用包装物的成本应计入（　　）。

A. 生产成本　B. 制造费用　C. 其他业务成本　D. 销售费用

15. 包装产品用的包装纸、绳，应在"（　　）"账户核算。

A. 包装物　B. 原材料　C. 低值易耗品　D. 库存商品

16. 材料盘盈时，在报经批准前，应作的账务处理是（　　）。

A. 借：原材料
　贷：待处理财产损溢

B. 借：原材料
　贷：营业外收入

C. 借：待处理财产损溢
　贷：管理费用

D. 借：待处理财产损溢
　贷：营业外收入

17. 盘亏的存货如因非常灾害造成，经批准，可以转作（　　）。

A. 经营费用　B. 管理费用　C. 其他业务成本　D. 营业外支出

18. 2×09 年 12 月 25 日，宏达公司与永冠公司签订了一份不可撤销的销售合同，双方约定，2×10 年 3 月 20 日，宏达公司应按每台 62 万元的价格向永冠公司提供乙产品 6 台。2×09 年 12 月 31 日，宏达公司还没有生产该批乙产品，但持有库存 C 材料专门用于生产该批乙产品 6 台，其成本为 144 万元，市场销售价格总额为 152 万元。将 C 材料加工成乙产品尚需发生加工成本 230 万元，不考虑其他相关税费。2×09 年 12 月 31 日 C 材料的账面价值为（　　）万元。

A. 144　B. 152　C. 372　D. 142

19. 企业某种存货的期初实际成本为 200 万元，期初"存货跌价准备"贷方余额为 2.5 万元，本期购入该种存货实际成本为 45 万元，领用 150 万元，期末估计库存该种存货的可变现净值为 91 万元。则本期应计提存货跌价准备的金额为（　　）万元。

A. 1.5　B. 2.5　C. 4　D. 9

20. 大海公司期末存货采用成本与可变现净值孰低法计价，并按照单个存货项目计提存货跌价准备。2×10 年 12 月 31 日，库存 A 产品的成本为 1 400 万元，其可变现净值为 1 300万元；库存 B 产品的成本为 1 250 万元，其可变现净值为1 300万元（假设存货跌价准备期初余额为 0）。2×10 年 12 月 31 日，大海公司应计提的存货跌价准备金额为（　　）万元。

A. 100　B. 150　C. 50　D. 0

21. 2×10 年，甲公司根据市场需求的变化，决定停止生产 B 产品。为减少不必要的损失，决定将原材料中专门用于生产 B 产品的外购 D 材料全部出售，2×10 年 12 月 31 日其成本为 200 万元，数量为 10 吨。据市场调查，D 材料的市场销售价格为 10 万元/吨，同时销售 10 吨 D 材料可能发生的销售费用及税金为 1 万元。假设期初存货跌价准备的余额为 0，则 2×10年 12 月 31 日 D 材料应计提的跌价准备为（ ）万元。

A. 101 B. 99 C. 90 D. 110

二、多项选择题

1. 下列各项资产中，属于企业存货的是（ ）。

A. 购货单位已交款并开出提货单而尚未提走的商品

B. 货款已付正在运输途中的外购材料

C. 由受托方代销的商品

D. 尚未投入使用的固定资产

2. 下列各项中，期末应反映在企业资产负债表“存货”项目的有（ ）。

A. 生产成本 B. 委托代销商品 C. 发出商品 D. 材料成本差异

3. 可列入外购材料采购成本的支出项目有（ ）。

A. 发票账单所列进价 B. 发票账单上所列的税额

C. 运输费、保险费 D. 入库前的整理费用

4. 下列属于发出存货计价方法的是（ ）。

A. 先进先出法 B. 计划成本法 C. 个别计价法 D. 加权平均法

5. 企业购进货物已验收入库，但月底时发票单据未到，货款尚未支付，应作的账务处理有（ ）。

A. 购入材料在验收入库时，按暂估价入账 B. 购入材料于月底按暂估价入账

C. 下月初用红字冲销月末的记录 D. 收到发票单据时正式入账

6. 下列各项中，构成企业委托加工物资成本的有（ ）。

A. 加工中实际耗用物资的成本

B. 支付的加工费用和保险费

C. 收回后直接销售物资的代收代缴消费税

D. 收回后继续加工物资的代收代缴消费税

7. 企业委托外单位加工材料收回后用于连续生产的，其发生的下列支出中，应计入委托加工物资成本的有（ ）。

A. 加工费

B. 发出材料和收回加工物资发生的运输费用

C. 发出材料的实际成本

D. 受托方代收代缴的消费税

8. 按计划成本核算原材料的企业，月末分摊发出原材料的成本差异时的方法是（ ）。

A. 分摊超支差异用蓝字贷记“材料成本差异”

B. 分摊超支差异用蓝字借记“材料成本差异”

C. 分摊节约差异用红字借记“材料成本差异”

D. 分摊节约差异用红字贷记“材料成本差异”

9. “材料成本差异”账户的贷方登记（ ）。

A. 购入材料的超支额　　B. 购入材料的节约额

C. 发出材料的节约额　　D. 发出材料应分配的成本差异

10. 材料按实际成本计价进行核算，一般需设置的账户有(　　)。

A. 材料采购　　B. 材料成本差异　　C. 原材料　　D. 在途物资

11. 委托加工物资成本包括(　　)。

A. 发出材料成本　　B. 支付加工材料的增值税

C. 支付的运杂费　　D. 支付的加工费

12. 企业包装物的摊销方法有(　　)。

A. 一次摊销法　　B. 备抵法　　C. 五五摊销法　　D. 分次摊销法

13. 下列各项中，表明存货的可变现净值低于成本的有(　　)。

A. 该存货的市场价格持续下跌，并且在可预见的未来无回升的希望

B. 企业使用该项原材料生产的产品的成本大于产品的销售价格，且该产品无销售合同

C. 企业因产品更新换代，原有库存原材料已不适应新产品的需要，而该原材料的市场价格又低于其账面成本

D. 因企业所提供的商品或劳务过时或消费者偏好改变而使市场的需求发生变化，导致市场价格逐渐下跌

14. 下列有关存货会计处理的表述中，正确的有(　　)。

A. 因自然灾害造成的存货净损失，计入营业外支出

B. 由于收发计量差错引起的存货盈亏，计入管理费用

C. 一般纳税人进口原材料交纳的增值税，计入相关原材料的成本

D. 由相关责任人承担的存货亏损，计入其他应收款

15. 2×10 年 12 月 31 日，中材公司库存甲材料的账面价值(成本)为 780 万元，市场购买价格总额为 740 万元，假设不发生其他购买费用，用甲材料生产的 A 产品的可变现净值为1 250万元，A 产品的成本为 1 150 万元。则 2×10 年 12 月 31 日中材公司的下列会计处理正确的有(　　)。

A. 计提存货跌价准备 40 万元

B. 不应计提存货跌价准备

C. 计提存货跌价准备后材料的账面价值为 740 万元

D. 期末甲材料应按成本计价

三、判断题

1. 存货计价方法的选择直接影响着资产负债表中资产总额的多少，而与利润表中净利润的大小无关。(　　)

2. 外购材料发生的合理损耗不影响采购总成本，发生的非合理损耗不影响采购的单位成本。(　　)

3. 发出材料采用先进先出法进行计价，在物价持续上涨的情况下，会使企业计入生产成本的材料费用偏低。(　　)

4. 在物价持续上涨的情况下，采用先进先出法，可以减少物价变动给企业带来的不利影响，符合会计上的稳健原则。(　　)

5. 采用计划成本进行材料日常核算时，月末分摊材料成本差异时，无论是节约还是超支，均记入“材料成本差异”科目的贷方。（　　）

6. 存货的成本与可变现净值孰低法，从存货的整个周转过程来看，只起着调节不同会计期间利润的作用，并不影响利润总额。（　　）

7. 同一项资产，在不同的企业里可能分属存货或固定资产。（　　）

8. 企业发生的存货、固定资产盘亏，先通过“待处理财产损溢”账户核算。（　　）

9. 企业对期末存货进行盘点，发现存货盘盈、盘亏和毁损，会计人员可直接根据不同的原因进行处理。（　　）

10. 因销售领用的包装物的成本应记入“其他业务成本”。（　　）

四、问答题

1. 什么是存货？其主要包括哪些内容？
2. 简述外购存货的实际成本的构成。
3. 什么是委托加工物资？其成本主要由哪些组成？
4. 什么是周转材料？
5. 什么是成本与可变现净值孰低法？
6. 简述确定存货可变现净值的原则。

第二部分　业务能力测试

1. 新民机械制造有限公司的原材料按实际成本核算，20×5 年 9 月初有关账户余额如表 4-1 所示。

表 4-1　原材料明细账户余额表

品　名		数量（千克）	单价（元/千克）	金额（元）
原材料	A 材料	1 200	8.20	9 840
	B 材料	3 000	4.55	13 650
	C 材料	1 000	3.35	3 350

应付账款——海华厂：700 元（贷方余额）。

新民机械制造有限公司 9 月份发生材料采购及收发业务如下：

(1)冲转上月末海华厂发票未到 C 材料 200 千克，价款 700 元。

(2)从江海公司购入 B 材料 3 600 千克，买价为 15 810 元，运杂费为 210 元，货款及应随同缴付的 17%增值税进项税额已承付，材料也验收入库。

(3)银行转来海华厂的委托收款凭证通知，本厂承付上月末收到的 200 千克 C 材料款 700 元，以及进项税额 119 元。

(4)基本生产车间领用 A 材料 600 千克、B 材料 2 000 千克、C 材料 400 千克，投入产品生产。

(5)银行转来元通工厂的委托收款凭证通知，本公司应承付下列材料款：A 材料 1 600 千克，买价 12 800 元；B 材料 3 000 千克，买价 13 500 元。另有进项税额 4 471 元、运杂费

920元。款项均已承付，材料尚未运到(运杂费按购入材料重量分摊)。

(6)从元通厂购入的A、B材料运抵企业，经验收，发现A材料短缺100千克，查明由运输部门责任，让其赔付800元，A、B两种材料验收入库。假定损失材料的进项税额继续允许抵扣。

(7)从红光厂采购C材料1 500千克，单价为3.30元/千克，红光厂要求本企业先预付50%的价款，已汇出。

(8)从红光厂采购的C材料已运抵企业，价格无误，另有运杂费840元，及按17%计算的增值税进项税额，财务科开出结算凭证，将余款及运杂费、税款全数付出。

(9)从新明厂购得B材料2 400千克，单价为4.60元/千克，另有运杂费720元，现材料已运抵企业，验收入库，财务科遵循合同约定，开出为期1个月的商业汇票，票面金额为10 000元，汇票已送出，余款及增值税税款用银行存款支付。

(10)101号在建工程领用C材料100千克，厂部进行日常维修领用B材料50千克。

(11)收到新江厂发来的A材料500千克，合同价为3 700元，验收入库，尚未收到对方单位的结算凭证。

(12)月末，按暂估价作收料的账务处理。

(13)月末，采用加权平均法计算发出材料的单位成本、总成本并转账。

要求：

(1)设置原材料的总分类账和明细分类账，登记期初余额。

(2)据以上采购收发业务，逐项编制会计分录，并根据会计分录登记原材料总账和明细分类账，计算期末余额，并进行核对。

2. 企业某月发生材料收发业务如下：1日，月初结存100件，单价10.00元/件；5日，购入400件，单价9.80元/件；6日，领用100件；8日，购入200件，单价10.20元/件；15日，领用300件；28日，购入300件，单价10.25元/件。

要求：分别用先进先出法、移动平均法及月末一次加权平均法计算发出材料成本和结存存货成本。

3. 某企业对甲材料按计划成本法核算，5月初甲材料账面余额为借方20万元，材料成本差异的余额为借方4万元。该企业5月份发生如下经济业务：

(1)购入甲材料一批，增值税专用发票上注明的材料价款为60万元，税款为10.2万元。该批材料的计划成本为61万元，货款已支付并验收入库。

(2)购入甲材料一批，普通发票上标明的价款为20万元。材料的计划成本为19万元。材料已验收入库，并以银行存款支付全部货款。

(3)本月生产领用甲材料一批，计划成本为40万元。

要求：计算发出材料应负担的材料成本差异，并编制相应的会计分录。

4. 某工业企业月初库存某种材料1 000件，计划成本为100元/件，材料成本差异分配率为－2%，本月发生的材料购买和发出业务如下：

(1)5日以商业承兑汇票方式购入该种材料2 000件，买价为100元/件，有关运杂费为4 000元，专用发票列明应支付增值税共计34 000元，材料已验收入库；

(2)20日以转账支票方式购进该种材料1 000件，专用发票列明买价为99元/件，另应支付增值税16 830元，材料已验收入库；

(3)本月发出材料汇总表列明,产品生产领用该种材料 1 500 件,生产部门一般性消耗 500 件,企业在建项目领用本月 5 日购入的该材料 1 200 件。

要求:根据上述资料计算月末材料成本差异分配率及各部门领用材料应负担的材料成本差异,并做购料、发料及分配材料的会计分录。

5.(1)企业于本月 7 日购进商品一批,发票列明数量共计 5 000 千克,单价为 20 元/千克,商业折扣为 2%,增值税税率为 17%,用一张 120 000 元的银行汇票支付货款,剩余款项已退回。本月 20 日到货,验收入库时发现短缺 100 千克,原因尚未查清。本月 25 日经查实上述短缺均属供货方少发,供货方已同意补发。

(2)本月 5 日采用银行承兑汇票方式购进甲材料 1 000 件,发票上注明的单价为 100 元/件,并加收增值税 17 000 元;12 日收到货物,验收入库时发现短缺 10 件,原因待查;20 日查明原因系意外事故所致,保险公司同意赔偿 80%,其余 20%作为营业外支出处理,该种材料的计划单价为 95 元/件。

要求:做出必要的计算和会计处理。

6. 企业委托某公司为其加工乙材料一批,向其发出的委托加工乙材料的计划成本共计 50 000 元,上月材料成本差异率为－3%,加工完成后应支付加工费计 10 000 元、增值税计 1 700 元,款项未付,用银行存款支付往返运杂费共计 1 000 元,该批委托加工的乙材料现已验收入库,共计 100 件,计划成本为 600 元/件。

要求:作出以上经济业务的全部会计分录。

7. 某企业的包装物按实际成本核算,发生如下经济业务:

(1)以银行存款购进包装物,实际成本为 3 510 元(其中包括进项税 510 元)。

(2)生产领用包装物,用于包装产品,实际成本为 400 元。

(3)销售产品领用不单独计价的包装物,实际成本为 200 元。

(4)销售产品领用单独计价的包装物,实际成本为 400 元,售价为 585 元(其中包括增值税 85 元),款项已收到。

(5)出租新包装物 100 个,包装物实际总成本为 6 000 元,共收取押金 8 000 元,每月收取租金 700 元(不含增值税),租期为 10 个月,一次性支付。包装物价值采用五五摊销法。

(6)收回出租的包装物并报废,摊销其成本的另外 50%,退回押金。

要求:作出以上经济业务的会计分录。

8.(1)经盘点,原材料盘亏 10 000 元,原抵扣的进项税额为 1 700 元,后查明系被盗所致,经批准保管员承担 50%的责任,其余作为管理费用处理。

(2)因自然灾害造成产品损失 20 000 元,估计残值为 200 元,保险公司同意赔偿 50%,保管人因失职赔偿 25%,定额内损耗 5%。

要求:为以上业务编制会计分录。

9. 某股份公司对期末存货采用成本与可变现净值孰低法计价,存货跌价准备的期初余额为 0。A 存货的有关资料如下:

(1)2×06 年 12 月 31 日,成本为 200 000 元,可变现净值为 190 000 元;

(2)2×07 年 6 月 30 日,成本为 200 000 元,可变现净值为 188 000 元;

(3)2×07 年 7 月 20 日,售出存货实际成本为 80 000 元;

(4)2×07 年 12 月 31 日,成本为 200 000 元,可变现净值为 199 000 元;

(5)2×08 年 6 月 30 日，成本为 200 000 元，可变现净值为 210 000 元。

要求：根据上述资料，编制与计提存货跌价准备业务有关的会计分录。

10. 20×1 年 4 月初，甲公司“原材料”账户余额为 100 000 元，数量为 10 000 件，“材料成本差异”贷方余额为 3 100 元。20×1 年 4 月发生如下有关业务：

(1)4 月 6 日，从乙公司购入原材料 10 000 件，取得的增值税专用发票上载明价格为 90 000 元、增值税为 15 300 元。另发生运费 10 000 元（取得运输业增值税专用发票，按 11%计算允许抵扣的进项税额）、其他杂费 1 600 元。以上款项已支付。材料已验收入库。

(2)4 月 8 日，生产领用原材料 15 000 件，行政管理部门领用原材料 1 000 件。

(3)4 月 13 日，从乙公司购入原材料 20 000 件，取得的增值税专用发票上载明价格为 180 000 元、增值税为 30 600 元。另发生运费 20 000 元（取得运输业增值税专用发票，按 11%计算允许抵扣的进项税额）、其他杂费 1 200 元。货款尚未支付。材料已验收入库。

(4)4 月 18 日，生产领用原材料 20 000 件。

(5)4 月 23 日，从乙公司购入原材料 10 000 件，取得的增值税专用发票上载明价格为 100 000 元、增值税为 17 000 元。另发生运杂费 10 000 元。货款款项已付。材料验收入库时，发现短缺 1 000 件。后查明原因，100 件为合理损耗，900 件为运输单位保管不善，运输途中被盗所致，应由运输部门赔偿。

(6)4 月 27 日，生产领用原材料 5 000 件。

(7)4 月 30 日，原订购的 5 000 件材料已到货并验收入库，但有关发票、账单没有到达。

要求：

(1)编制(1)、(3)、(5)、(7)的会计分录；

(2)计算 4 月份的材料成本差异率；

(3)编制发出材料的会计分录。

11. 甲公司对包装物采用五五摊销法核算。7 月 1 日，甲公司销售商品时出租给乙公司包装物 80 个，每个成本为 40 元，每个收取租金 8 元（不含税），租期为 3 个月，每个收取押金 50 元。押金已收到并存入银行，租金于每月末从押金中逐月扣除。10 月 1 日期满收回时，发现损坏 10 个，扣押金后退还剩余押金。

要求：作出以上业务的会计分录。

项目五　金融资产的核算

第一部分　知识能力点测试

一、单项选择题

1. 下列项目中，应计入交易性金融资产取得成本的是（　　）。

A. 支付的交易费用

B. 支付的不含应收股利的购买价款

C. 支付的已到付息期但尚未领取的利息

D. 购买价款中已宣告但尚未领取的现金股利

2. 企业取得金融资产时，支付的价款中已宣告但尚未发放的现金股利或已到付息期但尚未领取的债券利息，应记入的会计科目是"（　　）"。

A. 应收股利或应收利息　　B. 交易性金融资产

C. 持有至到期投资　　D. 可供出售金融资产

3. 甲公司于20×1年12月5日从证券市场上购入乙公司发行在外的股票20万股作为交易性金融资产，每股支付价款5元；20×1年12月31日，该股票的公允价值为110万元；20×2年1月10日，甲公司将上述股票对外出售，收到款项115万元并存入银行。这项投资从购买到售出计入投资收益的数额是（　　）万元。

A. 5　　B. 10　　C. 15　　D. 20

4. 甲公司于20×9年10月10日自证券市场购入乙公司发行的股票100万股，共支付价款860万元，其中包括交易费用4万元。购入时，乙公司已宣告但尚未发放的现金股利为每股0.16元。甲公司将购入的乙公司股票作为交易性金融资产核算。20×9年12月2日，甲公司出售该交易性金融资产，收到价款960万元。甲公司20×9年利润表中因该交易性金融资产应确认的投资收益为（　　）万元。

A. 100　　B. 116　　C. 120　　D. 132

5. 20×9年3月1日，甲企业以赚取差价为目的从证券市场上购入乙公司发行在外的股票600万股作为交易性金融资产，每股支付价款4.2元，含已宣告但尚未发放的现金股利0.2元，另支付交易费用8万元，全部价款以银行存款支付。则取得交易性金融资产的入账价值为（　　）万元。

A. 2 520　　B. 2 528　　C. 2 408　　D. 2 400

6. 甲公司于20×7年3月20日以1 000万元的价格购进20×6年1月1日发行的面值900万元的5年期分期付息公司债券。其中买价中含有已到付息期但尚未支付的利息40万元，另支付相关税费5万元。企业将其划分为持有至到期投资，则该企业记入"持有至到期投资"科目的金额为（　　）万元。

A. 1 005　　B. 900　　C. 965　　D. 980

7. 20×1 年 1 月 1 日，甲公司自证券市场购入面值总额为 2 000 万元的债券。购入时实际支付价款 2 078.98 万元，另外支付交易费用 10 万元。该债券的发行日为 20×1 年 1 月 1 日，系分期付息、到期还本债券，期限为 5 年，票面年利率为 5%，实际年利率为 4%，每年 12 月 31 日支付当年利息。甲公司将该债券作为持有至到期投资核算。20×3 年应确认的投资收益为(　　)万元。

A. 83.56　　B. 82.90　　C. 82.22　　D. 100

8. 甲公司于 20×8 年 2 月 1 日购入某上市公司股票 10 万股，每股价格为 15.5 元(其中包含已宣告发放但尚未领取的现金股利，每股 0.5 元)。甲公司购入的股票暂不准备随时变现，划分为可供出售金融资产。甲公司购买该股票另支付手续费等 10 万元。则甲公司对该项投资的入账价值为(　　)万元。

A. 145　　B. 150　　C. 155　　D. 160

9. 甲公司购入某上市公司股票 2% 的普通股份，暂不准备随时变现，甲公司应将该项投资划分为(　　)。

A. 交易性金融资产　　B. 可供出售金融资产

C. 长期股权投资　　D. 持有至到期投资

10. 资产负债表日，可供出售金融资产公允价值变动(该变动属于暂时性变动)所引起的其公允价值低于其账面价值的差额，会计处理中借记“(　　)”科目，贷记“可供出售金融资产——公允价值变动”科目。

A. 其他综合收益　　B. 投资收益

C. 资产减值损失　　D. 公允价值变动损益

11. 20×8 年 10 月 20 日，甲公司以每股 10 元的价格从二级市场购入乙公司股票 10 万股，支付价款 100 万元，另支付相关交易费用 2 万元。甲公司将购入的乙公司股票作为可供出售金融资产核算。20×8 年 12 月 31 日，乙公司股票的市场价格为每股 18 元。20×9 年 3 月 15 日，甲公司收到乙公司分派的现金股利 4 万元。20×9 年 4 月 4 日，甲公司将所持有的乙公司股票以每股 16 元的价格全部出售，在支付相关交易费用 2.5 万元后，实际取得款项 157.5 万元。甲公司 20×9 年度因投资乙公司股票确认的投资收益是(　　)万元。

A. 55.50　　B. 58.00

C. 59.50　　D. 62.00

12. 甲公司于 20×9 年 1 月 1 日从证券市场购入乙公司发行在外的股票 30 000 股作为可出售金额资产，每股支付价款 10 元，另支付相关费用 6 000 元。20×9 年 12 月 31 日，这部分股票的公允价值为 320 000 元。甲公司 20×9 年 12 月 31 日记入“公允价值变动损益”科目的金额为(　　)元。

A. 0　　B. 收益 20 000　　C. 收益 14 000　　D. 损失 20 000

13. 20×8 年 1 月 1 日，A 公司购入甲公司于 20×7 年 1 月 1 日发行的面值为 100 万元、期限为 5 年、票面年利率为 6%、每年 12 月 31 日付息的债券，并将其划分为交易性金融资产，实际支付购买价款 108 万元(包括应收债券利息 6 万元、交易税费 0.2 万元)。甲公司债券的初始确认金额为(　　)万元。

A. 100　　B. 101.8　　C. 102　　D. 107.8

14. 阳光公司于2×10年3月1日从证券市场购入甲公司发行在外的股票60万股作为可供出售金融资产，每股支付价款13元(含已宣告但尚未发放的现金股利3元)，另支付相关费用5万元。阳光公司取得该项可供出售金融资产时的入账价值为( )万元。

A. 600　　B. 785　　C. 780　　D. 605

15. 甲公司于2×10年1月1日购入面值为100万元、年利率为4%的A债券；取得时支付价款104万元(含已到付息期但尚未领取的利息4万元)，另支付交易费用0.5万元。甲公司将该项金融资产划分为交易性金融资产。2×10年1月5日，甲公司收到购买时价款中所含的利息4万元。2×10年12月31日，A债券的公允价值为106万元。2×11年1月5日，甲公司收到A债券2×10年度的利息4万元。2×11年4月20日，甲公司出售A债券，售价为108万元。甲公司从购入到出售，该项交易性金融资产的累计损益为( )万元。

A. 12　　B. 11.5　　C. 16　　D. 15.5

16. 企业于20×8年1月1日支付85 200元(含应收债券利息)的价款购入面值为80 000元、20×6年1月1日发行、票面年利率为5%、期限为4年、次年1月1日付息的债券作为持有至到期投资。20×8年1月1日购入时应记入“持有至到期投资——利息调整”科目的金额为( )元。

A. 5 200　　B. 4 000　　C. 2 000　　D. 1 200

二、多项选择题

1. 关于交易性金融资产的计量，下列说法中错误的有( )。

A. 资产负债表日，企业应将金融资产的公允价值变动直接计入当期所有者权益

B. 应当按取得该金融资产的公允价值和相关交易费用之和作为初始确认金额

C. 处置该金融资产时，其公允价值与初始入账金额之间的差额应确认为投资收益，不调整公允价值变动损益

D. 应当按取得该金融资产的公允价值作为确认金额，相关交易费用在发生时计入当期损益

2. 下列项目中，不应计入交易性金融资产取得成本的是( )。

A. 支付的购买价格　　B. 支付的相关税金

C. 支付的手续费　　D. 支付价款中包含的应收利息

3. 下列各项中，会引起交易性金融资产账面余额发生变化的有( )。

A. 收到原未计入应收项目的交易性金融资产的利息

B. 期末交易性金融资产公允价值高于其账面余额的差额

C. 期末交易性金融资产公允价值低于其账面余额的差额

D. 出售交易性金融资产

4. 下列各项中，应确认投资收益的事项有( )。

A. 交易性金融资产在持有期间获得现金股利

B. 交易性金融资产在资产负债表日的公允价值大于账面价值的差额

C. 持有至到期投资在持有期间按摊余成本和实际利率计算确认的利息收入

D. 可供出售债券在持有期间按摊余成本和实际利率计算确认的利息收入

5. 关于金融资产的计量，下列说法中错误的有（ ）。

A. 交易性金融资产应当按照取得时的公允价值和相关的交易费用作为初始确认金额

B. 可供出售金融资产应当按取得该金融资产的公允价值和相关交易费用之和作为初始确认金额

C. 可供出售金融资产应当按照取得时的公允价值作为初始确认金额，相关的交易费用在发生时计入当期损益

D. 持有至到期投资在持有期间应当按照摊余成本和实际利率计算确认利息收入，计入投资收益

6. 下列金融资产中，应按摊余成本进行后续计量的有（ ）。

A. 交易性金融资产　　B. 持有至到期投资

C. 贷款及应收款项　　D. 可供出售金融资产

7. 关于金融资产的重分类，下列说法中错误的有（ ）。

A. 交易性金融资产可以和持有至到期投资进行重分类

B. 交易性金融资产和可供出售金融资产之间不能进行重分类

C. 可供出售金融资产可以随意和持有至到期投资进行重分类

D. 交易性金融资产在符合一定条件时可以和持有至到期投资进行重分类

8. 下列可供出售金融资产的表述中，正确的有（ ）。

A. 可供出售的金融资产发生的减值损失应计入当期损益

B. 可供出售金融资产的公允价值变动应计入当期损益

C. 取得可供出售金融资产发生的交易费用应直接计入资本公积

D. 处置可供出售金融资产时，以前期间因公允价值变动计入其他综合收益的金额应转入当期损益

9. 金融资产的摊余成本是指该金融资产的初始确认金额经下列调整后的结果（ ）。

A. 扣除已收回的本金

B. 加上或减去采用实际利率法将该初始确认金额与到期日金额之间的差额进行摊销形成的累计摊销额

C. 加上或减去公允价值变动

D. 扣除已发生的减值损失

10. 下列各项中，应计入当期损益的事项有（ ）。

A. 交易性金融资产取得时的公允价值

B. 交易性金融资产在资产负债表日的公允价值小于账面价值的差额

C. 持有至到期投资取得的利息收入

D. 可供出售金融资产在资产负债表日的公允价值小于账面价值的差额

11. 下列各项中，应作为持有至到期投资取得时初始成本入账的有（ ）。

A. 投资时支付的不含应收利息的价款

B. 投资时支付的手续费

C. 投资时支付的税金

D. 投资时支付款项中所含的已到期但尚未发放的利息

三、判断题

1. 持有至到期投资初始确认时，应当计算确定其实际利率，并在持有至到期投资预期存续期间或适用的更短期间内保持不变。（　　）

2. 可供出售金融资产取得时应该按公允价值来确认初始入账金额，但应该按照摊余成本进行后续计量。（　　）

3.“交易性金融资产”科目的期末借方余额，反映企业持有的交易性金融资产的成本与市价孰低值。（　　）

4. 企业在初始确认时将某项金融资产划分为以公允价值计量且其变动计入当期损益的金融资产后，视情况变化可以将其重分类为其他类金融资产。（　　）

5. 甲股份有限公司于20×9年4月1日购入面值为1 000万元的3年期债券并划分为持有至到期投资，实际支付的价款为1 500万元，其中包含已到付息期但尚未领取的债券利息10万元，另支付相关税费10万元。该项债券投资的初始入账金额为1 500万元。（　　）

6. 可供出售金融资产持有期间取得的利息和现金股利应当冲减成本。（　　）

7. 资产负债表日可供出售的金融资产应当以公允价值计量，而且公允价值变动计入当期损益。（　　）

8. 20×9年6月1日，企业将持有至到期投资重分类为可供出售金融资产，重分类日公允价值为50万元，账面价值为48万元；20×9年6月20日，企业将该可供出售的金融资产出售，所得价款为53万元，则出售时确认的投资收益为8万元。（　　）

9. 企业购入B股票20万股，划分为交易性金融资产，支付的价款为103万元，其中包含已宣告发放的现金股利3万元和支付交易费用2万元。该项交易性金融资产的入账价值为102万元。（　　）

10.“可供出售金融资产”借方期末余额，反映企业可供出售金融资产的公允价值。（　　）

四、问答题

1. 什么是交易性金融资产？
2. 什么是持有至到期投资？其有哪些特征？
3. 什么是摊余成本？
4. 什么是可供出售金融资产？

第二部分　业务能力测试

1. 20×7年5月13日，甲公司支付价款1 060 000元从二级市场购入乙公司发行的股票100 000股，每股价格为10.60元(含已宣告但尚未发放的现金股利0.60元)，另支付交易费用1 000元。甲公司将持有的乙公司股权划分为交易性金融资产，且持有乙公司股权后对其无重大影响。

甲公司的其他相关资料如下：

(1)5 月 23 日,收到乙公司发放的现金股利;

(2)6 月 30 日,乙公司的股票价格涨到每股 13 元;

(3)8 月 15 日,将持有的乙公司股票全部售出,每股售价为 15 元。

要求:假定不考虑其他因素,对甲公司进行账务处理。

2. 某股份有限公司 20×7 年有关交易性金融资产的资料如下:

(1)3 月 1 日,以银行存款购入 A 公司股票 50 000 股,并准备随时变现,每股买价为 16 元,同时支付相关税费 4 000 元。

(2)4 月 20 日,A 公司宣告发放的现金股利为每股 0.4 元。

(3)4 月 21 日,又购入 A 公司股票 50 000 股,并准备随时变现,每股买价为 18.4 元(其中包含已宣告发放但尚未支取的股利,每股 0.4 元),同时支付相关税费 6 000 元。

(4)4 月 25 日,收到 A 公司发放的现金股利 40 000 元。

(5)6 月 30 日,A 公司股票的市价为每股 16.4 元。

(6)7 月 18 日,该公司以每股 17.5 元的价格转让 A 公司股票 60 000 股,扣除相关税费 10 000元,实得金额 1 040 000 元。

(7)12 月 31 日,A 公司股票的市价为每股 18 元。

要求:根据上述经济业务编制有关会计分录。

3. A 公司于 2×07 年 1 月 1 日从证券市场购入 B 公司 2×07 年 1 月 1 日发行的债券,债券为 4 年期,票面年利率是 6%,每年的 1 月 5 日支付上年度的利息,到期日为 2×11 年 1 月 1 日,到期日一次归还本金和最后一期的利息。A 公司购入债券的面值为 1 000 万元,实际支付的价款是 1 025.46 万元,另外支付相关交易费用 10 万元。A 公司购入债券以后将其划分为持有至到期投资。购入债券的实际利率为 5%。假定按年计提利息。2×09 年 1 月 11 日,A 公司将债券全部出售,取得收入 1 020 万元。

要求:编制从购入到处置的会计分录。(计算结果保留至小数点后 2 位数。)

4. 丙股份有限公司(以下简称丙公司)的有关投资资料如下:

(1)20×7 年 2 月 5 日,丙公司以银行存款从二级市场购入 B 公司股票 100 000 股,划分为可供出售金融资产,每股买价为 12 元,同时支付相关税费 10 000 元。

(2)20×7 年 4 月 10 日,B 公司宣告发放现金股利,每股 0.5 元。

(3)20×7 年 4 月 20 日,收到 B 公司发放的现金股利 50 000 元。

(4)20×7 年 12 月 31 日,B 公司股票的市价为每股 11 元。

(5)20×8 年 12 月 31 日,B 公司股票的市价下跌至每股 9.5 元,预计 B 公司股票的市价还将继续下跌。

(6)20×9 年 12 月 31 日,B 公司股票的市价为每股 11.5 元。

要求:根据上述经济业务编制有关会计分录。

5. A 公司于 2×07 年 1 月 2 日从证券市场上购入 B 公司于 2×06 年 1 月 1 日发行的债券,该债券为 4 年期,票面年利率为 4%,每年的 1 月 5 日支付上年度的利息,到期日为 2×10年 1 月 1 日,到期日一次归还本金和最后一次利息。A 公司购入债券的面值为 1 000 万元,实际支付价款为 992.77 万元,另支付相关费用 20 万元。A 公司购入债券后将其划分为持有至到期投资。购入债券的实际利率为 5%。假定按年计提利息。

要求:

(1)编制 A 公司 2×07 年 1 月 1 日购入债券的会计分录；

(2)编制 A 公司 2×07 年 12 月 31 日的会计分录；

(3)编制 A 公司 2×10 年 1 月 1 债券到期收回本金及最后一期利息的会计分录。

6.20×9 年 5 月 10 日，甲公司支付价款 2 120 000 元从二级市场购入乙公司发行的股票 200 000 股，每股价格为 10.60 元(含已宣告但尚未发放的现金股利 0.60 元)，另支付交易费用 20 000 元。甲公司将持有的乙公司股权划分为可供出售金融资产，且持有乙公司股权后对其无重大影响。

甲公司的其他相关资料如下：

(1)20×9 年 5 月 23 日，收到乙公司发放的现金股利；

(2)20×9 年 6 月 30 日，乙公司的股票价格涨到每股 13 元；

(3)20×9 年 12 月 31 日，乙公司的股票价格涨到每股 15 元；

(4)2×10 年 1 月 15 日，将持有的乙公司股票全部售出，每股售价为 16 元。

要求：假定不考虑其他因素，编制甲公司相关的会计分录。

项目六　长期股权投资的核算

第一部分　知识能力点测试

一、单项选择题

1. 股份有限公司取得长期股权投资时支付的下列款项中，不得计入期初投资成本的是(　　)。

A. 购买价款　　B. 税金　　C. 手续费　　D. 资产评估费

2. A公司于2×07年1月1日用货币资金从证券市场上购入B公司发行在外股份的25%，能够对B公司产生重大影响，实际支付价款为500万元，另支付相关税费5万元。同日，B公司可辨认净资产的公允价值为2 200万元。A公司于2×07年1月1日按被投资单位可辨认净资产的公允价值份额调整后的长期股权投资成本为(　　)万元。

A. 505　　B. 550　　C. 500　　D. 555

3. 上题中A公司2×07年1月1日应确认的损益为(　　)万元。

A. 0　　B. 45　　C. 50　　D. 20

4. 对同一控制下的企业合并，合并方以发行权益性证券作为合并对价的，下列说法中正确的是(　　)。

A. 应当在合并日按照取得被合并方所有者权益账面价值的份额作为长期股权投资的初始投资成本，按照发行股份的面值总额作为股本

B. 应当在合并日按照取得被合并方所有者权益公允价值的份额作为长期股权投资的初始投资成本，按照发行股份的面值总额作为股本

C. 应当在合并日按照取得被合并方可辨认净资产公允价值的份额作为长期股权投资的初始投资成本，按照发行股份的面值总额作为股本

D. 应当在合并日按照取得被合并方所有者权益账面价值的份额作为长期股权投资的初始投资成本，按照发行股份的面值总额作为股本，长期股权投资初始投资成本与所发行股份面值总额之间的差额，应当计入当期损益

5. 企业采用成本法核算长期股权投资时，收到被投资单位分派的现金股利时，应当(　　)。

A. 减少长期股权投资　　B. 冲减应收股利

C. 增加实收资本　　D. 计入投资收益

6. 采用权益法核算长期股权投资时，被投资单位发生亏损，投资企业按应分担的份额(　　)。

A. 减少长期股权投资账面价值　　B. 冲减应收股息

C. 冲减资本公积　　D. 计入营业外支出

7. 按照会计准则的规定，下列说法中正确的是(　　)。

A. 投资企业对子公司的长期股权投资，应当采用成本法核算

B. 投资企业对子公司的长期股权投资，应采用权益法核算

C. 投资企业对子公司的长期股权投资，既可以采用权益法核算，也可以采用成本法核算

D. 投资企业对子公司的长期股权投资应按公允价值核算

8. 2×07 年 1 月 1 日，甲公司以银行存款购入乙公司 10% 的股份，并准备长期持有，采用成本法核算。乙公司于 2×07 年 5 月 2 日宣告分派 2×06 年度的现金股利 100 000 元。2×07年，乙公司实现净利润 400 000 元。2×08 年 5 月 1 日，乙公司宣告分派 2×07 年现金股利 200 000 元。甲公司 2×08 年确认应收股利时，应确认的投资收益为(　　)元。

A. 0　　B. 20 000　　C. 30 000　　D. 40 000

9. 某企业 2×08 年年初购入 B 公司 30% 的有表决权股份，对 B 公司能够施加重大影响，实际支付价款为 300 万元。当日，B 公司的可辨认净资产的公允价值为 900 万元。当年 B 公司经营获利 100 万元，发放现金股利 20 万元。2×08 年年末该企业的长期股权投资账面余额为(　　)万元。

A. 300　　B. 324　　C. 360　　D. 372

10. 2×08 年 5 月 1 日，XYZ 公司以 1 500 万元购入甲公司 25% 的普通股股权，并对甲公司有重大影响。2×08 年 5 月 1 日，甲公司的可辨认净资产的公允价值为 6 400 万元，款项已以银行存款支付。甲公司应确认的长期股权投资的入账价值是(　　)万元。

A. 1 500　　B. 1 300　　C. 1 600　　D. 2 000

11. 20×6 年 6 月 30 日，P 公司向同一集团内 S 公司的原股东定向增发 1 500 万股普通股(每股面值为 1 元，市价为 10 元)，取得 S 公司 100% 的股权，并于当日起能够对 S 公司实施控制。合并后 S 公司仍维持其独立法人资格继续经营。两公司在企业合并前采用的会计政策相同。合并日，S 公司的账面所有者权益总额为 6 606 万元。则 P 公司确认的长期股权投资是(　　)万元。

A. 6 606　　B. 1 500　　C. 15 000　　D. 13 500

12. 甲公司于 20×6 年 2 月 10 日自公开市场买入乙公司 20% 的股份，实际支付价款为 8 000 万元。另外，在购买过程中支付手续费等相关费用 200 万元。甲公司取得该部分股权后，能够对乙公司的生产经营决策施加重大影响。甲公司长期股权投资的入账价值为(　　)万元。

A. 8 000　　B. 8 200　　C. 7 800　　D. 200

13. 2×07 年 1 月 1 日，甲公司以 860 万元购入 C 公司 40% 的普通股股权，并对 C 公司有重大影响。2×07 年 1 月 1 日，C 公司所有者权益的账面价值为 1 900 万元，可辨认净资产的公允价值为 2 000 万元，款项已以银行存款支付。甲公司确认的长期股权投资的入账价值为(　　)万元。

A. 860　　B. 800　　C. 760　　D. 780

14. 甲、乙两家公司同属丙公司的子公司。甲公司于 20×1 年 3 月 1 日以发行股票的方式从乙公司的股东手中取得乙公司 60% 的股份。甲公司发行 1 500 万股普通股股票，该股票的每股面值为 1 元。乙公司在 20×1 年 3 月 1 日的所有者权益为 2 000 万元，甲公司在

20×1 年 3 月 1 日的资本公积为 180 万元、盈余公积为 100 万元、未分配利润为 200 万元。甲公司该项长期股权投资的成本为(　　)万元。

A. 1 200　　B. 1 500　　C. 1 820　　D. 480

15. 甲公司出资 1 000 万元取得了乙公司 80%的控股权。假如购买股权时乙公司的账面净资产价值为 1 500 万元,甲、乙公司合并前后同受一方控制。则甲公司确认的长期股权投资成本为(　　)万元。

A. 1 000　　B. 1 500　　C. 800　　D. 1 200

16. A、B 两家公司属于非同一控制下的独立公司。A 公司于 20×1 年 7 月 1 日以本企业的固定资产对 B 公司进行投资,取得 B 公司 60%的股份。该固定资产原值为 1 500 万元,已计提折旧 400 万元,已提取减值准备 50 万元,7 月 1 日该固定资产的公允价值为 1 250 万元。20×1 年 7 月 1 日,B 公司的所有者权益为 2 000 万元。A 公司该项长期股权投资的成本为(　　)万元。

A. 1 500　　B. 1 050　　C. 1 200　　D. 1 250

17. 非企业合并,且以支付现金取得的长期股权投资,应当按照(　　)作为初始投资成本。

A. 实际支付的购买价款

B. 被投资企业所有者权益账面价值的份额

C. 被投资企业所有者权益公允价值的份额

D. 被投资企业所有者权益

18. 非企业合并,且以发行权益性证券取得的长期股权投资,应当按照发行权益性证券的(　　)作为初始投资成本。

A. 账面价值　　B. 公允价值　　C. 支付的相关税费　　D. 市场价格

19. 投资者投入的长期股权投资,如果合同或协议约定价值是公允的,则应当按照(　　)作为初始投资成本。

A. 投资合同或协议约定的价值　　B. 账面价值

C. 公允价值　　D. 市场价值

20. 甲公司出资 600 万元取得了乙公司 60%的控股权,甲公司对该项长期股权投资应采用(　　)核算。

A. 权益法　　B. 成本法

C. 市价法　　D. 成本与市价孰低法

21. 根据《企业会计准则第 2 号——长期股权投资》的规定,长期股权投资采用权益法核算时,初始投资成本大于应享有被投资单位可辨认资产公允价值份额之间的差额,正确的会计处理是(　　)。

A. 计入投资收益　　B. 冲减资本公积

C. 计入营业外支出　　D. 不调整初始投资成本

22. 根据《企业会计准则第 2 号——长期股权投资》的规定,长期股权投资采用权益法核算时,下列各项不会引起长期股权投资账面价值减少的是(　　)。

A. 被投资单位对外捐赠　　B. 被投资单位发生净亏损

C. 被投资单位计提盈余公积　　D. 被投资单位宣告发放现金股利

23. A公司2×06年初按投资份额出资180万元对B公司进行长期股权投资，占B公司股权比例的40%。当年B公司亏损100万元；2×07年B公司亏损400万元；2×08年B公司实现净利润30万元。2×08年A公司计入投资收益的金额为(　　)万元。

A. 12　　B. 10　　C. 8　　D. 0

24. A公司以2 200万元取得B公司30%的股权，取得投资时被投资单位可辨认净资产的公允价值为8 000万元。如A公司能够对B公司施加重大影响，则A公司计入长期股权投资的金额为(　　)万元。

A. 2 200　　B. 2 400　　C. 8 000　　D. 5 800

二、多项选择题

1. 采用权益法核算时，下列各项中，不会引起长期股权投资账面价值发生变动的有(　　)。

A. 收到被投资单位分派的股票股利　　B. 被投资单位实现净利润

C. 被投资单位以资本公积转增资本　　D. 计提长期股权投资减值准备

2. 按照长期股权投资准则的规定，下列事项中，投资企业应采用成本法核算的有(　　)。

A. 投资企业能够对被投资单位实施控制的长期股权投资

B. 投资企业对被投资单位不具有共同控制或重大影响，并且在活跃市场中没有报价、公允价值不能可靠计量的长期股权投资

C. 投资企业对被投资单位不具有共同控制或重大影响，但在活跃市场中有报价、公允价值能够可靠计量的投资

D. 投资企业对被投资单位具有共同控制的长期股权投资

3. 采用权益法时，能引起长期股权投资账面价值增减变动的事项有(　　)。

A. 收到现金股利　　B. 收到股票股利

C. 被投资企业实现净利润　　D. 被投资企业发生净亏损

4. 投资企业与被投资单位存在(　　)关系时，投资方应采用权益法核算该长期股权投资。

A. 控制　　B. 重大影响　　C. 无重大影响　　D. 共同控制

5. 采用权益法核算时，可能记入"长期股权投资"科目贷方发生额的是(　　)。

A. 被投资单位宣告现金股利　　B. 被投资单位收回长期股权投资

C. 被投资单位发生亏损　　D. 被投资单位实现净利润

6. 关于长期股权投资的权益法核算，下列说法中正确的有(　　)。

A. 在持股比例不变的情况下，投资企业对于被投资单位除净损益以外所有者权益的其他变动，应当调整长期股权投资的账面价值并计入当期损益

B. 投资企业按照被投资单位宣告分派的利润或现金股利计算应分得的部分，相应减少长期股权投资的账面价值

C. 投资企业确认被投资单位发生的净亏损，应当以长期股权投资的账面价值以及其他实质上构成对被投资单位净投资的长期权益减记至零为限，投资企业负有承担额外损失义务的除外

D. 投资企业在确认应享有被投资单位净损益的份额时，应当以取得投资时被投资单位

各项可辨认资产等的公允价值为基础，对被投资单位的净利润进行调整后确认

7. 关于长期股权投资的处置，下列说法中正确的有（　　）。

A. 采用成本法核算的长期股权投资，处置长期股权投资时，其账面价值与实际取得价款的差额，应当计入当期损益

B. 采用权益法核算的长期股权投资，因被投资单位除净损益以外所有者权益的其他变动而计入所有者权益的，处置该项投资时应当将原计入所有者权益的部分按相应比例转入当期损益

C. 采用成本法核算的长期股权投资，处置长期股权投资时，其账面价值与实际取得价款的差额，应当计入所有者权益

D. 采用权益法核算的长期股权投资，因被投资单位除净损益以外所有者权益的其他变动而计入所有者权益的，处置该项投资时不应当将原计入所有者权益的部分转入当期损益，应按其账面价值与实际取得价款的差额计入当期损益

8. 采用权益法核算时，可以记入"长期股权投资——××公司（损益调整）"科目贷方发生额的是（　　）。

A. 被投资企业宣告分派现金股利　　B. 投资企业收回长期股权投资

C. 被投资企业发生亏损　　D. 被投资企业实现净利润

9. 下列条件中可确认投资企业对被投资单位具有重大影响的有（　　）。

A. 在被投资单位的董事会或类似的权力机构中派有代表

B. 参与被投资单位的政策制定过程

C. 向被投资单位派出管理人员

D. 直接持有被投资单位 20%～50%的表决权资本

10. 关于同一控制下的企业合并，下列说法中正确的有（　　）。

A. 合并方以支付现金、转让非现金资产或承担债务方式作为合并对价的，应当在合并日按照取得被合并方所有者权益账面价值的份额作为长期股权投资的初始投资成本

B. 合并方以支付现金、转让非现金资产或承担债务方式作为合并对价的，应当在合并日按照取得被合并方可辨认净资产公允价值的份额作为长期股权投资的初始投资成本

C. 长期股权投资初始投资成本与支付的现金、转让的非现金资产以及所承担债务账面价值之间的差额，应当调整资本公积；资本公积不足冲减的，调整留存收益

D. 长期股权投资初始投资成本与支付的现金、转让的非现金资产以及所承担债务账面价值之间的差额，应当计入当期损益

11. 在同一控制下的企业合并中，合并方取得的净资产账面价值与支付的合并对价账面价值（或发行股份面值总额）的差额，可能调整（　　）。

A. 盈余公积　　B. 资本公积　　C. 营业外收入　　D. 未分配利润

12. 在非企业合并情况下，下列各项中，应作为长期股权投资取得时初始成本入账的有（　　）。

A. 投资时支付的不含应收股利的价款

B. 为取得长期股权投资而发生的评估、审计、咨询费

C. 投资时支付的税金、手续费

D. 投资时支付款项中所含的已宣告而尚未领取的现金股利

13. 长期股权投资的成本法的适用范围是(　　)。

A. 投资企业能够对被投资企业实施控制的长期股权投资

B. 投资企业对被投资企业不具有共同控制或重大影响，并且在活跃市场中没有报价、公允价值不能可靠计量的长期股权投资

C. 投资企业对被投资企业具有共同控制的长期股权投资

D. 投资企业对被投资企业具有重大影响的长期股权投资

14. 根据《企业会计准则第2号——长期股权投资》的规定，长期股权投资采用成本法核算时，下列各项会引起长期股权投资账面价值变动的有(　　)。

A. 追加投资　　B. 减少投资

C. 被投资企业实现净利润　　D. 被投资企业宣告发放现金股利

15. 长期股权投资的权益法的适用范围是(　　)。

A. 投资企业能够对被投资企业实施控制的长期股权投资

B. 投资企业对被投资企业不具有共同控制或重大影响，并且在活跃市场中没有报价、公允价值不能可靠计量的长期股权投资

C. 投资企业对被投资企业具有共同控制的长期股权投资

D. 投资企业对被投资企业具有重大影响的长期股权投资

16. 对长期股权投资采用权益法核算时，被投资企业发生的下列事项中，投资企业应该调整长期股权投资账面价值的有(　　)。

A. 被投资企业实现净利润　　B. 被投资企业宣告分配现金股利

C. 被投资企业购买固定资产　　D. 被投资企业计提盈余公积

17. 企业处置长期股权投资时，正确的处理方法有(　　)。

A. 处置长期股权投资，其账面价值与实际取得价款的差额，应当计入投资收益

B. 处置长期股权投资，其账面价值与实际取得价款的差额，应当计入营业外收入

C. 采用权益法核算的长期股权投资，因被投资单位除净损益以外所有者权益的其他变动而计入所有者权益的，处置该项投资时应当将原计入所有者权益的部分按相应比例转入投资收益

D. 采用权益法核算的长期股权投资，因被投资单位除净损益以外所有者权益的其他变动而计入所有者权益的，处置该项投资时应当将原计入所有者权益的部分按相应比例转入营业外收入

三、判断题

1. 长期股权投资采用成本法核算，投资后收到现金股利和股票股利均应确认为投资收益。　　(　　)

2. 采用权益法时，投资前被投资单位实现的净利润应包括在投资成本中，不单独核算。　　(　　)

3. 权益法下，被投资企业宣告发放股票股利时，投资企业不做账务处理。　　(　　)

4. 权益法下，长期股权投资的初始投资成本小于投资时应享有被投资单位可辨认净资产公允价值份额的，应按其差额调增长期股权投资，并计入投资收益。　　(　　)

5. 投资企业只要持有被投资企业的股权比例超过20%，就应采用权益法核算，反之则

采用成本法核算。 ( )

6. A公司购入B公司5%的股份,买价为322 000元,其中含有已宣告发放、但尚未领取的现金股利8 000元。那么A公司取得长期股权投资的成本为322 000元。 ( )

7. 长期股权投资采用成本法核算的,应按被投资单位宣告发放的现金股利或利润中属于本企业的部分,借记"应收股利"科目,贷记"投资收益"科目;属于被投资单位在本企业取得投资前实现净利润的分配额,应该借记"应收股利"科目,贷记"资本公积"科目。 ( )

8. 采用权益法核算的长期股权投资的初始投资成本大于投资时应享有被投资单位可辨认净资产公允价值份额的,其差额计入长期股权投资(股权投资差额)中。 ( )

9. 合并方在企业合并中取得被合并方100%的股权,不一定属于吸收合并。 ( )

10. 非同一控制下的企业合并,合并成本以企业作为对价所付出的资产、发生或者承担的负债以及发行权益性证券的公允价值进行计量。所支付的非货币性资产在购买日的公允价值与账面价值的差额计入资本公积。 ( )

四、问答题

1. 什么是长期股权投资?长期股权投资包括哪些内容?

2. 什么是成本法?成本法适用的范围如何?

3. 什么是权益法?权益法适用的范围如何?

第二部分 业务能力测试

1. A公司于2×07年1月1日以1 035万元(含支付的相关税费1万元)购入B公司股票400万股,占B公司实际发行在外股数的30%,A公司采用权益法核算此项投资。2×07年1月1日,B公司可辨认净资产公允价值为3 000万元。取得投资时B公司的固定资产公允价值为300万元,账面价值为200万元,固定资产预计使用年限为10年,净残值为0,按直线法计提折旧。2×07年1月1日,B公司的无形资产公允价值为100万元,账面价值为50万元,预计使用年限为5年,净残值为0,按照直线法摊销。2×07年B公司实现净利润200万元。

要求:完成A公司上述有关投资业务的会计分录(金额单位为万元)。

2. A公司以银行存款2 000万元取得B公司30%的股权,A公司能够对B公司施加重大影响。取得投资时假定:

(1)被投资单位可辨认净资产的公允价值为6 000万元。

(2)被投资单位可辨认净资产的公允价值为7 000万元。

要求:分别对(1)、(2)种情况进行会计处理

3. 甲公司于2×09年3月1日—2×11年1月5日发生下列与长期股权投资有关的经济业务:

(1)甲公司于2×09年3月1日,从证券市场上购入乙公司发行在外的30%的股份并准备长期持有,对乙公司能够施加重大影响,实际支付款项为2 000万元(含已宣告但尚未发放的现金股利60万元),另支付相关税费10万元。2×09年3月1日,乙公司可辨认净资产的公允价值为6 600万元。

(2)2×09 年 3 月 20 日,收到现金股利。

(3)2×09 年 12 月 31 日,乙公司可供出售金融资产的公允价值变动使乙公司的其他综合收益增加了 200 万元。

(4)2×09 年乙公司实现净利润 510 万元,其中 1 月份和 2 月份共实现净利润 100 万元。假定乙公司除一台设备外,其他资产的公允价值与账面价值相等。该设备 2×09 年 3 月 1 日的账面价值为 400 万元,公允价值为 520 万元,采用年限平均法计提折旧,预计尚可使用年限为 10 年,无残值。

(5)2×10 年 3 月 10 日,乙公司宣告分派现金股利 100 万元。

(6)2×10 年 3 月 25 日,收到现金股利。

(7)2×10 年乙公司实现净利润 612 万元。

(8)2×11 年 1 月 5 日,将持有乙公司 5%的股份对外转让,收到款项 390 万元,存入银行。转让后持有乙公司 25%的股份,对乙公司仍具有重大影响。

假定不考虑所得税的影响。

要求:

(1)编制上述有关业务的会计分录。

(2)计算 2×11 年 1 月 5 日出售部分股份后长期股权投资的账面价值。

4. 20×1 年 1 月 1 日,甲公司以银行存款 100 万元取得乙公司表决权资本 30%,对乙公司具有重大影响。20×1 年 1 月 1 日,乙公司可辨认净资产的账面价值及公允价值均为 400 万元。

20×1 年 2 月 10 日,乙公司宣告分派现金股利 100 万元,5 日后收到。

20×1 年乙公司实现净利润 150 万元。

20×2 年 2 月 20 日,乙公司宣告分派现金股利 50 万元。

20×2 年 10 月 20 日,乙公司购入一项可供出售金融资产,成本为 50 万元,年末公允价值为 80 万元。

20×2 年乙公司实现净利润 50 万元。

20×3 年 1 月 12 日,甲公司将对乙公司的投资全部出售,出售价款为 150 万元,全部存入银行。

要求:对以上甲公司长期股权投资进行会计处理。

5. 2×07 年 1 月 1 日,A 公司以银行存款 500 万元取得 B 公司 80%的股份。该项投资属于非同一控制下的企业合并。B 公司所有者权益的账面价值为 700 万元。2×07 年 5 月 2 日,B 公司宣告分派 2×06 年度现金股利 100 万元,2×07 年度 B 公司实现利润 200 万元。2×08 年 5 月 2 日,B 公司宣告分派现金股利 300 万元,2×08 年度 B 公司实现利润 300 万元。2×09 年 5 月 2 日,B 公司宣告分派现金股利 200 万元。

要求:做出 A 公司上述股权投资的会计处理。

6. 2×07 年 1 月 1 日,甲上市公司以其库存商品对乙企业进行投资,投资商品的成本为 180 万元,公允价值和计税价格均为 200 万元,增值税税率为 17%(不考虑其他税费)。甲上市公司对乙企业的投资占乙企业注册资本的 20%,甲上市公司采用权益法核算该项长期股权投资。2×07 年 1 月 1 日,乙企业所有者权益总额为 1 000 万元(假定为公允价值)。乙企业 2×07 年实现净利润 600 万元。2×08 年乙企业发生亏损 2 200 万元。假定甲企业的账上有应收乙企业的长期应收款 80 万元。2×09 年乙企业实现净利润 1 000 万元。

要求：根据上述资料，编制甲上市公司对乙企业进行投资及确认投资收益的会计分录。(金额单位为万元。)

7. A 公司于 2×07 年 1 月 1 日以 950 万元(含支付的相关费用 10 万元)购入 B 公司股票 400 万股，每股面值为 1 元，占 B 公司发行在外股份的 20%，A 公司采用权益法核算该项投资。

2×07 年 12 月 31 日，B 公司股东权益的公允价值总额为 4 000 万元。2×07 年，B 公司实现净利润 600 万元，提取盈余公积 120 万元。

2×08 年，B 公司实现净利润 800 万元，提取盈余公积 160 万元，宣告发放现金股利 100 万元，A 公司已经收到。2×08 年，B 公司由于可供出售金融资产公允价值变动增加其他综合收益 200 万元。2×08 年末该项股权投资的可收回金额为 1 200 万元。

2×09 年 1 月 5 日，A 公司转让对 B 公司的全部投资，实得价款 1 300 万元。

要求：根据上述资料编制 A 公司有关投资业务的会计分录。(金额单位以万元表示。)

项目七　固定资产的核算

第一部分　知识能力点测试

一、单项选择题

1. A企业购入一台不需要安装的设备，设备买价为30 000元，增值税为5 100元，运杂费为1 500元，则该设备的初始计量成本为(　　)元。

A. 36 600　　B. 35 100　　C. 31 500　　D. 30 000

2. A企业生产线改扩建过程中替换原固定资产的某组成部分的变价收入应记入"(　　)"科目。

A. 营业外收入　　B. 其他业务收入　　C. 管理费用　　D. 在建工程

3. 固定资产计提折旧将导致企业的资产负债表中(　　)项目发生变化。

A. 资产净值　　B. 负债

C. 固定资产　　D. 对资产和负债均无影响

4. 企业生产车间(部门)发生的固定资产修理费用等后续支出应记入"(　　)"科目。

A. 管理费用　　B. 制造费用　　C. 生产成本　　D. 销售费用

5. 未使用的固定资产，其计提的折旧应计入(　　)。

A. 制造费用　　B. 管理费用　　C. 生产成本　　D. 销售费用

6. A企业一台设备的原价为200万元，预计生产产品的产量为600万件，预计净残值率为5%，本月生产产品10万件，采用工作量法计提折旧，则该台机器设备的本月折旧额是(　　)万元。

A. 2.67　　B. 2.63　　C. 3.17　　D. 3.4

7. 甲公司购入一台需要安装的生产用机器设备，支付的增值税记入"(　　)"科目。

A. 在建工程　　B. 固定资产　　C. 制造费用　　D. 应交税费

8. 甲公司于2×06年9月1日购入一条不需安装的生产线。原价为996万元，预计使用年限为5年，预计净残值为60万元，按年数总和法计提折旧。该固定资产2×07年应计提的折旧额是(　　)万元。

A. 312　　B. 296.4　　C. 234　　D. 192.56

9. 企业购进一台设备，采用分期付款方式，设备已经达到预定可使用状态，未确认融资费用的分摊额应记入"(　　)"科目。

A. 在建工程　　B. 固定资产　　C. 财务费用　　D. 制造费用

10. 某企业对生产线进行扩建。该生产线的原价为1 500万元，已提折旧500万元。扩建生产线时发生扩建支出600万元，假定该项支出符合固定资产确认条件，同时在扩建时处理残料发生变价收入50万元。该生产线新的原价应为(　　)万元。

A. 2 100　　B. 2 050　　C. 1 600　　D. 1550

11. 固定资产盘盈时，在按管理权限报经批准处理前，应通过“（　　）”科目进行核算。

A. 制造费用　　B. 管理费用

C. 营业外收入　　D. 以前年度损益调整

12. 对A企业的某仓库进行清理，原值为150万元，已提折旧为90万元，已提减值准备为1万元，清理时发生清理费用5万元、不含税收入80万元，假定该建筑物属于20×6年5月1日后自建的不动产，适用的增值税税率为11%。该固定资产的清理净收益为（　　）万元。

A. 16　　B. 25　　C. 28　　D. 20

13. 通过测算，A企业一项固定资产的预计未来现金流量的现值为1 000 000元，公允价值为1 030 000元，预计处置费用为20 000元，固定资产账面价值的净额为1 100 000元，应计提减值准备（　　）元。

A. 100 000　　B. 90 000　　C. 10 000　　D. 80 000

14. A企业年末组织人员对固定资产进行清查时，发现生产车间丢失一台电机，无法查明原因，经批准作为损失处理，应记入“（　　）”科目。

A. 管理费用　　B. 营业外支出　　C. 生产成本　　D. 固定资产清理

15. 甲公司购入一项固定资产，入账价值为30万元，预计可使用年限为5年，预计残值为2.5万元。甲公司对该项固定资产采用双倍余额递减法计提折旧，则第4年对该项固定资产计提的折旧额为（　　）万元。

A. 1.99　　B. 2.592　　C. 3.24　　D. 4.32

16. 下列固定资产中，应计提折旧的是（　　）。

A. 未提足折旧、提前报废的设备　　B. 闲置的设备

C. 已提足折旧、继续使用的设备　　D. 经营租赁租入的设备

17. 20×9年1月1日，A企业对20×5年1月1日购入的一台生产用设备进行改良，该设备的原价为100万元，改良前设备预计可使用寿命为10年，预计无残值，已提折旧为40万元，共发生改良支出10.8万元。2×09年3月1日，该设备交付使用，可使其使用寿命延长4年。每年对该设备计提折旧（　　）万元。

A. 7.2　　B. 6　　C. 10　　D. 4

18. 下列各项中，不应通过“固定资产清理”科目核算的有（　　）。

A. 出售的固定资产　　B. 盘亏的固定资产

C. 报废的固定资产　　D. 毁损的固定资产

19. 某项固定资产的原值为100 000元，预计净残值率为1%，预计使用年限为5年。采用年数总和法计提折旧，第二年的折旧额为（　　）元。

A. 30 000　　B. 24 000　　C. 18 000　　D. 45 000

二、多项选择题

1. 固定资产的特征包括（　　）。

A. 为生产商品、提供劳务、出租或经营管理而持有

B. 使用寿命超过一个会计年度

C. 具有实物形态

D. 单位价值较高

2. 下列属于企业固定资产的有( )。

A. 经营性租入的设备　　B. 融资租入的设备

C. 经营性租出的设备　　D. 未使用的设备

3. 可以计入外购机械设备入账价值的项目有( )。

A. 增值税　　B. 运输费、装卸费、安装费

C. 专业人员服务费　　D. 购买价款

4. 企业采用分期付款方式购买固定资产，未确认融资费用的摊销应记入“( )”科目。

A. 长期待摊费用　　B. 未确认融资费用

C. 财务费用　　D. 管理费用

5. 自营方式建造基建工程，应计入固定资产入账价值的项目有( )。

A. 领用工程物资

B. 在建工程领用本厂产品应交的增值税

C. 在建工程领用生产用原材料应交的增值税

D. 在建工程发生的工程管理费

6. 下列项目中通过“在建工程”科目核算的有( )。

A. 购入不需安装的固定资产

B. 购入需安装的固定资产

C. 出包方式建造固定资产支付给承包商的工程款

D. 转入改良的固定资产

7. 下列各项业务中，能够使固定资产账面价值发生增减变动的有( )。

A. 经营租入固定资产的改良支出　　B. 对固定资产进行改扩建

C. 对固定资产进行日常修理　　D. 计提固定资产折旧

8. 影响固定资产折旧的因素主要有( )。

A. 固定资产原价　　B. 预计净残值

C. 固定资产减值准备　　D. 固定资产的使用寿命

9. 企业的下列固定资产中，按规定应计提折旧的是( )。

A. 当月减少的固定资产

B. 已提足折旧仍继续使用的固定资产

C. 已达到预定可使用状态但尚未办理竣工决算的固定资产

D. 经营性租入的设备

10. 企业的下列固定资产中，按规定不应计提折旧的是( )。

A. 当月增加的固定资产　　B. 闲置不用的固定资产

C. 经营性租入的设备　　D. 融资租入的设备

11. 企业应当根据与固定资产有关的经济利益的预期实现方式，合理选择折旧方法，可选用的折旧方法包括( )。

A. 年限平均法　　B. 工作量法

C. 双倍余额递减法　　D. 年数总和法

12. 下列固定资产的相关损失项目,应计入营业外支出的是(　　)。

A. 固定资产报废净损失　　B. 企业对外捐赠支出

C. 出售固定资产的净损失　　D. 经批准结转的固定资产盘亏净损失

13. 计提的折旧根据用途计入相关资产的成本或者当期损益,应记入的科目有"(　　)"。

A. 管理费用　　B. 制造费用　　C. 营业外支出　　D. 其他业务成本

14. 下列属于固定资产改良的有(　　)。

A. 改建、扩建使固定资产的使用年限延长

B. 改建、扩建使固定资产的生产能力提高

C. 使产品质量提高、使生产成本降低

D. 企业将对固定资产进行必要的维护,保证固定资产正常运转和使用

15. 固定资产的修理费用根据支出发生的部门及原因不同应记入"(　　)"科目。

A. 固定资产　　B. 管理费用　　C. 在建工程　　D. 销售费用

16. 下列情况中,固定资产可能发生减值的有(　　)。

A. 如果出现了固定资产的市价在当期大幅度下降,其跌幅明显高于因时间推移或正常使用而预计的下跌

B. 如果企业经营所处的经济、技术或者法律等环境及固定资产所处的市场在当期或者将在近期发生重大变化,从而对企业产生不利影响

C. 如果市场利率或者其他市场投资报酬率在当期已经提高,从而影响企业计算固定资产预计未来现金流量现值的折现率,导致固定资产可收回金额大幅度降低等

D. 大修理停用的固定资产

17. 下列各项中,通过"固定资产清理"科目核算的有(　　)。

A. 盘亏的固定资产　　B. 出售的固定资产

C. 对外投资的固定资产　　D. 报废或损毁的固定资产

18. 下列各项中,通过"固定资产清理"科目借方登记的有(　　)。

A. 转出的清理净损失　　B. 固定资产转入清理时的账面价值

C. 固定资产出售收入　　D. 发生清理费用

19. 下列各项中,通过"固定资产清理"科目贷方登记的有(　　)。

A. 清理的残料价值或变价收入　　B. 转出的清理净损失

C. 清理的应向保险公司索赔的赔款　　D. 发生的清理费用

20. 在计提固定资产折旧时,体现谨慎性的折旧方法是(　　)。

A. 平均年限法　　B. 工作量法

C. 双倍余额递减法　　D. 年数总和法

三、判断题

1. 固定资产,是指使用寿命超过一个会计年度,为生产商品、提供劳务、出租或经营管理而持有的的资产。　　(　　)

2. 企业在确定固定资产成本时必须取得确凿证据,企业对于已达到预定可使用状态但

尚未办理竣工决算的固定资产，固定资产成本不能可靠地计量，不能确认为固定资产。 ( )

3. 固定资产成本包括企业为购建某项固定资产达到预定可使用状态前所发生的一切合理的、必要的支出。 ( )

4. 企业以一笔款项同时购入多项没有单独标价的资产，按各项固定资产公允价值的比例对总成本进行分配，分别确定各项固定资产的成本。 ( )

5. 采用分期付款方式购买固定资产，入账价值为支付的设备价款合计。 ( )

6. 当固定资产达到预定可使用状态时，如果尚未办理竣工决算的，应先按暂估价入账，同时停止借款费用的资本化并开始计提折旧，待办理竣工决算手续后，再按实际成本调整账面暂估成本。 ( )

7. 折旧方法只影响各年的计提折旧总额，但不影响折旧总额。 ( )

8. 双倍余额递减法和年数总和法每期的折旧额都是递减的。 ( )

9. 固定资产的大修理费用和日常修理费用，不符合固定资产确认条件的，应当根据不同情况分别在发生时计入当期管理费用或销售费用等。 ( )

10. 投资者投入固定资产的成本，应当按照投资合同或协议约定的价值确定，但合同或协议约定价值不公允的除外。 ( )

11. 企业对经营租入的固定资产和融资租入的固定资产均应按照自有资产对其计提折旧。 ( )

12. 季节性停用的大型设备不计提折旧。 ( )

13. 转入改扩建的固定资产停止计提折旧，而进行大修理的固定资产则照提折旧。 ( )

14. 固定资产减值损失确认后，在以后会计期间固定资产价值可以转回。 ( )

15. 固定资产可收回金额，应当按该固定资产的公允价值减去处置费用后的净额与预计未来现金流量的现值两者之中的较高者来确定。 ( )

16. 固定资产盘盈应作为前期差错记入“以前年度损益调整”科目。 ( )

17. 企业在财产清查中盘亏的固定资产作为前期差错记入“以前年度损益调整”科目。 ( )

18. 企业在财产清查中盘亏的固定资产应通过“固定资产清理”科目核算。 ( )

19. 固定资产出售、报废、毁损的账务处理完全相同。 ( )

20. 固定资产账面价值＝固定资产原值－累计折旧－固定资产减值准备。 ( )

四、问答题

1. 什么是固定资产？固定资产有哪些特征？

2. 固定资产按经济用途和使用情况可分为哪些类型？

3. 如何确定外购固定资产的成本？

4. 什么是弃置费用？

5. 什么是固定资产折旧？影响固定资产折旧的因素有哪些？

6. 简述固定资产后续支出的处理原则。

第二部分　业务能力测试

1. 某企业于2×10年初自行建造一项大型生产设备，购入为工程准备的各种物资，取得增值税专用发票，价格为100 000元，增值税为17 000元，款项已付。建造设备实际领用工程物资90%，剩余物资转作企业生产用原材料；另外还领用了企业生产用的原材料一批，实际成本为10 000元，原抵扣的进项税额为1 700元；分配工程人员工资56 000元。工程于2×10年4月达到预定可使用状态并交付使用。该企业对该项固定资产采用年数总和法计提折旧，预计使用年限为5年，预计净残值为3 000元。

要求：

(1)编制2×10年与工程物资和固定资产购建有关的会计分录。

(2)计算2×11年该项固定资产的折旧额并编写会计分录。

2. 甲公司为一般纳税人，20×1年2月10日购入一台需要安装的生产设备，取得增值税专用发票，价格为80万元，增值税为13.6万元，以银行存款支付。安装过程中领用原材料10万元，原抵扣的进项税额为1.7万元；发生安装工人工资10万元。20×1年6月20日，设备安装完毕并投入使用，预计使用年限为10年，预计净残值为10万元，采用直线法计提折旧。20×4年3月31日，因企业转产，不再需要该设备，将其出售，售价为60万元，发生清理费用1万元，以上款项以银行存款结算。

要求：编制以上业务的会计分录。

3. 20×7年12月31日，A公司按月对固定资产计提折旧，计提折旧过程中部分固定资产的有关折旧事项如下：

(1)生产车间一台除尘设备的原值为500 000元，预计使用5年，净残值率为10%，采用直线法计提折旧，该机械设备本月计提折旧后已提足折旧。请代替该公司会计针对此机械设备编制“固定资产折旧计算表”(表7-1)并编制会计分录。

表7-1　固定资产折旧计算表

年份	部门	设备名称	固定资产原值①（元）	使用年限②（年）	净残值率③（%）	年折旧率④（%）	应提月折旧额⑤（元）	累计折旧额⑥（元）	年末折余价值⑦（元）

(2)销售部一货运车辆，预计行驶600 000千米，原值为450 000元，净残值率为3%，本月行驶3 000千米，按工作量法计提折旧，该车辆20×6年行驶35 000千米，20×7年1—11月行驶3 000千米。请代替该公司会计针对此货运车辆编制“固定资产折旧计算表”(表7-2)并编制会计分录。

表 7-2　固定资产折旧计算表

年份	部门	设备名称	原值①（元）	净残值率②（%）	总工作量③（千米）	单位工作量折旧额④（元）	当月工作量⑤（千米）	当月折旧额⑥（元）	累计折旧额⑦（元）	期末折余价值⑧（元）

(3)管理部门一台电子设备的原值为 100 000 元，预计使用年限为 5 年，预计净残值为 4 000元，采用双倍余额递减法计算年折旧额，该电子设备本月计提折旧后已提足折旧。请代替该公司会计针对此电子设备编制“固定资产折旧计算表”(表 7-3)并编制会计分录。

表 7-3　固定资产折旧计算表

年份	部门	设备名称	年初账面折余价值①（元）	使用年限②（年）	年折旧率③（%）	年折旧额④（元）	累计折旧额⑤（元）	年末账面折余价值⑥（元）	月折旧额⑦

(4)生产车间已出租的一台排风设备，原值为 80 000 元，预计可使用 5 年，预计净残值为 1 500 元，采用年数总和法计提每年折旧额，该排风设备本月计提折旧后已提足折旧。请代替该公司会计针对此排风设备编制“固定资产折旧计算表”(表 7-4)并编制会计分录。

表 7-4　固定资产折旧计算表

年份	部门	设备名称	使用年限①（年）	固定折旧基数②（元）	尚可使用年限③（年）	年数总和④（年）	年折旧率⑤（%）	年折旧额⑥（元）	累计折旧额⑦（元）	期末折余价值⑧（元）	月折旧额⑨（元）

4. 甲公司为一般纳税人，20×1 年 12 月 31 日购入一台生产用设备，价格为 100 万元，增值税为 17 万元，以银行存款支付。预计使用年限为 10 年，预计净残值为 10 万元，采用直线法计提折旧。20×2 年 12 月 31 日可收回金额为 95 万元，20×3 年 12 月 31 日可收回金额为 74 万元，假定计提减值准备后预计使用年限、预计净残值、计提折旧方法不变。20×5 年 6 月 20 日出售，售价为 50 万元，发生清理费用 1 万元，以上款项以银行存款结算。

要求：编制以上业务的会计分录。

5. 20×8 年 A 公司发生如下固定资产处置业务：

(1)20×8 年 4 月 10 日，A 公司因经营方针调整出售一闲置的仓库，账面原值为 2 000 000元，已提折旧 300 000 元，已计提减值准备 20 000 元，出售价格为 2 800 000 元。假定该建筑物属于 20×6 年 5 月 1 日后自建的不动产，适用的增值税税率为 11%，款项已存银行，另以现金支出清理费 6 000 元。

(2)20×8 年 5 月 26 日，A 公司一台设备由于技术工序落后提前报废，该设备的账面原值为 100 000 元，已提折旧 30 000 元，已计提减值准备 8 000 元，清理中发生的清理支出为 4 000元，报废残料变价收入为 5 000 元，收存银行。

(3)20×8 年 7 月 3 日，A 公司因遭遇火灾毁损一仓库，原值为 100 000 元，已提折旧 10 000元，已入库的残料为 50 000 元，以银行存款付清理费 3 000 元，经保险公司确定赔偿损失额 20 000 元，赔款尚未收到。

要求：编制上述业务的会计分录。

6. 20×7 年 12 月 31 日，A 公司在年末盘点时盘亏设备一台，账面原价为 90 000 元，已提折旧 26 000 元，已提减值准备 10 000 元，经批准设备管理员赔偿 20 000 元。同时发现未入账设备一台，市场价格为 20 000 元，八成新，企业所得税税率为 25%，按净利润率 10%计提法定盈余公积。

要求：编制上述业务的会计分录。

7. 鑫海有限责任公司建造一幢厂房，资料如下：

(1)2×10 年初购入工程物资，取得增值税专用发票，价格为 1 000 000 元，增值税为 170 000元，款项已付。

(2)建造过程中累计领用工程物资 900 000 元，剩余工程物资转作企业生产用原材料。

(3)另外还领用了企业生产用的原材料一批，实际成本为 50 000 元，原抵扣的进项税额为 8 500 元；发生应付工程人员工资 250 000 元。

(3)工程于 2×10 年 6 月 20 日达到预定可使用状态并交付使用。预计使用年限为 10 年，预计净残值率为 10%，采用直线法计提折旧。

(4)2×14 年 1 月 1 日，由于企业生产规模扩大，鑫海有限责任公司决定对厂房进行改扩建。改扩建期间发生支出 628 000 元，其中领用工程物资 400 000 元，工程人员工资 150 000元，银行存款支付其他费用 78 000 元。拆除部分残料对外出售取得收入 20 000 元，已存入银行，相关税费不予考虑。

(5)2×14 年 6 月 30 日，厂房改扩建成功，寿命延长 5 年，预计净残值率仍为 10%，采用直线法计提折旧。

(6)2×18 年 3 月 20 日，由于公司厂址搬迁，公司决定将该厂房整体对外出售。出售价格为 100 万元，适用的增值税税率为 11%，款项已收到并存入银行。

要求：

(1)编制 2×10 年初购入工程物资、领用工程物资、剩余工程物资转作企业生产用原材料的会计分录；

(2)编制领用生产用原材料、发生应付工程人员工资的会计分录；

(3)编制工程于 2×10 年 6 月 20 日达到预定可使用状态并交付使用的会计分录；

(4)编制 2×10 年计提折旧的会计分录；

(5)编制 2×14 年 1 月 1 日厂房进行改扩建的会计分录；

(6)编制 2×14 年 6 月 30 日厂房改扩建成功的会计分录；

(7)编制 2×15 年计提折旧的会计分录；

(8)编制 2×18 年 3 月 20 日厂房出售的会计分录。

项目八　无形资产的核算

第一部分　知识能力点测试

一、单项选择题

1. 下列各项中,不属于无形资产的是(　　)。

A. 土地　　B. 专利技术　　C. 商标　　D. 特许权

2. 无形资产的期末借方余额反映企业无形资产的(　　)。

A. 摊余价值　　B. 账面价值　　C. 可收回金额　　D. 成本

3. 由投资者投资转入的无形资产,应按合同或协议约定的价值(假定该价值是公允的),借记"无形资产"科目,按其在注册资本中所占的份额,贷记"实收资本"科目,按其差额记入"(　　)"科目。

A. 资本公积——资本(或股本)溢价　　B. 营业外收入

C. 资本公积——股权投资准备　　D. 最低租赁付款额

4. 企业购入或支付土地出让金取得的土地使用权,已经开发或建造自用项目的,通常通过"(　　)"科目核算。

A. 固定资产　　B. 在建工程　　C. 无形资产　　D. 长期待摊费用

5. 下列关于无形资产转让的会计处理中,正确的是(　　)。

A. 转让无形资产使用权所取得的收入应计入营业外收入

B. 转让无形资产所用权所取得的收入应计入其他业务收入

C. 转让无形资产所用权所发生的支出应计入其他业务支出

D. 转让无形资产使用权所发生的支出应计入其他业务支出

6. 企业出租无形资产取得的收入,应当计入(　　)。

A. 主营业务收入　　B. 其他业务收入　　C. 投资收益　　D. 营业外收入

7. 企业出售无形资产发生的净损失,应当计入(　　)。

A. 其他业务成本　　B. 其他业务支出　　C. 管理费用　　D. 营业外支出

8. 20×9 年 1 月 1 日,甲公司将某专利权的使用权转让给乙公司,每年收取租金 16 万元,适用的增值税税率为 6%,转让期间甲公司不使用该项专利。该专利权系甲公司 20×8 年 2 月 1 日购入的,初始入账价值为 24 万元,预计使用年限为 6 年,按直线法摊销。假定不考虑其他因素,甲公司 20×9 年度因该专利权影响营业利润的金额为(　　)万元。

A. 11.13　　B. 9.2　　C. 12　　D. 11.53

9. 滨海有限公司于 2×08 年 6 月 1 日以 78 万元的价格转让一项无形资产给 A 公司,同时发生相关税费 4 万元。该无形资产系滨海有限公司于 2×05 年 7 月 1 日购入并投入使用的,入账价值为 240 万元,预计使用年限为 6 年,法律规定的有效年限为 8 年。该无形资产按直线法摊销。转让该无形资产发生的净损失为(　　)万元。

A. 46　　B. 38　　C. 49.33　　D. 78.5

10. 甲公司以180万元的价格对外转让一项专利权，假定不考虑其他相关税费。该项专利权系甲公司以410万元的价格购入的，购入时该专利权预计使用年限为10年，预计净残值为0，按直线法摊销，转让时该专利权已使用7年，在第7年年末计提减值准备24万元。甲公司转让该专利权所获得的净收益为(　　)万元。

A. 81　　B. 72　　C. 45.91　　D. 45

11. 下列各项中说法正确的是(　　)。

A. 使用寿命有限的无形资产的残值一定为零

B. 对于使用寿命不确定的无形资产，应在每个会计期末进行减值测试；使用寿命有限的无形资产，每个会计期末不需要减值测试

C. 对于使用寿命不确定的无形资产，有证据表明其使用寿命有限时，要对以前没有摊销的年限进行追溯调整

D. 使用寿命有限的无形资产和使用寿命不确定的无形资产，都应在每个会计期末进行减值测试

12. 企业让渡无形资产使用权取得的租金收入，计入(　)。

A. 营业外收入　　B. 其他业务收入　　C. 冲减营业外支出　　D. 主营业务收入

13. 企业改变自有土地使用权的用途，用于赚取租金或资本增值时，应将其转为(　　)。

A. 继续在无形资产中核算　　B. 固定资产

C. 投资性房地产　　D. 金融资产

14. 下列各项中，不会引起无形资产账面价值发生增减变动的是(　　)。

A. 对无形资产计提减值准备　　B. 转让无形资产所有权

C. 摊销无形资产　　D. 发生无形资产的后续支出

二、多项选择题

1. 下列各项中，属于无形资产的是(　　)。

A. 专利权　　B. 商标权　　C. 土地使用权　　D. 特许权

2. 外购无形资产的成本包括(　　)。

A. 购买价款

B. 外购前发生的洽谈费

C. 其他相关税费

D. 可直接归属于使该项无形资产达到预定用途所发生的其他支出

3. 下列有关土地使用权的会计处理，正确的是(　　)。

A. 土地使用权用于自行开发建造厂房等地上建筑物时，土地使用权与地上建筑物一般应当分别进行摊销和提取折旧

B. 房地产开发企业取得土地用于建造对外出售的房屋建筑物，相关的土地使用权应当计入所建造的房屋建筑物成本

C. 企业改变土地使用权的用途，将其作为用于出租或增值目的时，应将其账面价值转

为投资性房地产

D. 企业外购的房屋建筑物支付的价款无法在地上建筑物与土地使用权之间分配的，应当确认为固定资产原价

4. 企业自行研发无形资产，开发阶段的支出最终可能计入（　　）。

A. 销售费用　　B. 管理费用　　C. 财务费用　　D. 无形资产

5. 企业按期对无形资产进行摊销，借方科目有可能为（　　）。

A. 管理费用　　B. 其他业务成本　　C. 销售费用　　D. 制造费用

6. 下列事项中，可能影响企业当期利润表中营业利润的有（　　）。

A. 计提无形资产减值准备

B. 接受其他单位捐赠的专利权

C. 出租无形资产取得的租金收入

D. 新技术项目研究过程中发生的人工费用

7. 下列有关无形资产的会计处理中，不正确的是（　　）。

A. 使用寿命不确定的无形资产，不应摊销，但应于每个会计期末进行减值测试

B. 转让无形资产所有权取得的收入计入其他业务收入

C. 转让无形资产使用权取得的收入计入营业外收入

D. 购入但尚未投入使用的、使用寿命有限的无形资产的成本不应进行摊销

8. 无形资产的可收回金额是按（　　）两者中的较大者确定。

A. 无形资产的账面原值

B. 无形资产的公允价值减去处置费用后的金额

C. 无形资产的净值

D. 无形资产的预计未来现金流量的现值

9. 关于无形资产处置，下列说法中正确的有（　　）。

A. 企业出售无形资产，应当将取得的价款与该无形资产账面价值的差额计入当期损益

B. 企业出售无形资产，应当将取得的价款与该无形资产账面价值的差额计入资本公积

C. 无形资产预期不能为企业带来经济利益的，应当将该无形资产的账面价值予以转销

D. 无形资产预期不能为企业带来经济利益的，也应按原预定方法和使用寿命摊销

三、判断题

1. 无形资产是指企业为生产商品、提供劳务、出租给他人，或为管理目的而持有的没有实物形态的非货币性长期资产。（　　）

2. 企业自行开发无形资产发生的研发支出，无论是否满足资本化条件，均应先在“研发支出”科目中归集。（　　）

3. 企业自行进行的研究开发项目，在研究阶段发生的有关支出，符合资本化条件的予以资本化。（　　）

4. 自行开发并按法律程序申请取得的无形资产，应按在研发过程中发生的材料费用、直接参与开发人员的工资及福利费、开发过程中发生的租金、借款费用，以及注册费、聘请律师费等费用作为无形资产的实际成本。（　　）

5. 已计入各期费用的研究费用，在该项无形资产获得成功并依法申请专利时，再将原

已计入费用的研究费用予以资本化。（ ）

6. 无法区分研究阶段支出和开发阶段支出的，应当将其所发生的研发支出全部资本化，计入无形资产成本。（ ）

7. 工业企业为建造生产车间而购入的土地使用权，应先通过工程物资核算。（ ）

8. 土地使用权均作为企业的无形资产进行核算。（ ）

9. 房地产开发企业取得的土地使用权用于建造对外出售的房屋建筑物的，其相关的土地使用权的价值应当计入所建造的房屋建筑物成本。（ ）

10. 无形资产的成本只能采用直线法进行摊销。（ ）

11. 无形资产的残值一经确定，不得更正。（ ）

12. 使用寿命不确定的无形资产不用进行摊销，也不用进行减值测试计提减值准备。（ ）

13. 对于使用寿命不确定的无形资产，如果有证据表明其使用寿命是有限的，则应按会计政策变更处理，对以前未摊销的年限追溯调整。（ ）

14. 使用寿命确定的无形资产的摊销应计入管理费用。（ ）

15. 无形资产摊销时，应该冲减无形资产的成本。（ ）

16. "无形资产"科目的期末借方余额，反映企业无形资产的账面价值。（ ）

17. 由于出售无形资产属于企业日常活动，因此出售无形资产所取得的收入应通过"其他业务收入"科目核算。（ ）

18. 出售无形资产属于企业的日常活动，出售无形资产所取得的收入应通过"其他业务收入"科目核算；而出租无形资产属于企业的非日常活动，出租无形资产取得的收入应通过"营业外收支"科目核算。（ ）

四、问答题

1. 什么是无形资产？无形资产主要有哪些？

2. 简述自行研发项目处理的基本要求。

第二部分 业务能力测试

1. 甲公司 2×06 年至 2×09 年与无形资产业务的有关资料如下：

(1)2×06 年 12 月 3 日，以银行存款 360 万元购入一项无形资产（不考虑相关税费）。该无形资产的预计使用年限为 10 年，采用直线法进行摊销。

(2)2×09 年 4 月 1 日，甲公司将该无形资产对外出售，取得价款 280 万元并收存银行（不考虑相关税费）。

要求：

(1)编制购入该无形资产的会计分录；

(2)计算 2×06 年无形资产的摊销金额并编制会计分录；

(3)计算该无形资产出售形成的净损益；

(4)编制该无形资产出售的会计分录。

（答案中的金额单位用万元表示。）

2. 鑫海公司正在研究和开发一项新工艺，2×07年1—7月发生的以银行存款支付的各项研究、调查、试验等费用为120万元，2×07年10—12月发生支出70万元，其中材料费用30万元、人工费用32万元、以银行存款支付的其他费用8万元。2×07年9月末，该公司已证实该项新工艺能够研发成功，并满足无形资产确认标准。2×08年1—6月又发生支出210万元，其中材料费用80万元、直接参与开发人员的工资90万元、以银行存款支付的场地设备等租金和注册费等40万元。2×08年6月末，该项新工艺完成，达到预定可使用状态。

要求：做出相关的会计处理。（答案以万元为单位。）

3. 某公司有关无形资产的业务如下：

(1)2×07年1月1日，购入一项无形资产，价款为810万元，另发生相关税费90万元。该无形资产的有效使用年限为8年，某公司估计使用年限为6年，预计残值为零。

(2)2×08年12月31日，由于与该无形资产相关的经济因素发生不利变化，致使其发生减值，某公司估计可收回金额为375万元。计提减值准备后原预计使用年限不变。

(3)2×10年12月31日，由于与该无形资产相关的经济因素发生继续不利变化，致使其继续发生减值，某公司估计可收回金额为150万元。计提减值准备后原预计使用年限不变。

(4)2×11年3月1日，某公司与A公司签订协议，某公司向A公司出售该无形资产，价款为200万元，已收到，适用的增值税税率为6%。

(5)假定不考虑其他税费。假定该企业按年进行无形资产摊销。

要求：

(1)编制2×07年1月1日购入一项无形资产的会计分录；

(2)计算2×07年12月31日摊销的无形资产并编制会计分录；

(3)计算2×08年12月31日计提的无形资产减值准备并编制会计分录；

(4)计算2×09年12月31日无形资产摊销的金额；

(5)计算2×10年12月31日计提无形资产减值准备的金额；

(6)编制2×11年3月1日有关出售无形资产的会计分录。

4. 甲公司2×07年至2×13年与无形资产业务有关的资料如下：

(1)2×07年12月1日，以银行存款300万元购入一项无形资产（不考虑相关税费，下同）。该无形资产的预计使用年限为10年。

(2)2×11年12月31日，预计该无形资产的可收回金额为142万元。该无形资产发生减值后，原预计使用年限不变。

(3)2×12年12月31日，预计该无形资产的可收回金额为129.8万元。调整该无形资产的减值准备后，原预计使用年限不变。

(4)2×13年4月1日，将该无形资产对外出售，取得价款130万元并收存银行。

要求：

(1)编制购入该无形资产的会计分录；

(2)计算2×11年12月31日该无形资产的账面净值；

(3)编制2×11年12月31日该无形资产计提减值准备的会计分录；

(4)计算2×12年12月31日该无形资产的账面净值；

(5)编制 2×12 年 12 月 31 日调整该无形资产减值准备的会计分录；

(6)计算 2×13 年 3 月 31 日该无形资产的账面净值；

(7)计算该无形资产出售形成的净损益；

(8)编制该无形资产出售的会计分录。

(答案中的金额单位用万元表示。)

项目九　流动负债的核算

第一部分　知识能力点测试

一、单项选择题

1. 在资产负债表中，下列各项不属于流动负债项目的是(　　)。

A. 预计负债　　B. 交易性金融负债　　C. 预收账款　　D. 应付股利

2. 短期借款所发生的利息，一般应记入的会计科目是“(　　)”。

A. 管理费用　　B. 投资收益　　C. 财务费用　　D. 营业外支出

3. 企业开出的银行承兑汇票，到期无力支付票款时，应将应付票据金额转作(　　)。

A. 应付账款　　B. 短期借款　　C. 营业外收入　　D. 其他应付款

4. 企业因购买原材料开出并承兑的带息商业承兑汇票，其票据利息应于期末和票据到期支付本息时，借记“(　　)”科目。

A. 原材料　　B. 管理费用　　C. 财务费用　　D. 其他业务成本

5. 某一般纳税企业 4 月 5 日购进一批原材料，供货方开具的增值税专用发票上列明价款为 8 600 元，增值税为 1 462 元，该企业按合同规定开出银行承兑汇票一张抵付货款。假设原材料按实际成本核算，该批材料尚未验收入库，其会计处理为(　　)。

A. 借：在途物资　　10 062
　　贷：应付账款　　10 062

B. 借：在途物资　　10 062
　　贷：应付票据　　10 062

C. 借：在途物资　　8 600
　　　　应交税费——应交增值税(进项税额)　　1 462
　　贷：应付票据　　10 062

D. 借：在途物资　　8 600
　　　　应交税费——应交增值税(进项税额)　　1 462
　　贷：应付账款　　10 062

6. 企业在转销已经确认的无法支付的应付账款时，应贷记的会计科目是“(　　)”。

A. 其他业务收入　　B. 营业外收入　　C. 盈余公积　　D. 资本公积

7. 下列各项中导致负债总额变化的是(　　)。

A. 赊购商品　　B. 赊销商品

C. 开出银行汇票　　D. 用盈余公积转增资本

8. 下列项目中，不通过“应付账款”账户核算的是(　　)。

A. 存入保证金　　B. 应付货物的增值税

C. 应付销货企业代垫费　　　　　　　　　D. 应付货物价款

9. 对于预收货款业务不多的企业，其所发生的预收货款可以通过"(　　)"账户进行核算。

A. 应收账款　　B. 应付账款　　C. 预付账款　　D. 其他应收款

10. 某企业于2×07年6月2日在甲公司投入一批产品并已验收入库。增值税专用发票上注明该批产品的价款为150万元，增值税税额为25.5万元。合同中规定的现金折扣条件为"2/10;1/20;n/30"，假定计算现金折扣时不考虑增值税。该企业在2×07年6月11日付清货款。企业购买产品时该应付账款的入账价值为(　　)万元。

A. 147　　B. 150　　C. 172.5　　D. 175.5

11. 企业从应付职工工资中代扣的职工房租，应借记的会计科目是"(　　)"。

A. 应付职工薪酬　　B. 银行存款　　C. 其他应收款　　D. 其他应付款

12. 企业向职工发放的货币性福利，在实际支付时应作的会计处理为(　　)。

A. 借记"应付工资"科目，贷记"银行存款"科目

B. 借记"应付职工薪酬"科目，贷记"银行存款"科目

C. 借记"管理费用"科目，贷记"银行存款"科目

D. 借记"职工奖励及福利基金"科目，贷记"银行存款"科目

13. 甲公司为增值税一般纳税人，适用的增值税税率为17%。2×07年1月甲公司董事会决定将本公司生产的500件产品作为福利发放给公司管理人员。该批产品的单件成本为1.2万元，市场销售价格为每件2万元(不含增值税)。不考虑其他税费，甲公司在2×07年因该项业务应计入管理费用的金额为(　　)万元。

A. 600　　B. 770　　C. 1 000　　D. 1 170

14. 企业交纳的参加职工医疗保险的医疗保险费，应通过"(　　)"账户进行核算。

A. 应交税费　　B. 应付职工薪酬　　C. 其他应交款　　D. 其他应付款

15. 甲公司建造厂房领用生产用原材料50 000元，原材料购入时支付的增值税为8 500元；因管理原因造成火灾毁损外购材料一批，其实际成本为60 000元，经确认损失外购材料的增值税为10 200元。则甲公司记入"应交税费——应交增值税(进项税额转出)"科目的金额为(　　)元。

A. 110 000　　B. 8 500　　C. 10 200　　D. 18 700

16. 甲企业为增值税一般纳税人，本期收购农产品，企业购进免税农产品支付给农业生产者的价款为50万元，规定的扣除率为13%。甲企业购入农产品的成本为(　　)万元。

A. 50　　B. 43.5　　C. 56.5　　D. 44.25

17. 某小规模纳税企业月初欠缴增值税3 000元，本月购进材料成本为80 000元，支付增值税13 600元，产品含税销售收入为1 030 000元，征税率为3%元，本月月末应缴增值税余额为(　　)元。

A. 30 000　　B. 33 000　　C. 37 200　　D. 30 900

18. 应交消费税的委托加工物资收回后用于连续生产应税消费品的，按规定准予抵扣的由受托方代扣代缴的消费税，应当计入(　　)。

A. 生产成本　　B. 应交税费　　C. 主营业务成本　　D. 委托加工物资

19. 企业出售固定资产发生的清理费用，应借记的会计科目是"(　　)"。

A. 营业税金及附加　B. 固定资产清理　C. 营业外支出　D. 其他业务支出

20. 应交教育费附加是按照企业每月实际缴纳流转税的一定比例，上交国家的一种专门用于教育事业的款项。计算应交的教育费附加应通过“(　)”科目核算。

A. 其他应收款　B. 其他应付款　C. 应交税费　D. 应付账款

21. 某企业本期实际应上交增值税 500 000 元、消费税 220 000 元、营业税 150 000 元、土地增值税 50 000 元。该企业城市维护建设税的适用税率为 7%，则该企业应交的城市维护建设税为(　)元。

A. 45 500　B. 50 400　C. 60 900　D. 61 250

22. 下列税金中，企业不需要通过“应交税费”科目核算的是(　)。

A. 所得税　B. 印花税　C. 增值税　D. 房产税

23. 某企业因意外火灾(非人为因素)毁损一批库存材料，有关增值税专用发票确认的成本为 10 000 元，增值税税额为 1 700 元，其会计处理是(　)。

A. 借记待处理财产损溢 10 000 元，贷记原材料 10 000 元

B. 借记待处理财产损溢 11 700 元，贷记原材料 11 700 元

C. 借记待处理财产损溢 11 700 元，贷记原材料 10 000 元和应交税费——应交增值税(进项税额转出)1 700 元

D. 借记待处理财产损溢 11 700 元，贷记原材料 10 000 元和应交税费——应交增值税(销项税额)1 700 元

24. 下列各项中，应通过“其他应付款”科目核算的是(　)。

A. 应付现金股利　B. 应交教育费附加

C. 应付租入包装物租金　D. 应付管理人员工资

二、多项选择题

1. 下列项目中，属于流动负债项目的有(　)。

A. 预收账款　B. 应付票据

C. 融资租入固定资产应付款　D. 应付利润

2. 以下项目中，属于职工薪酬的有(　)。

A. 失业保险费　B. 住房公积金

C. 非货币性福利　D. 职工生活困难补助

3. 企业分配工资费用，应贷记“应付职工薪酬”科目，借记的科目可能有“(　)”。

A. 生产成本　B. 在建工程　C. 财务费用　D. 管理费用

4. 下列各种税金中，应计入管理费用的有(　)。

A. 印花税　B. 车船税　C. 耕地占用税　D. 消费税

5. 下列增值税中，应计入有关成本的有(　)。

A. 以库存商品对外投资应支付的增值税

B. 小规模纳税企业接受应税劳务时支付的增值税

C. 购进设备所支付的增值税

D. 在建厂房领用本企业生产的产品应交的增值税

6. 一般纳税企业会计核算上，可以作为确定购入货物或接受应税劳务支付的可以抵扣

的增值税(进项税额)并作为记账依据的凭证有(   )。

A. 增值税专用发票　　B. 进口货物的完税凭证

C. 收购免税农产品的收购凭证　　D. 购入货物的入库凭证

7. 一般纳税企业进行增值税的核算时,下列业务中属于进项税额转出的有(   )。

A. 购进货物用于对外投资　　B. 购进货物入库后发生非常损失

C. 在建厂房领用生产材料　　D. 对外销售原材料

8. 下列有关增值税的表述中,正确的有(   )。

A. 增值税是一种流转税

B. 月份终了,一般纳税企业应将"应交增值税"明细科目的余额转入"未交增值税"明细科目

C. 一般纳税企业购进动产所支付的增值税税额,应计入固定资产的成本

D. 小规模纳税企业不享有进项税额的抵扣权

9. 下列各项中,属于视同销售业务的有(   )。

A. 基建工程领用生产用原材料

B. 基建工程领用本企业生产的产成品

C. 福利部门领用本企业自产成品用于集体福利

D. 原材料用于对外投资

10. 下列项目的增值税进项税额不得从销项税额中抵扣的有(   )。

A. 购进不动产固定资产　　B. 用于基建工程项目而购进的物资

C. 用于集体福利而购进的货物　　D. 非正常损失的购进货物

11. 按存货会计准则的规定,下列各项税金可以计入存货成本的有(   )。

A. 支付的进口货物的关税

B. 一般纳税企业购进货物时支付的增值税

C. 小规模纳税企业购入货物时支付的增值税

D. 加工货物收回后直接用于销售的由受托方代收代缴的消费税

12. 下列各项中,增值税一般纳税企业需要转出进项税额的有(   )。

A. 自制产成品用于职工福利

B. 自制产成品用于对外投资

C. 外购的生产用原材料发生非正常损失

D. 外购的生产用原材料改用于自建厂房

13. 企业销售商品交纳的下列各项税费,记入"营业税金及附加"科目的有(   )。

A. 消费税　　B. 增值税　　C. 教育费附加　　D. 城市维护建设税

14. 下列税金中,应计入存货成本的有(   )。

A. 由受托方代扣代缴的委托加工继续用于生产应税消费品负担的消费税

B. 由受托方代扣代缴的委托加工直接用于对外销售的商品负担的消费税

C. 一般纳税企业购进材料应交纳的增值税

D. 进口原材料应交纳的进口关税

15. 城市维护建设税是以(   )为计税依据征收的一种税。

A. 增值税　　B. 所得税　　C. 消费税　　D. 营业税

16. 下列税金中,不能通过“营业税金及附加”科目核算的有( )。

A. 增值税　B. 营业税　C. 消费税　D. 印花税

17. 下列各项交易或事项中,应通过“其他应付款”科目核算的有( )。

A. 客户存入的保证金　B. 应付股东的股利

C. 应付租入包装物的租金　D. 预收购货单位的货款

18. 下列项目中,应作为“其他应付款”核算的有( )。

A. 应付购货欠款　B. 应付存入保证金

C. 应付短期借款利息　D. 应付包装物租金

三、判断题

1. 采用总价法,应付账款应按未扣除现金折扣的总价记账。若企业提前付款而获得现金折扣时,应作为财务费用的增加处理。 ( )

2. 任何企业都应该在应交税费科目下设置应交增值税明细科目,再在该明细科目下设置其他专栏予以核算有关业务。 ( )

3. 企业对于购进的免税农产品,可以按照买价和规定的扣除率计算进项税额,并将计算的进项税额从其购买价格中扣除,以扣除后的余额作为购入农产品的采购成本入账。 ( )

4. 小规模纳税企业不论是否取得增值税专用发票,其支付的增值税都不得从销项税中抵扣。 ( )

5. 某企业为小规模纳税人,销售产品一批,含税价格为 82 400 元,增值税征收率为 3%,该批产品应交增值税 2 400 元。 ( )

6. 小规模纳税企业只需在“应交税费”科目下设置“应交增值税”明细科目,不需要在“应交增值税”明细科目中设置专栏。 ( )

7. 委托加工应税消费品收回后,如用于继续加工生产应税消费品的,其由受托方代扣代交的消费税,应计入委托加工产品的成本中。 ( )

8. 企业收回的委托加工物资直接用于对外销售的,应将已由受托加工代收代交的消费税计入委托加工成本。 ( )

9. 企业应付各种赔款、应付租金、应付存入保证金等应在“其他应付款”账户核算。 ( )

10. 企业分配的股票股利不通过“应付股利”科目核算。 ( )

11. 企业进行利润分配时,宣告发放的现金股利和股票股利,均形成企业对股东的一项流动负债。 ( )

四、问答题

1. 什么是流动负债?流动负债主要包括哪些内容?

2. 什么是应付账款?

3. 什么是职工薪酬?

4. 为了核算增值税,一般纳税企业需要专设哪些科目?

第二部分　业务能力测试

1. 某企业于2×16年1月1日向银行借入短期借款300 000元，期限为6个月，年利率为8%，该借款本金到期后一次归还，利息分月预提，按季支付。

要求：作出有关会计处理。

2. 某企业2×15年发生如下经济业务：

(1)购进甲材料一批，增值税专用发票上注明的买价为228 000元，增值税税额为38 760元。按合同规定，企业开出2个月到期的商业承兑汇票一张，抵付给销货方，材料已运达企业。

(2)购进甲材料的应付票据到期，企业无力支付，银行将票据退给企业。

(3)企业上月购进乙材料的一笔购货款为280 800元，因无力支付，经销货方同意，开出一张面额为280 800元、期限为6个月的银行承兑汇票给销货方，抵付购货欠款，并以银行存款支付银行承兑手续费288元。

(4)购入乙材料的银行承兑汇票到期，企业无力支付。银行代付欠款后，将其转为企业的短期借款，并对企业处以1 080元的罚款，企业以存款支付。

(5)企业购进丙材料一批，买价为360 000元，增值税税额为61 200元，共计421 200元。按双方协议，企业开出一张为期2个月的银行承兑汇票抵付给销货方，并以银行存款支付银行承兑手续费408元，丙材料尚未验收入库。

(6)购买丙材料的票据到期，接银行通知，票款已支付。

(7)购进A商品一批，增值税专用发票上注明的买价为21 600元，增值税税额为3 672元。货款未付，开出一张期限为3个月的商业承兑汇票抵付给销货方，商品已验收入库。

(8)购买A商品的商业汇票到期，以银行存款支付。

要求：根据上述资料编制相应的会计分录。

3. 某企业2×15年职工薪酬的有关资料如下：

(1)3月，应付工资总额为1 724 000元，工资费用分配汇总表中列示的产品生产人员工资为1 080 000元、车间管理人员工资为280 000元、企业行政管理人员工资为236 000元、销售人员工资为128 000元。

(2)3月，企业根据历史经验数据和实际情况提取职工福利费272 160元，其中，应计入基本生产车间生产成本的金额为179 200元，应计入制造费用的金额为39 200元，应计入管理费用的金额为53 760元。

(3)3月，根据国家规定的计提标准计算，企业应向社会保险经办机构缴纳职工基本养老保险费、医疗保险费、失业保险费等共计583 200元，其中，应计入基本生产车间生产成本的金额为384 000元，应计入制造费用的金额为84 000元，应计入管理费用的金额为115 200元。

(4)4月3日，根据“工资结算汇总表”结算上月应付职工工资总额1 724 000元，代扣职工房租120 000元，企业代垫职工家属医药费10 000元，代扣职工个人所得税共计16 000元，实发工资为1 578 000元。

(5)4月4日，以现金支付职工张某生活困难补助3 000元。

(6)4月5日,以银行存款缴纳职工基本养老保险费、医疗保险费、失业保险费等583 200元。

要求:根据上述经济业务编制有关会计分录。

4. 甲公司为一家生产食用油的企业,属于增值税一般纳税人。因为过春节,公司决定给每位职工发放自产的食用油2桶,每桶不含税销售价格为200元,每桶成本为150元。该公司共有职工100人,其中生产工人50人、销售人员30人、行政管理人员20人。同时公司还决定给每位职工发放白酒2箱,每箱不含税买价为200元。

要求:

(1)编制发放食用油的会计分录;

(2)编制发放白酒的会计分录。

5. 某企业为增值税一般纳税人,2×16年7月发生以下经济业务:

(1)2日,购入一批原材料,增值税专用发票上注明货款为100 000元,增值税税额为17 000元,货物尚未到达,货款和进项税额已用银行存款支付,该企业采用计划成本对原材料进行核算。

(2)4日,购入一批免税农产品,价款为120 000元,规定的扣除率为13%,货物尚未到达,货款已用银行存款支付。

(3)6日,购入一台不需要安装的设备,价款及运输保险等费用合计400 000元,增值税专用发票上注明的增值税税额为68 000元,款项尚未支付。

(4)8日,购入一批基建工程所用物资,价款及运输保险等费用合计300 000元,增值税专用发票上注明的增值税税额为51 000元,物资已验收入库,款项尚未支付。

(5)10日,建造厂房领用生产用原材料120 000元,原材料购入时支付增值税20 400元。

(6)12日,销售一批产品,价款为600 000元,按规定应收取增值税税额102 000元,提货单和增值税专用发票已交给买方,款项尚未收到。

(7)14日,为外单位代加工电脑桌1 000张,每张收取加工费120元,适用的增值税税率为17%,加工完成,款项已收到并存入银行。

(8)16日,该企业因自然灾害毁损库存材料一批,其实际成本为100 000元,经确认损失外购材料增值税税额为17 000元。

(9)18日,在建工程领用自产商品100 000元,应缴纳增值税20 400元,应缴纳消费税12 000元。

(10)30日,以银行存款缴纳本月增值税140 000元。

要求:根据上述经济业务作有关的会计处理。

6. A公司2×16年8月有关职工薪酬的业务如下:

(1)按照工资总额的标准分配工资费用,其中生产工人工资为100万元,车间管理人员工资为20万元,总部管理人员工资为30万元,专设销售部门人员工资为10万元,在建工程人员工资为5万元,内部开发人员工资为35万元(符合资本化条件)。

(2)按照所在地政府规定,按工资总额的10%、12%、2%和10.5%计提医疗保险费、养老保险费、失业保险费和住房公积金。

(3)根据上一年实际发放的职工福利情况,公司预计2×16年应承担职工福利费义务金额为工资总额的5%。

(4)按工资总额的2%和2.5%计提工会经费和职工教育经费。

要求：

(1)计算应计入生产成本、制造费用、管理费用、销售费用、在建工程、研发支出的职工薪酬。

(2)编制计提职工薪酬的会计分录。

7. 甲公司2×16年4月1日“应交税费——未交增值税”贷方余额为10万元。4月发生如下有关业务：

(1)销售A商品一批，增值税专用发票上注明的价款为100万元，增值税税额为17万元，货款已经收到并存入银行。成本为60万元。

(2)对外投资一批A商品，开出的增值税专用发票上的计税价格为20万元，增值税为3.4万元，该批商品的成本为10万元。取得的投资作为长期股权投资按成本法核算。

(3)基建工程领用材料一批，成本为10万元。

(4)购买材料一批，取得增值税专用发票，购买价格为40万元，增值税税额为6.8万元，款项暂欠，材料尚未收到，按实际成本核算。

(5)购买材料一批，取得普通发票，购买价格为10万元，款项已支付，材料验收入库。

(6)用银行存款交纳本期增值税20万元。

要求：

(1)编写以上业务的会计分录；

(2)编写期末增值税结转的会计分录。

8. 甲公司2×15年7月发生以下经济业务(均属于营改增之前的业务)：

(1)出售一栋厂房，厂房原价为9 500 000元，已提折旧5 500 000元。出售所得收入为6 600 000元，已存入银行，以银行存款支付清理费用40 000元，厂房已清理完毕，营业税税率为5%。

(2)将拥有的一项专利权出售，取得收入180 000元，已存入银行。该专利权的原入账价值为200 000元，已摊销80 000元，营业税税率为5%。

(3)月末，企业以银行存款上交应交的营业税。

要求：根据上述经济业务，作出该公司有关的会计处理。

9. 某企业经税务机关核定为小规模纳税企业，本期购入原材料，专用发票上记载售价为1 000 000元，增值税为170 000元，企业开出商业承兑汇票，材料尚未到达。该企业本期销售产品，开出一张普通发票，发票注明售价为1 236 000元，征税率为3%，货款尚未收到。

要求：根据上述资料编制有关会计分录。

10. 甲企业委托乙企业代为加工一批材料(非金银首饰)。甲企业的材料成本为1 500 000元，加工费为300 000元，增值税为51 000元，由乙企业代收代交的消费税为120 000元，材料已经加工完成，并由甲企业收回且验收入库，加工费尚未支付。甲企业采用实际成本法进行原材料的核算。

要求：

(1)编制甲企业收回的委托加工物资用于继续生产应税消费品的会计分录；

(2)编制甲企业收回的委托加工物资用于直接对外销售的会计分录。

11. 某企业为增值税一般纳税人，采用计划成本对原材料进行核算，2×16 年 8 月发生以下经济业务：

(1)2 日，购入原材料一批，增值税专用发票上注明的货款为 80 000 元，增值税为 13 600 元，货物尚未到达，货款和进项税额已用银行存款支付。

(2)4 日，购入免税农产品一批，价款为 60 000 元，规定的扣除率为 13%，货物尚未到达，货款已用银行存款支付。

(3)6 日，购入不需要安装的设备一台，价款及运输保险等费用合计 200 000 元，增值税专用发票上注明的增值税税额为 34 000 元，货款尚未支付。

(4)10 日，销售产品一批，价款为 300 000 元，按规定应收取增值税 51 000 元，提货单和增值税专用发票移交给买方，款项尚未收到。

(5)12 日，购入基建工程所用物资一批，价款及运输保险等费用合计 150 000 元，增值税专用发票上注明的增值税税额为 25 500 元，物资已验收入库，款项尚未支付。

(6)15 日，该企业生产车间委托外单位修理机器设备，对方开来的专用发票上注明修理费用 8 000 元、增值税 1 360 元，款项已用银行存款支付。

(7)16 日，为外单位代加工电脑桌 500 个，每个收取加工费 120 元，适用的增值税税率为 17%，加工完成，款项已收到并存入银行。

(8)17 日，该企业因自然灾害毁损库存商品一批，其实际成本为 50 000 元，经确认损失外购材料的增值税为 8 500 元。损失尚未报批。

(9)19 日，建造厂房领用生产用原材料 60 000 元，原材料购入时支付的增值税为 10 200 元。

(10)22 日，企业将自己生产的产品用于自行建造职工俱乐部。该批产品的成本为 70 000元，计税价格为 110 000 元，增值税税率为 17%。

(11)30 日，以银行存款交纳本月增值税 20 000 元。

要求：

(1)根据上述经济业务作出有关的会计处理；

(2)计算本月应交增值税并对增值税进行期末结转。

项目十　非流动负债的核算

第一部分　知识能力点测试

一、单项选择题

1. 下列属于长期负债的项目是(　　)。

A. 应付债券　B. 应付票据　C. 应付利润　D. 应付账款

2. 下列项目中，不属于借款费用的是(　　)。

A. 借款手续费　B. 借款佣金

C. 发行公司债券的佣金　D. 发行公司股票的佣金

3. 借款费用开始资本化必须同时满足的条件中不包括(　　)。

A. 资产支出已经发生

B. 借款费用已经发生

C. 为使资产达到预定可使用或者可销售状态所必要的购建或者生产活动已经开始

D. 工程项目人员工资支出

4. 如果固定资产的构建活动发生非正常中断，并且中断时间连续超过(　　)，应当暂停借款费用的资本化，将其确认为当期费用，直至资产的构建活动重新开始。

A. 1 个月　B. 3 个月　C. 6 个月　D. 1 年

5. 以下情况中，导致固定资产购置或建造过程超过 3 个月可以继续资本化的是(　　)。

A. 发生劳动纠纷　B. 施工技术要求　C. 发生安全事故　D. 资金周转困难

6. 不应暂停借款费用资本化的情况是(　　)。

A. 由于劳务纠纷而造成连续超过 3 个月的固定资产的建造中断

B. 由于资金周转困难而造成连续超过 3 个月的固定资产的建造中断

C. 由于发生安全事故而造成连续超过 3 个月的固定资产的建造中断

D. 由于可预测的气候影响而造成连续超过 3 个月的固定资产的建造中断

7. 当所购置或建造的固定资产处于(　　)时，应当停止其借款费用的资本化，以后发生的借款费用计入当期损益。

A. 交付使用　B. 达到预定可使用状态

C. 竣工决算　D. 交付使用并办理竣工决算手续后

8. 根据《企业会计准则第 17 号——借款费用》的规定，下列有关借款费用停止资本化观点的表述中，正确的是(　　)。

A. 固定资产交付使用时停止资本化

B. 固定资产办理竣工决算手续时停止资本化

C. 固定资产达到预定可使用状态时停止资本化

D. 固定资产建造过程中发生中断时停止资本化

9. 长期借款(到期一次性还本付息)利息的计算和支付,应通过“( )”科目核算。

A. 应付利息　B. 其他应付款　C. 长期应付款　D. 长期借款

10. 企业在发生长期借款利息的情况下,不可能涉及的科目是“( )”。

A. 销售费用　B. 应付利息　C. 财务费用　D. 在建工程

11. 甲公司于2×15年1月1日从银行借入资金800万元,借款期限为2年,年利率为6%,利息从2×15年开始每年年初支付,到期时归还本金及最后一年利息。所借款项已存入银行。2×15年12月31日,该长期借款的账面价值为( )万元。

A. 48　B. 896　C. 848　D. 800

12. 就发行债券的企业而言,所获债券溢价收入的实质是( )。

A. 为以后少付利息而付出的代价　B. 为以后多付利息而得到的补偿

C. 为以后少得利息而得到的补偿　D. 为以后多得利息而付出的代价

13. 某企业发行债券所筹资金专门用于建造固定资产,已于2×15年1月1日全部投入,至2×15年12月31日工程尚未完工。计提本年应付债券利息时应记入“( )”科目。

A. 固定资产　B. 在建工程　C. 管理费用　D. 财务费用

14. A企业20×8年1月1日发行的2年期公司债券,实际收到款项193 069元,债券面值为200 000元,每半年付息一次,到期还本,票面利率为10%,实际利率为12%。采用实际利率法摊销溢、折价,则20×8年12月31日应付债券的账面余额是( )元。(计算结果保留到整数。)

A. 193 069　B. 194 653　C. 196 332　D. 200 000

15. 某股份有限公司于2×14年1月1日发行3年期、每年1月1日付息、到期一次还本的公司债券,债券面值为200万元,票面年利率为5%,实际利率为6%,发行价格为194.65万元。按实际利率法确认利息费用。该债券2×15年度确认的利息费用为( )万元。

A. 11.78　B. 12　C. 10　D. 11.68

16. 某企业发行分期付息、到期一次还本的债券,按其票面利率计算确定的应付但未付利息,应该记入“( )”科目。

A. 应付债券——应计利息　B. 应付利息

C. 应付债券——利息调整　D. 应付债券——面值

二、多项选择题

1. 企业的下列筹资方式中,属于长期负债的是( )。

A. 发行3年期公司债券　B. 发行9个月的公司债券

C. 向银行借入2年期的借款　D. 应付融资租入固定资产的租赁费

2. 下列项目中,借款费用包括( )。

A. 借款手续费用　B. 发行公司债券发生的利息

C. 发行公司债券发生的溢价　D. 发行公司债券溢价的摊销

3. 下列关于专门借款费用资本化的暂停或停止的表述中,正确的有( )。

A. 购建固定资产过程中发生非正常中断,并且非连续中断时间累计达 3 个月,应当暂停借款费用资本化

B. 购建固定资产过程中发生正常中断,并且中断时间连续超过 3 个月,应当停止借款费用资本化

C. 在所购建固定资产过程中,某部分固定资产已达到预定可使用状态,且该部分固定资产可供独立使用,则应停止该部分固定资产的借款费用资本化

D. 在所购建固定资产过程中,某部分固定资产虽已达到预定可使用状态,但必须待整体完工后方可使用,则需待整体完工后停止借款费用资本化

4. 借款费用开始资本化需要同时满足下列条件:( )。

A. 资产支出已经发生

B. 借款费用已经发生

C. 为使资产达到预定可使用或者可销售状态所必要的构建或者生产活动已经开始

D. 未发生非正常停工

5. 企业的借款费用可能计入( )。

A. 财务费用　　B. 在建工程　　C. 营业外支出　　D. 无形资产

6.“长期借款”科目的借方反映的内容可能是( )。

A. 借入的长期借款本金　　B. 应计的长期借款利息

C. 偿还的长期借款本金　　D. 偿还的长期借款利息

7. 企业债券发行价格的高低取决于( )。

A. 债券票面金额　　B. 债券票面利率

C. 发行时的市场利率　　D. 债券期限的长短

8. 企业发行长期债券,应在“应付债券”总账账户下设置( )明细账户进行核算。

A. 面值　　B. 利息调整　　C. 债券折价　　D. 应计利息

9. 下列各项中,会引起负债总额增加的有( )。

A. 计提管理部门职工薪酬　　B. 确认当期应交所得税

C. 计提应付债券利息　　D. 股东大会宣告分派股票股利

10. 应付债券属于到期后一次还本付息债券,到期时可能借记的科目有“( )”。

A. 应付债券——面值　　B. 应付利息

C. 应付债券——应计利息　　D. 应付债券——利息调整

11. 企业发行债券时,正确的处理是( )。

A. 按债券面值记入“应付债券——面值”

B. 面值与实际收到的款项的差额记入“应付债券——利息调整”

C. 面值与实际收到的款项的差额记入“应付债券——溢折价摊销”

D. 按实际利率法计算利息费用

12. 下列各项中,属于“长期应付款”科目核算的有( )。

A. 应付经营租入固定资产的租赁费

B. 以分期付款方式购入固定资产发生的应付款项

C. 发行长期公司债券

D. 应付融资租入固定资产的租赁费

三、判断题

1. 施工技术要求导致固定资产购置或建造过程的中断超过3个月时，可以继续资本化。（ ）

2. 企业发生的借款费用，可直接归属于符合资本化条件的资产的构建或者生产的，应当予以资本化，计入相关资产成本；其他借款费用，应当在发生时根据其发生额确认为费用，计入当期损益。（ ）

3. 企业在计算长期借款利息时，应该按照实际利率确认应该支付的利息。（ ）

4. 长期借款用于购建固定资产时，在固定资产尚未达到预定可使用状态前所发生的应当资本化的利息支出应当资本化，计入所购建的固定资产价值。（ ）

5. 长期借款利息费用应当在资产负债表日按照实际利率法计算确定，实际利率与合同利率差异较小的，也可以采用合同利率计算确定利息费用。（ ）

6. 在资产负债表日，企业应按长期借款的票面金额和票面利率计算确定长期借款的利息费用。（ ）

7. 债券的票面利率高于同期银行存款利率时，可按低于债券面值的价格发行，称为折价发行。（ ）

8. 企业发行债券实际收到的款项与面值的差额，在债券存续期间内采用实际利率法进行摊销。（ ）

9. 企业进行债券溢价的摊销时，从债券发行企业角度来讲，是调整减少各期利息费用；从债券投资者角度来讲，是调整增加各期利息收入。（ ）

10. 无论是按面值发行，还是溢价发行或折价发行，均按债券面值记入"应付债券"科目的"面值"明细科目，实际收到的款项与面值的差额，记入"利息调整"明细科目。（ ）

11. 用实际利率法摊销应付债券的折价时，各期折价的摊销额呈逐期递减趋势。（ ）

12. 以分期付款方式购入固定资产，如果延期支付的购买价款超过正常信用条件，实质上具有融资性质的，所购资产的成本应当以延期支付购买价款的现值为基础确定。（ ）

四、问答题

1. 什么是非流动负债？非流动负债主要有哪些？
2. 什么是借款费用？
3. 借款费用开始资本化的条件是什么？
4. 什么是应付债券？
5. 简述融资租赁的判断标准。

第二部分　业务能力测试

1. 某企业于2×14年1月1日向银行借入资金3 000 000元用于企业周转，借款合同中的年利率为6%(假设实际利率与合同利率差异较小)，以单利计算，借款期限为2年，每年末付息，到期还本。

要求：分别编制取得借款、计息、付息以及还本的相应会计分录。

2. 某企业为建造一幢厂房，于2×14年1月1日借入期限为2年的长期借款2 000 000元，借款已存入银行，借款利率为9%，每年付息一次，期满后一次还清本金。2×14年1月1日，以银行存款支付工程价款共计1 200 000元；2×14年年末，银行存款结息60 000元；2×15年1月1日，又以银行存款支付工程费用800 000元。该厂房于2×15年8月底完工，交付使用，并办理了竣工结算手续。

要求：根据上述业务编制有关会计分录。

3. 某企业为建造厂房，于2×14年1月1日从银行借入专门借款250万元，期限为3年，合同利率为10%(假设实际利率与合同利率差异较小)，以单利计算，到期一次还本付息。款项借入后，以银行存款支付工程款250万元，该厂房于2×15年1月1日建造完成，达到预定可使用状态。

要求：根据上述资料编制相应的会计分录。

4. 某企业为建造一幢厂房，于2×14年1月1日发行面值为1 000 000元、期限为5年、到期还本的企业债券，票面利率为8%，每年付息一次。假定债券发行时市场利率为6%，债券发行价格为1 084 247元，公司债券利息调整按实际利率法摊销。(2×14年1月1日所筹款项全部用于支付工程费用，1年后工程完工，办理结算手续。)

要求：编制债券发行、2×14年年底计息、2×15年1月1日付息、到期偿还本金的会计分录。

5. ABC公司于20×7年1月1日正式动工兴建一幢办公楼，工期预计为1年零6个月，工程采用出包方式，分别于20×7年1月1日支付1 500万元、20×7年7月1日支付2 500万元、20×8年1月1日支付1 500万元。公司为建造办公楼，于20×7年1月1日专门借款2 000万元，借款期限为3年，年利率为6%。另外在20×7年7月1日又专门借款4 000万元，借款期限为5年，年利率为7%。借款利息按年支付，名义利率与实际利率均相同，闲置借款资金均用于固定收益债券短期投资，该短期投资月收益率为0.5%。办公楼于20×8年6月30日完工，达到预定可使用状态。

要求：编制有关借款费用的会计分录。

6. 企业借入2年期、到期还本、每年末计提并支付利息的长期借款30 000元用于工程建设，合同约定年利率为4%，假定利息全部符合资本化条件。

要求：做出该企业借入借款、每年末计提利息和支付利息的会计分录。

7. 某公司于2×14年1月1日发行为期4年的债券1 000 000元，票面利率为3%，债券的发行总收入为1 000 000元，每年末付息，到期还本。

要求：编制下列会计分录：

(1)取得发行收入时；

(2)每年年末计提并支付利息时；

(3)债券到期归还本金时。

8. 某企业经批准从 2×14 年 1 月 1 日起发行 3 年期、面值为 100 元的债券 10 000 张，以面值发行，债券年利率为 6%，每年计息一次(单利)。该债券所筹资金全部用于新生产线的建设，该生产线于 2×15 年 6 月底完工并交付使用，债券到期后一次支付本金和利息。

要求：编制该企业从债券发行到债券到期的全部会计分录。

项目十一　所有者权益的核算

第一部分　知识能力点测试

一、单项选择题

1. 下列各项中，能够引起所有者权益总额变化的是(　　)。

A. 以资本公积转增资本　　B. 增发新股

C. 向股东支付已宣告分派的现金股利　　D. 以盈余公积弥补亏损

2. 在接受投资时，非股份有限公司应通过“(　　)”科目核算。

A. 未分配利润　　B. 盈余公积　　C. 股本　　D. 实收资本

3. 下列各项中，能够引起企业所有者权益增加的事项是(　　)。

A. 提取盈余公积　　B. 发放股票股利　　C. 增发新股　　D. 分配现金股

4. 企业所有者权益在数量上等于(　　)。

A. 企业流动负债减长期负债后的差额　　B. 企业流动资产减流动负债后的差额

C. 企业长期负债减流动负债后的差额　　D. 企业资产价值减负债价值后的差额

5. 股份有限公司发行股票的溢价收入应计入(　　)。

A. 资本公积　　B. 实收资本　　C. 营业外收入　　D. 盈余公积

6. 盈余公积是企业从(　　)中提取的公积金。

A. 利润总额　　B. 税后净利润　　C. 营业利润　　D. 税前利润

7. 某有限责任公司在增资扩股时，如有新投资者加入，新加入的投资者缴纳的出资额大于按约定比例计算的其在注册资本中所占的份额部分，应记入“(　　)”科目。

A. 实收资本　　B. 未分配利润　　C. 盈余公积　　D. 资本公积

8. 企业为减少注册资本而收购本公司股份，应按实际支付的金额，借记“(　　)”科目。

A. 股本　　B. 库存股　　C. 资本公积　　D. 盈余公积

9. 下列各项中，能够引起企业所有者权益减少的是(　　)。

A. 股东大会宣告派发现金股利　　B. 以资本公积转增资本

C. 提取法定盈余公积　　D. 提取任意盈余公积

10. 2×15 年 1 月 1 日某企业所有者权益情况如下：实收资本 200 万元，资本公积 17 万元，盈余公积 38 万元，未分配利润 32 万元。则该企业 2×15 年 1 月 1 日的留存收益为(　　)万元。

A. 32　　B. 38　　C. 70　　D. 87

11. 某股份公司于 2×15 年 6 月按照每股 4 元从股票交易市场收购本公司每股面值为 1 元的股票 1 000 万股实现减资，并按交易金额的 5‰支付相关税费，假设该公司有足够的“资本公积——股本溢价”，则注销库存股时，该企业的会计处理是(　　)。

A. 冲减库存股 1 000 万元

B. 冲减股本 1 000 万元，冲减资本公积 3 980 万元

C. 冲减股本 1 000 万元，冲减资本公积 2 980 万元

D. 冲减库存股 1 000 万元，冲减资本公积 3 000 万元

12. 在下列事项中，不涉及留存收益总额发生变化的是（　　）。

A. 将盈余公积转增资本　　B. 分配现金股利

C. 以盈余公积弥补亏损　　D. 分配股票股利

13. 甲公司 2×15 年的利润分配方案包括：提取法定盈余公积 1 000 万元，以资本公积转增股本 3 000 万股，分派现金股利 2 000 万元。上述方案对甲公司 2×15 年报表的所有者权益的影响是（　　）。

A. 未分配利润减少 1 000 万元，盈余公积增加 1 000 万元

B. 未分配利润减少 3 000 万元，盈余公积增加 1 000 万元

C. 未分配利润减少 1 000 万元，资本公积减少 3 000 万元，盈余公积增加 1 000 万元，股本增加 3 000 万元

D. 未分配利润减少 6 000 万元

14. A 公司委托证券公司代理发行普通股股票 18 000 万股，每股面值为 1 元，按每股 3 元的价格发行，证券公司按发行收入的 1%收取手续费（从发行收入中扣除）。假如 A 公司已经收到该笔款项，则记入“银行存款”科目的金额是（　　）万元。

A. 35 460　　B. 18 000　　C. 35 820　　D. 53 460

二、多项选择题

1. 下列各项中，构成企业留存收益的有（　　）。

A. 资本公积　　B. 盈余公积　　C. 未分配利润　　D. 实收资本

2. 下列项目中，属于资本公积核算的内容有（　　）。

A. 企业收到投资者出资额超出其在注册资本或股本中所占份额的部分

B. 直接计入所有者权益的利得

C. 直接计入所有者权益的损失

D. 可供出售金融资产正常公允价值变动

3. 企业提取的盈余公积主要用于（　　）。

A. 弥补亏损　　B. 转增资本　　C. 分配股利　　D. 发放奖金

4. 盈余公积包括（　　）。

A. 法定盈余公积　　B. 资本公积金　　C. 任意盈余公积　　D. 未分配利润

5. 企业自行弥补亏损的合法渠道包括（　　）。

A. 用以后年度税前利润弥补　　B. 用以后年度税后利润弥补

C. 用盈余公积弥补　　D. 用资本公积弥补

6. 企业的所有者权益包括（　　）。

A. 投入资本　　B. 未分配利润　　C. 资本公积　　D. 盈余公积

三、判断题

1. 由于所有者权益和负债都是对企业资产的要求权，因此它们的性质是一样的。（ ）

2. 收入能够导致企业所有者权益增加，但导致所有者权益增加的不一定都是收入。（ ）

3. 企业资产增加时，企业所有者权益必然会增加。（ ）

4. 企业的实有资本在任何情况下都要与注册资本相一致。（ ）

5. 以发行股票方式筹集资本，发行股票的佣金和手续费等要计入股本。（ ）

6. 符合国家规定比例的，所有者还可以用无形资产进行投资。（ ）

7. 资本公积反映的是企业收到投资者出资额超出其在注册资本或股本中所占份额的部分及直接计入当期损益的利得或损失。（ ）

8. 企业提取法定盈余公积达到注册资本的25%后，可以不再提取。（ ）

9. 企业以盈余公积向投资者分配现金股利，不会引起留存收益金额的变动。（ ）

10. 用法定盈余公积转增资本或弥补亏损时，均不导致所有者权益总额的变化。（ ）

11. 企业年末资产负债表中的未分配利润的金额等于“利润分配”科目的年末余额。（ ）

四、问答题

1. 什么是所有者权益？其来源主要有哪些？

2. 什么是资本公积？资本公积有哪些主要内容？

3. 什么是留存收益？留存收益包括哪几个部分？

4. 什么是盈余公积？盈余公积的主要用途是什么？

5. 简述企业当年实现的净利润分配的顺序。

6. 什么是未分配利润？

第二部分 业务能力测试

1. 甲公司2×15年度的有关资料如下：

(1)年初未分配利润为1 000 000元，本年实现净利润2 900 000元。

(2)按税后利润的10%提取法定盈余公积。

(3)提取任意盈余公积100 000元。

(4)向投资者宣告分配现金股利400 000元。

要求：

(1)编制甲公司提取法定盈余公积的会计分录；

(2)编制甲公司提取任意盈余公积的会计分录；

(3)编制甲公司向投资者宣告分配现金股利的会计分录；

(4)计算年末未分配利润。

2. 2×13 年 1 月 1 日，A、B、C 三位股东出资设立甲有限责任公司，注册资本为 1 000 万元，各位股东的出资比例分别为 35%、45%、20%，出资方式如下：

(1)A 股东投入银行存款 350 万元。

(2)B 股东投入银行存款 150 万元及厂房一幢。该厂房原取得成本为 600 万元，已提折旧 200 万元，投资合同约定价值为 300 万元，假定约定价值公允。

(3)C 股东投入一项专利技术，该专利技术原入账价值为 400 万元，已摊销 250 万元，投资合同约定价值为 200 万元，假定约定价值公允。

2×15 年 1 月 1 日，A、B、C 三位股东同意接受 E 股东加入甲有限责任公司，E 股东投入货币资本 400 万元，只享有 20%的股权。

要求：

(1)编制 2×13 年 1 月 1 日甲有限责任公司设立时接受投资的会计分录；

(2)编制 2×15 年 1 月 1 日甲有限责任公司接受 E 股东投资的会计分录。

3. 甲公司原由投资者 A 和投资者 B 共同出资成立，每人出资 200 000 元，各占 50%的股份。经营两年后，投资者 A 和投资者 B 决定增加公司资本，此时有一新的投资者 C 要求加入甲公司。经有关部门批准后，甲公司实施增资，将实收资本增加到 900 000 元。经三方协商，一致同意完成下述投资后，三方投资者各拥有甲公司 300 000 元的实收资本，并各占甲公司 1/3 的股份。各投资者的出资情况如下：

(1)投资者 A 以一台设备投入甲公司作为增资，该设备原价为 180 000 元，已提折旧 95 000 元，评估确认原价为 180 000 元，评估确认净值为 100 000 元，不考虑相关税费。

(2)投资者 B 以一批原材料投入甲公司作为增资，该批材料的账面价值为 105 000 元，评估确认价值为 110 000 元，税务部门认定增值税专用发票上的增值税税额为 18 700 元。

(3)投资者 C 以银行存款投入甲公司 390 000 元。

要求：根据以上资料，分别编制甲公司接受投资者 A、投资者 B 增资时以及投资者 C 初次出资时的会计分录。

4. 甲公司 2×15 年 12 月 31 日拥有股票 20 000 万股，每股面值为 1 元，资本公积(股本溢价)为 5 000 万元，盈余公积为 3 000 万元。经股东大会批准，甲公司以现金回购本公司股票3 000万股并注销。

要求：

(1)假定每股回购价为 0.8 元，编制回购股票和注销股票的会计分录。

(2)假定每股回购价为 2 元，编制回购股票和注销股票的会计分录。

(3)假定每股回购价为 3 元，编制回购股票和注销股票的会计分录。

5. A 股份有限公司的股本为 100 000 000 元，每股面值为 1 元。20×8 年年初未分配利润为贷方 80 000 000 元，20×8 年实现净利润 50 000 000 元。

假定公司按照 20×8 年实现净利润的 10%提取法定盈余公积，5%提取任意盈余公积，同时向股东按每股 0.2 元派发现金股利，按每 10 股送 3 股的比例派发股票股利。20×9 年 3 月 15 日，公司以银行存款支付了全部现金股利，新增股本也已经办理完股权登记和相关增资手续。

要求：对以上业务进行会计处理。

项目十二　收入、费用和利润的核算

第一部分　知识能力点测试

一、单项选择题

1. 下列各项中，符合收入会计要素定义，可以确认为收入的是(　　)。

A. 出售无形资产收取的价款　　B. 出售固定资产收取的价款

C. 出售原材料收取的价款　　D. 出售长期股权投资收取的价款

2. 在采用收取手续费方式发出商品时，委托方确认商品销售收入的时点为(　　)。

A. 委托方发出商品时

B. 受托方销售商品时

C. 委托方收到受托方开具的代销清单时

D. 受托方收到受托代销商品的销售货款时

3. 企业发生以前年度的销售退回时(非资产负债表日后事项)，其冲减的销售收入应在退回当期计入(　　)。

A. 以前年度损益调整　　B. 营业外支出

C. 营业外收入　　D. 主营业务收入

4. 下列各项中，不应计入管理费用的是(　　)。

A. 发生的排污费　　B. 发生的矿产资源补偿费

C. 管理部门固定资产报废净损失　　D. 发生的业务招待费

5. 下列项目中，按照现行会计制度的规定，销售企业应当作为财务费用处理的是(　　)。

A. 购货方获得的现金折扣　　B. 购货方获得的商业折扣

C. 购货方获得的销售折让　　D. 购货方放弃的现金折扣

6. 企业在资产负债表日，对某项劳务，如不能可靠地估计所提供劳务的交易结果，则对该项劳务正确的会计处理是(　　)。

A. 不确认利润但可能确认损失　　B. 既不确认利润也不确认损失

C. 确认利润但不确认损失　　D. 可能确认利润也可能确认损失

7. 2×15 年 1 月 1 日，甲公司采用分期收款方式向乙公司销售大型商品一套，合同规定不含增值税的销售价格为 900 万元，分三次于每年的 12 月 31 日等额收取，假定在现销方式下，该商品不含增值税的销售价格为 810 万元。不考虑其他因素，甲公司 2×15 年应确认的销售收入为(　　)万元。

A. 270　　B. 300　　C. 810　　D. 900

8. 甲公司销售产品，每件 440 元，若客户购买 200 件(含 200 件)以上，则可得到 40 元的商业折扣。某客户于2×15年8月8日购买该企业产品200件，按规定现金折扣条件为"2/10，1/20，n/30"。适用的增值税税率为17%。该企业于8月24日收到该笔款项时，则实际收到的款项为（　　）元。（假定计算现金折扣时考虑增值税。）

A. 93 600　　B. 936　　C. 102 960　　D. 92 664

9. 在视同买断方式下委托代销商品的，受托方没有将商品售出时可以将商品退回给委托方，或受托方因代销商品出现亏损时可以要求委托方补偿，那么委托方的处理正确的是（　　）。

A. 在交付商品时不确认收入，委托方收到代销清单时确认收入

B. 在交付商品时确认收入

C. 不做任何处理

D. 只核算发出商品的处理

10. 企业对外销售需要安装的商品时，若安装和检验属于销售合同的重要组成部分，则确认该商品销售收入的时间是（　　）。

A. 商品运抵并开始安装时　　B. 发出商品时

C. 商品安装完毕并检验合格时　　D. 收到商品销售货款时

11. Y公司本月销售情况如下：①现款销售10台，总售价为100 000元（不含增值税，下同），已入账；②需要安装的销售2台，总售价为30 000元，款项尚未收取，安装任务构成销售业务的主要组成部分，安装尚未完成；③附有退货条件的销售2台，总售价为23 000元，已入账，退货期为3个月，退货的可能性难以估计。Y公司本月应确认的销售收入是（　　）元。

A. 100 000　　B. 140 000　　C. 163 000　　D. 183 000

12. 在支付手续费方式委托代销的方式下，委托方确认收入的时点是（　　）。

A. 委托方交付商品时　　B. 受托方销售商品时

C. 委托方收到代销清单时　　D. 委托方收到货款时

13. A公司本年度委托B商店代销一批零配件，代销价款为200万元。本年度收到B商店交来的代销清单，代销清单列明已销售代销零配件的60%，A公司收到代销清单时向B商店开具增值税发票。B商店按代销价款的5%收取手续费。该批零配件的实际成本为120万元。则A公司本年度应确认的销售收入为（　　）万元。

A. 120　　B. 114　　C. 200　　D. 68.4

14. 下列项目中，属于其他业务收入的是（　　）。

A. 罚款收入　　B. 出售固定资产收入

C. 销售材料收入　　D. 出售无形资产收入

15. 下列项目中，应计入营业外支出的是（　　）。

A. 计提存货跌价准备

B. 自然灾害造成的存货损失

C. 研究与开发无形资产过程中发生的各项支出

D. 计提固定资产减值准备

16. 下列各项中，应计入营业外收入的是（　　）。

A. 非货币性资产交换利得　　B. 处置长期股权投资产生的收益

C. 出租无形资产取得的收入　　D. 处置投资性房地产取得的收入

17. 下列项目中，不影响营业利润的是(　　)。

A. 公允价值变动损益　　B. 投资收益

C. 资产减值损失　　D. 营业外收入

18. 某企业2×15年发生的营业收入为1 000万元，营业成本为600万元，销售费用为20万元，管理费用为50万元，财务费用为10万元，投资收益为40万元，资产减值损失为70万元(损失)，公允价值变动损益为80万元(收益)，营业外收入为25万元，营业外支出为15万元。该企业2×15年的营业利润为(　　)万元。

A. 370　　B. 330　　C. 320　　D. 390

19. C上市公司2×15年的营业收入为6 000万元，营业成本为4 000万元，营业税金及附加为60万元，销售费用为200万元，管理费用为300万元，财务费用为70万元，资产减值损失为20万元，公允价值变动收益为10万元，投资收益为40万元，营业外收入为5万元，营业外支出为3万元。C上市公司2×15年的营业利润为(　　)万元。

A. 1 370　　B. 1 360　　C. 1 402　　D. 1 400

20. 某一般纳税企业经营以旧换新业务，本期销售产品10件，单价为3 000元，增值税为5 100元，单位销售成本为2 500元，同时收回10件同类旧商品，每件回收价为200元(不考虑增值税)。该企业本期应确认的营业收入是(　　)元。

A. 35 100　　B. 30 000　　C. 28 000　　D. 25 000

21. 某企业于2×14年11月接受一项产品安装任务，采用完工百分比法确认劳务收入，预计安装期为14个月，合同总收入为200万元，合同预计总成本为158万元。至2×15年底已预收款项160万元，余款在安装完成时收回，至2×15年12月31日实际发生成本152万元，预计还将发生成本8万元。2×14年已确认收入10万元。则该企业2×15年度确认收入为(　　)万元。

A. 160　　B. 180　　C. 200　　D. 182

22. 采用预收款方式销售商品的，确认该商品销售收入的时点是(　　)。

A. 货款全部付清时　　B. 首次付款时

C. 发出商品时　　D. 开出销售发票账单时

23. 甲公司为增值税一般纳税企业。2×14年11月1日签订合同采用预收款方式销售设备一台。合同约定设备售价为100 000元。2×14年11月10日，甲公司收到购货方付款117 000元。2×15年1月20日，甲公司按照合同向购货方发货并开出增值税专用发票。2×15年2月1日，购货方收到该设备。甲公司正确的会计处理是(　　)。

A. 2×14年11月1日确认商品销售收入100 000元

B. 2×14年11月10日确认商品销售收入100 000元

C. 2×15年1月20日确认商品销售收入100 000元

D. 2×15年2月1日确认商品销售收入100 000元

24. A公司和B公司均为增值税一般纳税企业，2×15年9月15日双方签订代销协议：A公司委托B公司销售产品95件，B公司按每件产品90万元(不含增值税)的价格对外销售，A公司按售价的5%支付B公司手续费。2×15年12月31日，A公司收到B公司交来的代销清单并向其开具增值税发票，代销清单标明B公司已销产品15件并向A公司支付货款，则2×15年B公司就该项业务应确认收入(　　)万元。

A. 427.50　　B. 1 350　　C. 67.50　　D. 427.50

25. 某公司核定的计税工资总额全年为200万元，本年度实际发放的工资总额为350万元。若公司本年度的税前会计利润为1 000万元，且该公司的所得税税率为33%，则该公司本年度应交的所得税为(　　)万元。

A. 330　　B. 379.5　　C. 363　　D. 336.6

26. 2×14年12月31日，A公司"预计负债——产品质量保证费用"科目贷方余额为40万元，2×15年实际发生产品质量保证费用30万元，2×14年12月31日预提产品质量保证费用50万元，2×15年12月31日该项负债的计税基础为(　　)万元。

A. 0　　B. 20　　C. 50　　D. 40

27. 甲企业采用资产负债表债务法核算所得税，上期期末"递延所得税负债"科目贷方余额为40万元，适用的所得税税率为20%。本期发生应纳税暂时性差异为40万元，本期适用的所得税税率为25%。本期期末"递延所得税负债"科目余额为(　　)万元。

A. 50　　B. 60　　C. 48　　D. 30

28. 某企业2×15年1月1日持有一项交易性金融资产，取得成本为5 000万元，2×15年12月31日公允价值为6 000万元。则产生的暂时性差异为(　　)。

A. 应纳税暂时性差异1 000万元　　B. 可抵扣暂时性差异1 000万元

C. 应纳税暂时性差异6 000万元　　D. 可抵扣暂时性差异5 000万元

29. 我国企业会计准则要求企业采用的所得税会计核算方法是(　　)。

A. 利润表法　　B. 应付税款法

C. 资产负债表递延法　　D. 资产负债表债务法

30. A公司于2×13年12月31日购入价值20万元的设备，预计使用期为5年，无残值。采用直线法计提折旧，计税时采用双倍余额递减法计提折旧。适用的所得税税率为25%。2×15年12月31日的递延所得税负债余额为(　　)万元。

A. 0.12　　B. 1.58　　C. 1.2　　D. 4

31. 某企业2×15年的利润总额为500万元，适用的所得税税率为25%，当年发生的交易和事项有：取得国债利息收入20万元；年末计提无形资产减值准备40万元。据此计算该企业2×15年应交所得税为(　　)万元。

A. 120　　B. 125　　C. 130　　D. 135

32. 在下列各项税金中，应在利润表中的"营业税金及附加"项目反映的是(　　)。

A. 车船税　　B. 城市维护建设税　　C. 印花税　　D. 房产税

二、多项选择题

1. 下列各项中，属于收入特点的有(　　)。

A. 收入是企业在日常活动中形成的经济利益的总流入

B. 收入一定导致企业资产的增加

C. 收入会导致企业所有者权益的增加

D. 收入与所有者投入资本无关

2. 收入是企业在日常活动中产生的经济利益的总流入。下列各项中，属于收入的有(　　)。

A. 销售商品收入　　　　B. 提供劳务收入
C. 销售原材料收入　　　　D. 出租固定资产收入

3. 下列各项中，不应计入商品销售收入的有(　　)。
A. 应收取的代垫运杂费　　　　B. 应收取的增值税销项税额
C. 预计可能发生的现金折扣　　　　D. 实际发生的商业折扣

4. 下列各项中，最终应计入产品成本的有(　　)。
A. 机器设备的折旧费　　　　B. 生产工人的工资
C. 机器设备的修理费　　　　D. 车间管理人员的工资

5. 下列各项中，属于其他业务收入的有(　　)。
A. 出租无形资产取得的收入　　　　B. 销售产品取得的收入
C. 出售无形资产的净收益　　　　D. 销售材料取得的收入

6. 下列项目中，属于其他业务成本核算内容的是(　　)。
A. 销售材料结转的材料成本
B. 出租无形资产的摊销额
C. 随同产品出售，不单独计价的包装物成本
D. 随同产品出售，单独计价的包装物成本

7. 提供劳务的交易结果能够可靠估计，是指同时满足(　　)条件。
A. 收入的金额能够可靠地计量
B. 相关的经济利益很可能流入企业
C. 交易中已发生和将要发生的成本能够可靠地计量
D. 交易的完工进度能够可靠地确定

8. 下列各项中，属于企业期间费用的有(　　)。
A. 销售费用　　B. 制造费用　　C. 管理费用　　D. 财务费用

9. 下列各项中，应通过“销售费用”科目核算的有(　　)。
A. 销售商品发生的运输费
B. 销售产品预计的产品质量保证费
C. 为销售商品而发生的招待费
D. 随同商品出售且不单独计价的包装物成本

10. 企业计提职工的各项薪酬时，可能借记的科目有“(　　)”。
A. 生产成本　　B. 制造费用　　C. 管理费用　　D. 销售费用

11. 下列项目中，不应作为管理费用核算的有(　　)。
A. 计提坏账准备
B. 自行开发专利技术的研究费用
C. 诉讼费
D. 自行开发专利技术符合资本化的开发费用

12. 一般工业企业交纳的下列各种税金中，可能通过“营业税金及附加”科目核算的有(　　)。
A. 增值税销项税额　　　　B. 消费税
C. 城市维护建设税　　　　D. 印花税

13. 下列各项中,按规定应计入营业外支出的是( )。

A. 无形资产出售净损失　　B. 固定资产出售净损失

C. 捐赠支出　　D. 坏账损失

14. 下列各项中,通过营业外收支核算的有( )。

A. 取得国债利息收入　　B. 固定资产报废净损失

C. 对外出售不需用原材料实现的净损益　　D. 因违反环保法规被环保部门罚款支出

15. 下列各项中,会导致当期营业利润减少的有( )。

A. 出售无形资产发生的净损失　　B. 计提行政管理部门固定资产折旧

C. 办理银行承兑汇票支付的手续费　　D. 出售交易性金融资产发生的净损失

16. 资产负债表债务法下,下列项目中,计算所得税费用时应在本期应交所得税基础上作加项的有( )。

A. 本期确认的递延所得税负债增加额　　B. 本期确认的递延所得税负债减少额

C. 本期确认的递延所得税资产增加额　　D. 本期确认的递延所得税资产减少额

17. 在不考虑其他影响因素的情况下,企业发生的下列交易或事项中,期末会引起"递延所得税资产"增加的有( )。

A. 本期计提固定资产减值准备

B. 根据预计的未来将发生的产品售后保修费用,确认预计负债

C. 本期发生净亏损,税法允许在未来5年内税前补亏

D. 实际发生产品售后保修费用,冲减已计提的预计负债

18. 下列各项中,产生应纳税暂时性差异的有( )。

A. 资产账面价值大于其计税基础　　B. 资产账面价值小于其计税基础

C. 负债账面价值大于其计税基础　　D. 负债账面价值小于其计税基础

19. 下列各种情形中,会产生可抵扣暂时性差异的有( )。

A. 资产账面价值大于其计税基础　　B. 资产账面价值小于其计税基础

C. 负债账面价值大于其计税基础　　D. 负债账面价值小于其计税基础

20. 下列项目中,可能使本期所得税费用减少的有( )。

A. 本期递延所得税资产贷方发生额　　B. 本期递延所得税资产借方发生额

C. 本期递延所得税负债借方发生额　　D. 本期递延所得税负债贷方发生额

21. 下列各项目中,在计算应纳税所得额时,应做纳税调减的有( )。

A. 期末确认国债利息收入　　B. 期末可供出售金融资产公允价值上升

C. 期末交易性金融资产公允价值上升　　D. 期末计提存货跌价准备

22. 下列情形中,应确认递延所得税负债的有( )。

A. 固定资产账面价值大于其计税基础

B. 固定资产账面价值小于其计税基础

C. 可供出售金融资产账面价值大于其计税基础

D. 预计负债账面价值大于其计税基础

三、判断题

1. 收入是企业形成的会导致所有者权益增加、与所有者投入资本无关的经济利益的总

流入。 （ ）

2. 收入一定表现为企业资产的增加。 （ ）

3. 企业只要将商品所有权上的主要风险和报酬转移给了购货方,就可以确认收入。（ ）

4. A公司将一批商品销售给B公司,按合同规定A公司仍保留通常与所有权相联系的继续管理权和对已售出的商品实施控制。因而,A公司不能确认收入。 （ ）

5. 对需要安装的商品的销售,必须在安装和检验完毕后确认收入。 （ ）

6. 企业已经确认销售商品收入发生销售折让时,应冲减当月的销售商品收入,不应该冲减销售商品的成本和相应的增值税销项税额。 （ ）

7. 按企业会计制度规定,企业发生的销售折让应作为财务费用处理。 （ ）

8. 企业发生的销货退回,无论是属于本年度销售的,还是以前年度销售的,都应冲减退回年度的主营业务收入及相关的成本费用。 （ ）

9. 代销商品中,受托方将商品销售后,按实际售价确认为销售收入,并向委托方开具代销清单。 （ ）

10. 对于以旧换新的商品销售方式,销售的商品应按新、旧商品的市场价格的差额确认收入。 （ ）

11. 企业对于在同一会计期间内能够一次完成的劳务,应分期采用完工百分比法确认收入和结转成本。 （ ）

12. 在采用完工百分比法确认劳务收入时,其相关的成本应以实际发生的全部成本确认。 （ ）

13. 如果劳务的开始和完成分属于不同会计期间,则必须采用完工百分比法确认收入。 （ ）

14. 企业提供劳务时,如资产负债表日不能对交易的结果作出可靠的估计,应按已经发生的并预计能够补偿的劳务成本确认收入,并按相同的金额结转成本。 （ ）

15. 制造费用与管理费用不同,本期发生的管理费用直接影响本期损益,而本期发生的制造费用不一定影响本期损益。 （ ）

16. 管理费用、资产减值损失、营业税金及附加和营业外收入都会影响企业的营业利润。 （ ）

17. 企业出售固定资产发生的处置净损失也属于企业的费用。 （ ）

18. 可抵扣暂时性差异在未来期间转回时会减少转回期间的应纳税所得额,减少未来期间的应交所得税;应纳税暂时性差异在未来期间转回时会增加转回期间的应纳税所得额,增加未来期间的应交所得税金额。 （ ）

19. 企业应交纳的罚款和滞纳金,在尚未支出之前,按照会计准则规定确认为费用,同时作为负债反映。税法规定,罚款和滞纳金不允许税前扣除,则该项负债的账面价值等于计税基础。 （ ）

20. 对于应付职工薪酬,超过税法扣除标准的部分产生可抵扣暂时性差异,应确认相关的递延所得税资产。 （ ）

21. 应纳税暂时性差异在未来期间转回时,会减少转回期间的应纳税所得额和应交所得税。 （ ）

22. 对于按照税法规定可以结转以后年度的未弥补亏损及税款抵减,应视同可抵扣暂

时性差异处理。 ( )

23. 可抵扣暂时性差异产生直接计入所有者权益的交易或事项，不应确认与该暂时性差异相关的递延所得税资产。 ( )

24. 递延所得税费用(或收益)＝当期递延所得税负债的增加＋当期递延所得税资产的增加－当期递延所得税负债的减少－当期递延所得税资产的减少。 ( )

四、问答题

1. 什么是收入？如何分类？
2. 简述销售商品收入的确认条件。
3. 什么是销售折让和销售退回？
4. 提供劳务的交易结果能够可靠估计的条件有哪些？
5. 什么是完工百分比法？如何利用完工百分比法确认收入和成本？
6. 什么是利润？如何计算利润？
7. 什么是暂时性差异？
8. 什么是营业外收入和营业外支出？

第二部分 业务能力测试

1. 某企业 20×8 年度结转前损益类科目的余额如表 12-1 所示。

表 12-1 损益类科目余额

单位：万元

会计科目	借方余额	贷方余额
主营业务收入		2 000
其他业务收入		200
投资收益		150
营业外收入		110
公允价值变动损益		38
主营业务成本	1 400	
营业税金及附加	50	
其他业务成本	120	
销售费用	70	
管理费用	162	
财务费用	20	
资产减值损失	26	
营业外支出	50	

(1)除“所得税”科目外不存在其他未列损益类科目。

(2)“投资收益”是从联营企业分得的利润，双方所得税税率均为 25%；“公允价值变动损益”是一项交易性金融资产公允价值变动；“资产减值损失”是一项固定资产发生减值。除以上项目外无其他纳税调整事项。

(3)年初未分配利润为 100 万元，该企业权力机构决定分别按净利润的 10%提取法定盈余公积，向投资者分配利润 200 万元。

要求：根据上述资料，计算营业利润、利润总额、应纳税所得额、应交所得税、所得税费用、净利润和期末未分配利润并编制相关的会计分录（所得税按资产负债表负债法核算，金额单位可用万元表示）。

2. 甲企业自 2×13 年 4 月 1 日起为乙企业开发一项系统软件。合同约定工期为两年，合同总收入为 100 000 元。2×13 年 4 月 1 日，乙企业支付项目价款 50 000 元，余款于软件开发完成时收取。4 月 1 日，甲企业收到乙企业支付的该项目价款 50 000 元，并存入银行。该项目预计总成本为 40 000 元。其他相关资料如表 12-2 所示。

表 12-2　项目相关资料

时　　间	收款金额(元)	累计实际发生成本(元)	开发程度
2×13 年 4 月 1 日	50 000	—	—
2×13 年 12 月 31 日	—	16 000	40%
2×14 年 12 月 31 日	—	34 000	85%
2×15 年 4 月 1 日	—	41 000	100%

该项目于 2×15 年 4 月 1 日完成并交付给乙企业，但余款尚来收到。甲企业按开发程度确定该项目的完工程度。假定为该项目发生的实际成本均用银行存款支付。

要求：编制甲企业与开发此项目有关的全部会计分录。

3. 甲企业的部分商品委托其他单位销售，发生如下业务：

委托 D 企业代销 200 件商品，销售价（不含税）为 150 元/件，实际成本为 95 元/件，D 企业按不含税销售额的 15% 收取代销手续费，并向甲公司结清代销款。D 企业已销售 120 件。

要求：编制甲企业的有关会计分录。（两个企业均为增值税一般纳税人。）

4. 顺达股份有限公司（以下简称顺达公司）是工业企业，为增值税一般纳税人，适用的增值税税率为 17%，适用的所得税税率为 25%。销售单价中除标明为含税价格外，均为不含增值税价格。顺达公司 2×15 年 12 月发生如下业务：

(1) 12 月 3 日，向甲企业赊销 A 产品 50 件，单价为 20 000 元，单位销售成本为 10 000元。

(2) 12 月 15 日，向丁企业销售材料一批，价款为 700 000 元，该材料的发出成本为 500 000 元。当日收取面值为 819 000 元的票据一张。

(3) 12 月 18 日，丙企业要求退回本年 11 月 25 日购买的 20 件 A 产品。该产品的销售单价为 20 000 元，单位销售成本为 10 000 元，其销售收入 400 000 元已确认计账，价款尚未收取。经查明退货原因是发货错误，同意丙企业退货，并办理退货手续和开具红字增值税专用发票。

(4) 12 月 20 日，收到外单位租用本公司办公用房的本年度租金 600 000 元，款项已收存银行。

(5) 12 月 21 日，甲企业来函提出 12 月 3 日购买的 A 产品的质量不完全合格。经协商，同意按销售价款的 10% 给予折让，并办理退款手续和开具红字增值税专用发票。

(6) 12 月 31 日，计算本月应交纳的城市维护建设税为 8377.6 元、教育费附加为3 590.4 元。

要求：根据上述业务编制相关的会计分录。（答案中的金额以元为单位；“应交税费”科目须写出二级和三级明细科目，其他科目可不写出明细科目。）

5. 甲公司在20×7年12月18日向乙公司销售一批商品，开出的增值税专用发票上注明的销售价款为50 000元，增值税税额为8 500元。该批商品的成本为26 000元。为尽早收回货款，甲公司和乙公司约定的现金折扣条件为“2/10，1/20，n/30”。乙公司在20×7年12月27日支付货款。20×8年4月5日，该批商品因质量问题被乙公司退回，甲公司当日支付有关款项。假定计算现金折扣时不考虑增值税，销售退回不属于资产负债表日后事项。

要求：

(1)写出甲公司在20×7年12月18日向乙公司销售一批商品的会计分录；

(2)写出甲公司在20×7年12月27日收取货款的会计分录；

(3)写出甲公司在20×8年4月5日商品退回的会计分录。

6. 甲公司委托丙公司销售商品200件，商品已经发出，每件成本为60元。合同约定丙公司应按每件100元对外销售，甲公司按售价的10%向丙公司支付手续费。丙公司对外实际销售100件，开出的增值税专用发票上注明的销售价款为10 000元，增值税税额为1 700元，款项已经收到。甲公司收到丙公司开具的代销清单时，向丙公司开具一张相同金额的增值税专用发票。假定甲公司发出商品时纳税义务尚未发生，不考虑其他因素。

要求：就以上代销业务，对甲公司、乙公司进行会计处理。

7. 某企业有一设备，原值为30万元，净残值率为10%，所得税税率为25%，折旧年限为5年；会计采用直线法提取折旧，税法采用双倍余额递减法提取折旧。该企业5年的利润分别为10万元、20万元、5万元、25万元、10万元。

要求：

(1)采用列表的方式计算计税基础与账面价值差异影响的所得税税额并填空(表12-3)；

表12-3　计算表　　金额单位：万元

年　　份	第1年	第2年	第3年	第4年	第5年
实际成本					
累计会计折旧					
账面价值					
累计计税折旧					
计税基础					
暂时性差异					
适用税率(%)					
递延所得税(　　)余额					
递延所得税(　　)发生额					
利润总额					
应纳税所得额					
应交所得税					
所得税费用					
净利润					

(2)编制各年所得税的会计分录。

8.2×14 年 12 月 31 日,某企业购入不需要安装的设备一台,购入成本为 80 000 元,预计使用 5 年,预计净残值为 0。企业采用直线法计提折旧,因符合税法规定的税收优惠政策,允许采用双倍余额递减法计提折旧。假设税法规定的使用年限及净残值与会计规定相同,年末未对该项设备计提减值准备。该企业适用的所得税税率为 25%。

要求:

(1)计算 2×15 年末固定资产账面价值和计税基础;

(2)计算 2×15 年暂时性差异及其对所得税的影响额;

(3)编制 2×15 年相关会计分录。

9. 乙公司为高科技企业,2×09 年 12 月 31 日购入价值为 150 万元的管理用设备,预计使用寿命为 5 年,不考虑净残值,该企业按年数总和法计提折旧,税法规定采用年限平均法按 5 年计提折旧。适用的所得税税率为 25%。假定该公司各会计期间均未对固定资产计提减值准备,除该项固定资产产生的会计与税法之间的差异外,不存在其他会计与税收差异。

要求:计算该企业 2×10—2×14 年各年暂时性差异和递延所得税资产余额(表 12-4)。

表 12-4 计算表 金额单位:万元

年　份	2×10 年	2×11 年	2×12 年	2×13 年	2×14 年
实际成本					
累计会计折旧					
账面价值					
累计计税折旧					
计税基础					
暂时性差异					
适用税率(%)					
递延所得税(　　)余额					
递延所得税(　　)发生额					

10. 长兴公司 20×8 年 12 月 31 日资产负债表项目暂时性差异计算表列示:可抵扣暂时性差异 700 000 元,应纳税暂时性差异 300 000 元。该公司适用的所得税税率为 25%。假定长兴公司预计会持续盈利,能够获得足够的应纳税所得额,20×8 年度税务机关核实的该公司应交所得税为 2 725 000 元。

要求:

(1)计算长兴公司 20×8 年递延所得税资产、递延所得税负债、递延所得税以及所得税费用;

(2)编制有关所得税费用的会计分录。

11. A 公司 20×7 年度利润表中的利润总额为 3 000 万元,该公司适用的所得税税率为 25%。递延所得税资产及递延所得税负债不存在期初余额。与所得税核算有关的情况如下。

20×7 年发生的有关交易和事项中，会计处理与税收处理存在差别的有：

(1)20×7 年 1 月开始计提折旧的一项固定资产，成本为 1 500 万元，使用年限为 10 年，净残值为 0，会计处理按双倍余额递减法计提折旧，税收处理按直线法计提折旧。假定税法规定的使用年限及净残值与会计规定相同。

(2)向关联企业捐赠现金 500 万元。假定按照税法规定，企业向关联方的捐赠不允许税前扣除。

(3)当期取得作为交易性金融资产核算的股票投资成本为 800 万元，20×7 年 12 月 31 日的公允价值为 1 200 万元。税法规定，以公允价值计量的金融资产持有期间市价变动不计入应纳税所得额。

(4)违反环保法规定应支付罚款 250 万元。

(5)期末对持有的存货计提了 75 万元的存货跌价准备。

要求：

(1)计算当期应交所得税；

(2)计算递延所得税；

(3)计算所得税费用及净利润；

(4)编写相关会计分录。

项目十三　财务会计报告的编制

第一部分　知识能力点测试

一、单项选择题

1. 我国会计制度规定现行资产负债表采用的格式为（　　）。

A. 报告式　B. 账户式　C. 单步式　D. 多步式

2. 下列资产负债表项目中，可直接根据有关总账余额填列的是（　　）。

A. 货币资金　B. 应收股利　C. 存货　D. 应收账款

3. "应收账款"科目明细账中若有贷方余额，应将其计入资产负债表中的（　　）项目。

A. 应收账款　B. 预收款项　C. 应付账款　D. 预付款项

4. "预收账款"科目明细账中若有借方余额，应计入资产负债表中的（　　）项目。

A. 应收账款　B. 预收账款　C. 应付账款　D. 预付账款

5. "预付账款"科目明细账中若有贷方余额，应将其计入资产负债表中的（　　）项目。

A. 应收账款　B. 预收账款　C. 应付账款　D. 其他应付款

6. 某公司年末结账前"应收账款"科目所属明细科目中有借方余额 50 000 元、贷方余额 20 000 元；"预付账款"科目所属明细科目中有借方余额 13 000 元、贷方余额 5 000 元；"应付账款"科目所属明细科目中有借方余额 50 000 元、贷方余额 120 000 元；"预收账款"科目所属明细科目中有借方余额 3 000 元、贷方余额 10 000 元；"坏账准备"科目余额为 0。则年末资产负债表中"应收账款"项目和"应付账款"项目的期末数分别为（　　）。

A. 30 000 元和 70 000 元　B. 53 000 元和 125 000 元

C. 63 000 元和 53 000 元　D. 47 000 元和 115 000 元

7. 某企业 2×15 年 12 月 31 日固定资产账户余额为 2 000 万元，累计折旧账户余额为 800 万元，固定资产减值准备账户余额为 100 万元，在建工程账户余额为 200 万元。该企业 2×15 年 12 月 31 日资产负债表中固定资产项目的金额为（　　）万元。

A. 1 200　B. 90　C. 1 100　D. 2 200

8. 某企业 2×15 年发生的营业收入为 1 000 万元，营业成本为 600 万元，销售费用为 20 万元，管理费用为 50 万元，财务费用为 10 万元，投资收益为 40 万元，资产减值损失为 70 万元（损失），公允价值变动损益为 80 万元（收益），营业外收入为 25 万元，营业外支出为 15 万元。该企业 2×15 年的营业利润为（　　）万元。

A. 370　B. 330　C. 320　D. 390

9. 某公司 2×15 年的营业收入为 600 万元，营业成本为 400 万元，营业税金及附加为 60 万元，销售费用为 20 万元，管理费用为 10 万元，财务费用为 7 万元，资产减值损失为 2 万元，公允价值变动收益为 10 万元，投资收益为 4 万元，营业外收入为 5 万元，营业外支出为3万元。该公司2×15年利润总额为(　　)万元。

A. 93　　B. 97　　C. 115　　D. 117

10. 支付给在建工程人员的工资应属于(　　)。

A. 经营活动现金流量　　B. 投资活动现金流量

C. 筹资活动现金流量　　D. 不影响企业现金流量

11. 资产负债表中的"未分配利润"项目,应根据(　　)填列。

A."利润分配"科目余额

B."本年利润"科目余额

C."本年利润"和"利润分配"科目的余额计算后

D."盈余公积"科目余额

12. 处置固定资产现金净流量,在现金流量表中(　　)项目反映。

A. 经营活动现金流量　　B. 投资活动现金流量

C. 筹资活动现金流量　　D. 不影响企业现金流量

13. 下列各项业务中,引起企业现金净额发生变化的项目是(　　)。

A. 将现金存入开户银行　　B. 用企业设备清偿债务

C. 用银行存款支付购货款　　D. 用现金购入三个月内到期的债券

14. 支付的各项税费填报的现金流量表项目是(　　)。

A. 经营活动现金流量　　B. 筹资活动现金流量

C. 投资活动现金流量　　D. 不影响现金变化的业务

15. 现金流量表中"偿还债务所支付的现金"项目反映企业(　　)。

A. 现金偿还债务的本金　　B. 现金偿还债券的利息

C. 现金偿还借款的利息　　D. 现金偿还债务的本金和利息

16. 某企业2×15年的主营业务收入为1 000万元、其他业务收入为100万元,2×15年应收账款的年初数为150万元、期末数为120万元,2×15年发生坏账10万元,计提坏账准备12万元。根据上述资料,该企业2×15年"销售商品收到的现金"为(　　)万元。

A. 1 118　　B. 1 108　　C. 1 142　　D. 1 132

17. 某企业"应付账款"科目月末贷方余额为40 000元,其中:"应付甲公司账款"明细科目贷方余额35 000元,"应付乙公司账款"明细科目贷方余额5 000元;"预付账款"科目月末贷方余额为30 000元,其中:"预付A工厂账款"明细科目贷方余额50 000元,"预付B工厂账款"明细科目借方余额20 000元。该企业月末资产负债表中"应付账款"项目的金额为(　　)元。

A. 90 000　　B. 30 000　　C. 40 000　　D. 70 000

18. S公司于2×15年3月1日购入E公司22.5万股股票作为交易性金融资产,每股价格为6元。5月15日公司收到E公司分派的现金股利4.50万元。收到分派的股利后,6月30日,S公司交易性金融资产的公允价值为每股价格8元。则2×15年6月30日资产负债表中"交易性金融资产"项目填列的金额为(　　)万元。

A. 135　　B. 117　　C. 130.50　　D. 180

19. 支付专门借款资本化的利息属于现金流量表的(　　)项目。

A. 经营活动的现金流量　　B. 筹资活动的现金流量

C. 不影响现金流量　　　　　　　　　　D. 投资活动的现金流量

20. 甲公司为增值税一般纳税企业。2×15 年度，甲公司主营业务收入为 1 000 万元，增值税销项税额为 170 万元；应收账款期初余额为 100 万元，期末余额为 150 万元；预收账款期初余额为 50 万元，期末余额为 60 万元。假定不考虑其他因素，甲公司 2×15 年度现金流量表中“销售商品、提供劳务收到的现金”项目的金额为(　　)万元。

A. 1 130　　　B. 1 190　　　C. 1 230　　　D. 1 290

21. 工业企业下列各项交易或者事项所产生的现金流量中，不属于现金流量表中“投资活动产生的现金流量”的是(　　)。

A. 长期股权投资取得的现金股利　　　　B. 为构建固定资产支付的专门借款利息

C. 购买可供出售金融资产支付的价款　　D. 购建固定资产发生的现金流出

22. 甲公司按照账龄分析法计提坏账准备，期初应收账款的账面余额为 200 万元，坏账准备为 10 万元，期末应收账款的账面余额为 150 万元，坏账准备为 23 万元，其中本期发生坏账损失 5 万元，本期收回前期已经作为坏账损失处理的应收账款 8 万元，本期计提坏账准备 10 万元。假设无其他影响项目，则本期上述应收账款和坏账准备影响“销售商品、提供劳务收到的现金”的金额是(　　)万元。

A. 50　　　B. 45　　　C. 53　　　D. 63

二、多项选择题

1. 下列资产中，属于流动资产的有(　　)。

A. 交易性金融资产　　　　B. 一年内到期的非流动资产

C. 货币资金　　　　　　　D. 开发支出

2. 下列账户余额在资产负债表“货币资金”项目反映的是(　　)。

A. 库存现金　　　　B. 其他货币资金

C. 银行存款　　　　D. 交易性金融资产

3. 下列各项中，应计入资产负债表“应收账款”项目的有(　　)。

A.“应收账款”科目所属明细科目的借方余额

B.“应收账款”科目所属明细科目的贷方余额

C.“预收账款”科目所属明细科目的借方余额

D.“预收账款”科目所属明细科目的贷方余额

4. 下列账户余额在资产负债表“存货”项目反映的是(　　)。

A. 材料采购　　B. 周转材料　　C. 存货跌价准备　　D. 生产成本

5. 资产负债表中的应付账款项目应根据(　　)填列。

A. 应付账款所属明细账贷方余额合计　　B. 预付账款所属明细账贷方余额合计

C. 应付账款总账余额　　　　　　　　　D. 应付账款所属明细账借方余额合计

6. 在采用间接法将净利润调节为经营活动的现金流量时，下列各调整项目中，属于调增项目的是(　　)。

A. 存货的减少　　　　B. 固定资产折旧

C. 计提的坏账准备　　D. 经营性应付项目的减少

7. 根据现行会计制度的规定，下列各项中，属于企业经营活动产生的现金流量的有

(　　)。

A. 出租周转材料收取的押金　　B. 收到长期股权投资的现金股利

C. 转让无形资产所有权取得的收入　　D. 出租无形资产使用权取得的收入

8. 下列交易或事项产生的现金流量中，属于投资活动产生的现金流量的有(　　)。

A. 为购建固定资产支付的税费

B. 为购建固定资产支付的已资本化的利息费用

C. 为构建固定资产支付的职工薪酬

D. 因生产经营租入固定资产所支付的租金

9. 甲公司当期发生的交易或事项中，会引起现金流量表中筹资活动产生的现金流量发生增减变动的有(　　)。

A. 发行债券收到的现金　　B. 发行股票收到的现金

C. 收到的债券利息　　D. 支付的债券利息

10. 将净利润调节为经营活动产生的现金流量时，下列各调整项目中，属于调减项目的有(　　)。

A. 投资收益　　B. 财务费用

C. 公允价值变动收益　　D. 固定资产报废损失

11. 下列交易和事项中，不影响当期经营活动产生的现金流量的有(　　)。

A. 用库存商品偿还债务　　B. 支付管理人员工资

C. 收到被投资单位现金股利　　D. 支付各项税费

12. 现金流量表中“支付给职工以及为职工支付的现金”项目应反映的内容有(　　)。

A. 企业为离退休人员支付的统筹退休金　　B. 企业为生产人员支付的薪酬

C. 企业为在建工程人员支付的薪酬　　D. 企业为行政管理人员支付的薪酬

13. 下列交易或事项产生的现金流量中，属于投资活动产生的现金流量的有(　　)。

A. 为购建固定资产支付的购买价款 80 万元

B. 转让一项专利权，取得价款 200 万元

C. 购入交易性金融资产支付 50 万元

D. 购入公司债券支付 100 万元，划分为持有至到期投资

14. 下列各项中，属于筹资活动产生的现金流量项目的是(　　)。

A. 取得借款收到现金　　B. 偿还债务支付现金

C. 偿还利息支付现金　　D. 分配股利支付现金

15. 下列属于利润表中填列的内容为(　　)。

A. 营业税金及附加　　B. 所得税费用

C. 公允价值变动损益　　D. 利润总额

三、判断题

1. 资产负债表填报中的各项目应分别根据相应账户的期末余额抄列。　(　　)

2. 资产负债表中的“货币资金”项目反映企业现金和银行存款期末余额合计数。　(　　)

3. 企业必须对外提供资产负债表、利润表和现金流量表，会计报表附注可以不对外提

供。（ ）

4. 资产负债表是反映企业一定会计期间财务状况、经营活动情况和现金流量的报表。（ ）

5. 资产负债表中的资产类应分别流动资产和非流动资产项目列示，非流动资产在前，流动资产在后。（ ）

6. 投资收益不影响营业利润。（ ）

7. 现金流量表只能反映企业与现金有关的经营活动、投资活动和筹资活动。（ ）

8. 利润表是反映企业一定会计期间经营成果的会计报表。（ ）

9. 利润表中的营业利润根据营业收入和营业成本两个账户的发生额分析填列。（ ）

10. 现金流量表补充资料中的固定资产折旧项目反映的是企业本期计提的计入损益的折旧费。（ ）

11. 企业购入 3 个月内到期的国债，会减少企业投资活动产生的现金流量。（ ）

四、问答题

1. 什么是财务报告？财务报告编制的基本要求有哪些？
2. 什么是资产负债表？
3. 什么是利润表？
4. 什么是现金流量表？现金流量可分为哪三类？
5. 什么是所有者权益变动表？
6. 简述会计报表附注披露的主要内容。

第二部分 业务能力测试

1. 20×7 年年末，某公司部分账户余额如表 13-1 所示。

表 13-1 账户余额表

单位：元

账户	期末余额	账户	期末余额
库存现金	3 600	发出商品	6 300
银行存款	900 000	生产成本	30 000
其他货币资金	100 000	委托加工物资	500
应收账款（总账）	9 000	材料成本差异（贷方余额）	5 000
——A 公司（借方余额）	8 000		
——B 公司（借方余额）	2 000		
——C 公司（贷方余额）	1 000		
预付账款（总账）	40 000	持有至到期投资	300 000
——甲公司（借方余额）	60 000	其中：一年内到期投资	20 000
——乙公司（贷方余额）	20 000		

续表 13-1

账　　户	期末余额	账　　户	期末余额
坏账准备(贷方余额) ——应收账款	800 800	应付账款(总账) ——丙公司(贷方余额) ——丁公司(借方余额)	2 000 7 000 5 000
原材料	180 000	应交税费(借方余额)	340
委托加工物资	50 000	预收账款(总账) ——D公司(贷方余额) ——E公司(借方余额) ——F公司(贷方余额)	6 000 7 000 4 000 3 000
周转材料	1 000	预收账款(贷方余额)	70 000
库存商品	50 000	长期借款 其中:一年内到期借款	300 000 100 000
材料采购	6 000	利润分配(借方余额)	400

要求:根据上述资料填列资产负债表有关项目的金额(表 13-2)。

表 13-2　计算表

资产负债表项目	计算过程
货币资金	
应收账款	
预收款项	
应付账款	
预付款项	
存货	
一年内到期的其他流动资产	
持有至到期投资	
应交税费	
一年内到期的非流动负债	
长期借款	
未分配利润	

2. 甲企业和乙企业均为增值税一般纳税工业企业,其有关资料如下:

(1)甲企业销售的产品、材料均为应纳增值税货物,增值税税率为 17%,产品、材料销售价格中均不含增值税。

(2)甲企业的材料和产品均按实际成本核算,其销售成本随着销售同时结转。

(3)乙企业为甲企业的联营企业,甲企业对乙企业的投资占乙企业有表决权资本的 25%,甲企业对乙企业的投资按权益法核算。

(4)甲企业 20×8 年 1 月 1 日有关科目余额如表 13-3 所示。

表 13-3　有关科目余额表　　　　单位:元

账　　户	期末余额	账　　户	期末余额
库存现金	500	短期借款	300 000
银行存款	400 000	应付票据	50 000
应收票据	30 000	应付账款	180 000
应收账款	200 000	应付职工薪酬	5 000
坏账准备	−1 000	应交税费	12 000
其他应收款	200	长期借款	1 260 000
原材料	350 000	实收资本	2 000 000
周转材料	30 000	盈余公积	120 000
库存商品	80 000	利润分配(未分配利润)	7 700
长期股权投资——乙企业	600 000		
固定资产	2 800 000		
累计折旧	−560 000		
无形资产	5 000		
合计	3 934 700	合计	3 934 700

(5)甲企业 20×8 年度发生如下经济业务:

①购入原材料一批,增值税专用发票上注明的增值税税额为 51 000 元,原材料实际成本为 300 000 元。材料已经到达,并验收入库。企业开出商业承兑汇票。

②销售给乙企业一批产品,销售价格为 40 000 元,产品成本为 32 000 元。产品已经发出,开出增值税专用发票,款项尚未收到(除增值税以外,不考虑其他税费)。甲企业销售该产品的销售毛利率为 20%。

③对外销售一批原材料,销售价格为 26 000 元,材料实际成本为 18 000 元。销售材料已经发出,开出增值税专用发票。款项已经收到,并存入银行(除增值税以外,不考虑其他税费)。

④出售一台不需用设备给乙企业,设备账面原价为 150 000 元,已提折旧为 24 000 元,出售价格为 180 000 元。出售设备价款已经收到,并存入银行。甲企业出售该项设备的毛利率为 30%(假设出售该项设备不需交纳增值税等有关税费)。乙公司购入该项设备用于管理部门,本年度提取该项设备的折旧为 18 000 元。

⑤按应收账款年末余额的 5‰计提坏账准备。

⑥用银行存款偿还到期应付票据 20 000 元,交纳所得税 2 300 元。

⑦乙企业本年实现净利润 280 000 元,甲企业按投资比例确认其投资收益。

⑧摊销无形资产价值 1 000 元;计提管理用固定资产折旧 8 766 元。

⑨本年度所得税费用和应交所得税为 42 900 元;实现净利润 87 100 元;计提盈余公积 8 710 元。

要求：

(1)编制甲企业的有关经济业务会计分录(各损益类科目结转本年利润以及与利润分配有关的会计分录除外。除“应交税费”科目外，其余科目可不写明细科目)。

(2)填列甲企业 20×8 年 12 月 31 日资产负债表的年末数(表 13-4)。

表 13-4 资产负债表

编制单位：甲企业　　　　20×8 年 12 月 31 日　　　　单位：元

账　户	期末余额	账　户	期末余额
流动资产：		流动负债：	
货币资金		短期借款	
应收票据		应付票据	
应收账款		应付账款	
其他应收款		应付职工薪酬	
存货		应交税费	
流动资产合计		流动负债合计	
非流动资产：		非流动负债：	
长期股权投资		长期借款	
固定资产		非流动负债合计	
无形资产		所有者权益：	
非流动资产合计		实收资本	
		盈余公积	
		利润分配(未分配利润)	
		所有者权益合计	
资产总计		负债及所有者权益总计	

3. 甲股份公司(以下简称甲公司)为增值税一般纳税人，其销售的产品为应纳增值税产品，适用的增值税税率为 17%，产品销售价款中均不含增值税税额。甲公司适用的所得税税率为 25%。产品销售成本按经济业务逐项结转。

20×7 年 12 月，甲公司发生如下经济业务事项：

(1)销售 A 产品一批，产品销售价款为 800 000 元，产品销售成本为 350 000 元。产品已经发出，并开具了增值税专用发票，同时向银行办妥了托收手续。

(2)收到乙公司因产品质量问题退回的 B 产品一批，并验收入库。甲公司用银行存款支付了退货款，并按规定向乙公司开具了红字增值税专用发票。

该退货是甲公司 20×7 年 11 月 20 日以提供现金折扣方式(折扣条件为“2/10、1/20、*n*/30”，折扣仅限于销售价款部分)出售给乙公司的，产品销售价款为 40 000 元，产品销售成本为 22 000 元。销售款项于 11 月 29 日收到并存入银行(该项退货不属于资产负债表日后事项)。

(3)委托丙公司代销 C 产品一批，并将该批产品交付丙公司。代销合同规定甲公司按售价的10%向丙公司支付手续费，该批产品的销售价款为120 000元，产品销售成本为66 000元。

(4)甲公司收到了丙公司的代销清单。丙公司已将代销的C产品全部售出，款项尚未支付给甲公司。甲公司在收到代销清单时向丙公司开具了增值税专用发票，并按合同规定确认应向丙公司支付的代销手续费。

(5)用银行存款支付发生的管理费用67 800元，计提坏账准备4 000元。

(6)销售产品应交的城市维护建设税为2 100元，应交的教育费附加为900元。

(7)计算应交所得税(假定甲公司不存在纳税调整因素)。

(8)结转本年利润(甲公司年末一次性结转损益类科目)。

要求：

(1)根据上述业务，编制甲公司20×7年12月经济业务事项的会计分录("应交税费"科目要求写出明细科目)。

(2)计算甲公司20×7年12月的营业收入、营业成本、营业利润和净利润。(要求列出计算过程)。

4. 新兴股份有限公司是增值税一般纳税人，所得税核算采用资产负债表债务法，所得税税率为25%，增值税税率为17%。库存材料采用计划成本核算，材料成本差异率为1%。该公司20×6年年末未分配利润为670万元。该公司20×7年度内发生如下有关经济业务：

(1)销售产品一批，增值税专用发票上注明的价款为200万元，增值税为34万元，销售成本为120万元，款项尚未收到。

(2)取得罚款收入6万元，存入银行。

(3)结转固定资产清理净损失6.8万元。

(4)以银行存款支付违反税收规定的罚款3万元、非公益性捐赠支出5万元。

(5)以银行存款支付广告费7万元。

(6)销售材料一批，该批材料的计划成本为7万元，销售价格为10万元，款项已经收到并存入银行。

(7)计提本期应负担的城市维护建设税30万元。

(8)计提本年销售应负担的教育费附加1万元。

(9)计提短期借款利息5万元。

(10)新兴股份有限公司拥有A企业的10%股权，A企业本年度宣告现金股利66万元(假设分回的利润均是投资后产生的)。该被投资企业适用的所得税税率为25%。

(11)计提管理部门使用的固定资产年折旧，该固定资产是20×6年12月购入并投入使用的，其原价为50.5万元，折旧年限为4年，假使预计净残值为0.5万元，采用直线法计提折旧。

(12)公司本年度发生其他管理费用3万元，已用银行存款支付。

(13)计算本年所得税费用和应交所得税。(本题目不考虑纳税调整事项。)

要求：

(1)编制20×7年度有关经济业务的会计分录。

(2)编制20×7年度利润表(表13-5)。

表 13-5　利润表

编制单位：新兴股份有限公司　　20×7 年度　　单位：元

项　　目	本期金额	上期金额（略）
一、营业收入		
减：营业成本		
营业税金及附加		
销售费用		
管理费用		
财务费用		
资产减值损失		
加：公允价值变动收益（损失以"－"号填列）		
投资收益（损失以"－"号填列）		
其中：对联营企业和合营企业的投资收益		
二、营业利润（亏损以"－"号填列）		
加：营业外收入		
减：营业外支出		
其中：非流动资产处置损失		
三、利润总额（亏损总额以"－"号填列）		
减：所得税费用		
四、净利润（净亏损以"－"号填列）		
五、其他综合收益		
（一）以后会计期间不能重分类进损益的其他综合收益		
（二）以后会计期间在满足规定条件时将重分类进损益的其他综合收益		
其他综合收益税后净额		
六、综合收益总额		
七、每股收益：		

5. 某企业为增值税一般纳税企业，适用的增值税税率为 17%。20×7 年有关资料如下：

(1)资产负债表有关项目年初、年末余额和部分账户发生额如表 13-6 所示。

表 13-6　资产负债表资料

单位：万元

账户名称	年初余额	本年增加	本年减少	年末余额
应收账款	3 000			2 800
应收票据	600			650
长期股权投资	200		50(出售)	250
存货	2 500			2 200
应付账款	900			800
应交税费：				
应交增值税	100	527(销项税额)	207(已交)	120
应交所得税	30	100	300(进项税额)	40
短期借款	500	400		700

(2)利润表有关账户本年发生额如表 13-7 所示。

表 13-7 利润表发生额 单位:万元

账户名称	借方发生额	贷方发生额
营业收入		3 000
营业成本	1 700	
投资收益:		
出售长期股权投资	20	

(3)其他有关资料如下:取得长期股权投资,已支付现金,出售长期股权投资,已收到现金;应收、应付款项均以现金结算;应收账款变动数中含有本期计提的坏账准备 5 万元。存货本期减少额中含有工程项目领用本企业商品 80 万元,该批产品计税价为 100 万元。不考虑该企业本年度发生的其他交易和事项。

要求:计算以下现金流入和流出(要求列出计算过程):

(1)销售商品、提供劳务收到的现金(含收到的增值税销项税额);

(2)购买商品、接受劳务支付的现金(含支付的增值税进项税额);

(3)支付的各项税费;

(4)收回投资所收到的现金;

(5)取得借款所收到的现金;

(6)偿还债务所支付的现金;

(7)投资所支付的现金。

6. 甲公司为增值税一般纳税人,适用的增值税税率为 17%,商品、原材料售价中不含增值税。假定销售商品、原材料和提供劳务均符合收入确认条件,其成本在确认收入时逐笔结转,不考虑其他因素。20×7 年 4 月,甲公司发生如下交易或事项:

(1)销售商品一批,按商品标价计算的金额为 200 万元,由于是成批销售,甲公司给予客户 10%的商业折扣并开具了增值税专用发票,款项尚未收回。该批商品的实际成本为 150 万元。

(2)向本公司行政管理人员发放自产产品作为福利,该批产品的实际成本为 8 万元,市场售价为 10 万元。

(3)向乙公司转让一项软件的使用权,一次性收取使用费 20 万元并存入银行,且不再提供后续服务。

(4)销售一批原材料,增值税专用发票注明售价 80 万元,款项收到并存入银行。该批材料的实际成本为 59 万元。

(5)确认本月设备安装劳务收入。该设备安装劳务合同总收入为 100 万元,预计合同总成本为 70 万元,合同价款在前期签订合同时已收取。采用完工百分比法确认劳务收入。截至本月末,该劳务的累计完工进度为 60%,前期已累计确认劳务收入 50 万元、劳务成本 35 万元。

(6)以银行存款支付管理费用 20 万元、财务费用 10 万元、营业外支出 5 万元。

要求:

(1)逐笔编制甲公司上述交易或事项的会计分录(“应交税费”科目要写出明细科目及专

栏名称）。

(2)计算甲公司 4 月的营业收入、营业成本、营业利润、利润总额。

(答案中的金额单位用万元表示。)

7. 甲有限责任公司(简称甲公司)为增值税一般纳税人，适用的增值税税率为 17%。原材料等存货按实际成本进行日常核算。2×15 年 1 月 1 日有关账户余额如表 13-8 所示。

表 13-8　账户余额表　　金额单位：万元

科目名称	借方余额	贷方余额
银行存款	450	
应收票据	32	
应收账款	300	
原材料	350	
库存商品	300	
周转材料——低值易耗品	100	
生产成本——A 产品	110	
长期股权投资——丁公司	550	
坏账准备		30
存货跌价准备		76
长期股权投资减值准备		0

2×15 年甲公司发生的交易或事项如下：

(1)收到已作为坏账核销的应收乙公司账款 50 万元并存入银行。

(2)收到丙公司作为资本投入的原材料并验收入库。投资合同约定该批原材料的价值为 840 万元(不含允许抵扣的增值税进项税额 142.8 万元)，丙公司已开具增值税专用发票。假设合同约定的价值与公允价值相等，未发生资本溢价。

(3)行政管理部门领用低值易耗品一批，实际成本为 2 万元，采用一次转销法进行摊销。

(4)因某公司破产，应收的该公司账款 80 万元不能收回，经批准确认为坏账并予以核销。

(5)因自然灾害毁损原材料一批，其实际成本为 100 万元，应负担的增值税进项税额为 17 万元。该毁损材料未计提存货跌价准备，尚未经有关部门批准处理。

(6)甲公司采用权益法核算对丁公司的长期股权投资，其投资占丁公司有表决权股份的 20%。丁公司 2×15 年度实现净利润 1 500 万元，甲公司确认实现的投资收益。

(7)丁公司宣告分派 2×14 年度现金股利 1 000 万元。

(8)收到丁公司发放的 2×14 年度现金股利并存入银行。

(9)将持有的面值为 32 万元的未到期、不带息银行承兑汇票不附追索权背书转让，取得一批材料并验收入库，增值税专用发票上注明的价款为 30 万元，增值税进项税额为 5.1 万元。其余款项以银行存款支付。

(10)年末，甲公司经减值测试，确认对丁公司的长期股权投资可收回金额为 560 万元；存货的可变现净值为 1 800 万元；决定按年末应收账款余额的 10%计提坏账准备。

假定除上述资料外，不考虑其他因素。

要求：

(1)编制甲公司上述(1)～(9)项交易或事项的会计分录。

(2)计提甲公司长期股权投资减值准备并编制会计分录。

(3)计算甲公司存货应计提或转回的存货跌价准备并编制会计分录。

(4)计算甲公司应收账款应计提或转回的坏账准备并编制会计分录。

(5)计算甲公司2×15年年末资产负债表中下列项目的期末数：

①货币资金；②存货；③应收账款；④长期股权投资。

（“应交税费”科目要求写出明细科目及专栏名称，答案中的金额单位用万元表示。）

8. W股份有限公司2×15年的有关资料如下：

(1)1月1日部分总账及其所属明细账余额如表13-9所示。

表13-9 部分总账及其所属明细账余额表

单位：万元

总　账	明细账	借或贷	余额
应收账款	A公司	借	600
坏账准备		贷	30
长期股权投资	B公司	借	2 500
固定资产	厂房	借	3 000
累计折旧		贷	900
固定资产减值准备		贷	200
应付账款	C公司	借	150
	D公司	贷	1050
长期借款	甲银行	贷	300

注：①该公司未单独设置“预付账款”会计科目。

②表中长期借款为2×14年10月1日从银行借入，借款期限为2年，年利率为5%，每年付息一次。

(2)2×15年W股份有限公司发生如下业务：

①3月10日，收回上年已作为坏账转销的应收A公司账款70万元并存入银行。

②4月15日，收到C公司发来的材料一批并验收入库，增值税专用发票注明货款100万元、增值税17万元，其款项于上年已预付。

③1—4月，该厂房已计提折旧100万元。

④4月20日，对厂房进行更新改造，发生后续支出总计500万元，所替换的旧设施的账面价值为300万元(该设施原价为500万元，已提折旧167万元，已提减值准备33万元)。该厂房于12月30日达到预定可使用状态，其后续支出符合资本化条件。

⑤6月30日，从乙银行借款200万元，期限为3年，年利率为6%，每半年付息一次。

⑥10月份以票据结算的经济业务有(不考虑增值税)：持银行汇票购进材料500万元；持银行本票购进库存商品300万元；签发6个月的商业汇票购进物资800万元。

⑦12月31日，经计算，本月应付职工工资为200万元，应计提社会保险费50万元。

⑧12月31日，经减值测试，应收A公司账款预计未来现金流量现值为400万元。

⑨W 股份有限公司对 B 公司的长期股权投资采用权益法核算，其投资占 B 公司有表决权股份的 30%。2×15 年 B 公司实现净利润 9 000 万元。长期股权投资在资产负债表日不存在减值迹象。

除上述资料外，不考虑其他因素。

要求：计算 W 股份有限公司 2×15 年 12 月 31 日资产负债表下列项目的年末余额。(答案中的金额单位用万元表示。)

(1)应收账款　(2)预付款项　(3)长期股权投资　(4)固定资产

(5)应付票据　(6)应付账款　(7)应付职工薪酬　(8)长期借款

9. 甲公司为增值税一般纳税人，适用的增值税税率是 17%，所得税税率是 25%，年末一次确认全年所得税费用。商品、材料销售均不含增值税，商品、材料销售成本随销售收入的确认逐笔结转，本年利润采用表结法核算。

2×15 年 1—11 月，甲公司损益类科目的累计发生额如表 13-10 所示。

表 13-10 损益类科目累计发生额表

科目名称	借方发生额	贷方发生额	科目名称	借方发生额	贷方发生额
主营业务收入		1 650	销售费用	42	
主营业务成本	1 320		管理费用	38	
其他业务收入		160	财务费用	19	
其他业务成本	85		营业外收入		90
营业税金及附加	26		营业外支出	78	

2×15 年 12 月，甲公司发生如下交易或事项：

(1)12 月 5 日，向乙公司销售商品一批，开出的增值税专用发票上注明的价款为 60 万元，增值税税额为 10.2 万元，销售商品的实际成本为 45 万元。提货单和增值税专用发票已交购货方，并收到购货方开出的商业承兑汇票。

(2)12 月 10 日，向丙公司销售 A 材料一批。销售价格为 5 万元，增值税税额为 0.85 万元，销售材料的实际成本为 4 万元。A 材料已发出，销售款项存入银行。

(3)12 月 18 日，结转固定资产净收益 8 万元。

(4)12 月 31 日，计提公司管理部门固定资产折旧 5 万元，摊销公司管理部门用无形资产成本 8 万元。

(5)12 月 31 日，确认本月应交的城市维护建设税 2 万元、教育费附加 1 万元。

(6)12 月 31 日，确认本年所得税费用 75 万元。

假定除上述资料外，不考虑其他相关因素。

要求：

(1)根据(1)～(6)项业务，编制甲公司相应的会计分录。

(2)编制甲公司 2×15 年度利润表(表 13-11)。

表 13-11 利润表

编制单位：甲公司　　　　2×15 年度　　　　单位：万元

项　　目	本期金额	上期金额（略）
一、营业收入		
减：营业成本		
营业税金及附加		
销售费用		
管理费用		
财务费用		
资产减值损失		
加：公允价值变动收益（损失以“－”号填列）		
投资收益（损失以“－”号填列）		
其中：对联营企业和合营企业的投资收益		
二、营业利润（亏损以“－”号填列）		
加：营业外收入		
减：营业外支出		
其中：非流动资产处置损失		
三、利润总额（亏损总额以“－”号填列）		
减：所得税费用		
四、净利润（净亏损以“－”号填列）		
五、其他综合收益		
（一）以后会计期间不能重分类进损益的其他综合收益		
（二）以后会计期间在满足规定条件时将重分类进损益的其他综合收益		
其他综合收益税后净额		
六、综合收益总额		
七、每股收益：		

项目十四　特殊会计业务的处理

第一部分　知识能力点测试

一、单项选择题

1. 企业外购、自行建造等取得的投资性房地产，应按投资性房地产准则确定的成本，借记“(　　)”科目，贷记“银行存款”、“在建工程”等科目。

A. 投资性房地产　　B. 固定资产　　C. 在建工程　　D. 无形资产

2. 若企业采用成本模式对投资性房地产进行后续计量，下列说法中正确的是(　　)。

A. 企业应对已出租的建筑物计提折旧

B. 企业不应对已出租的建筑物计提折旧

C. 企业不应对已出租的土地使用权进行摊销

D. 企业不应对投资性房地产计提减值准备

3. 关于投资性房地产的转换，在成本模式下，下列说法中正确的是(　　)。

A. 应当将房地产转换前的账面价值作为转换后的入账价值

B. 应当将房地产转换日的公允价值作为转换后的入账价值

C. 自用房地产转为投资性房地产时，应当将房地产转换日的公允价值作为转换后的入账价值

D. 投资性房地产转为自用房地产时，应当将房地产转换日的公允价值作为转换后的入账价值

4. 关于投资性房地产的计量模式，下列说法中不正确的是(　　)。

A. 采用公允价值模式计量的，不对投资性房地产计提折旧或进行摊销

B. 企业对投资性房地产的计量模式一经确定，不得随意变更

C. 已采用公允价值模式计量的投资性房地产，不得从公允价值模式转为成本模式

D. 已采用成本模式计量的投资性房地产，不得从成本模式转为公允价值模式

5. 关于对投资性房地产进行后续计量，下列说法中正确的是(　　)。

A. 企业通常应当采用公允价值模式对投资性房地产进行后续计量，也可采用成本模式对投资性房地产进行后续计量

B. 企业通常应当采用成本模式对投资性房地产进行后续计量，也可采用公允价值模式对投资性房地产进行后续计量

C. 同一企业对不同的投资性房地产可以采用不同的计量模式

D. 企业只能采用成本价值模式对投资性房地产进行后续计量

6. 某企业采用成本模式对投资性房地产进行后续计量，2×15 年 9 月 20 日达到预定可使用状态的自行建造的办公楼对外出租，该办公楼的建造成本为 2 600 万元，预计使用年限

为 25 年，预计净残值为 100 万元。在采用年限平均法计提折旧的情况下，2×15 年该办公楼应计提的折旧额为(　　)万元。

A. 0　　B. 25　　C. 100　　D. 50

7. 下列资产中，不属于货币性资产的是(　　)。

A. 现金　　B. 应收账款

C. 准备持有至到期的债券投资　　D. 预付账款

8. 属于非货币性资产交换的是(　　)。

A. 以账面价值为 420 万元、准备持有至到期的债券投资换入戊公司公允价值为 390 万元的一台设备，并收到补价 30 万元

B. 以公允价值为 360 万元的固定资产换入乙公司账面价值为 400 万元的无形资产，并支付补价 40 万元

C. 以公允价值为 320 万元的长期股权投资换入丁公司账面价值为 460 万元的短期股票投资，并支付补价 140 万元

D. 以账面价值为 280 万元的固定资产换入丙公司公允价值为 200 万元的一项专利权，并收到补价 80 万元

9. 天海公司以一台甲设备换入蓝山公司的一台乙设备。甲设备的账面原价为 600 万元，已提折旧 30 万元，已提减值准备 30 万元，其公允价值为 600 万元。天海公司另向蓝山公司支付补价 50 万元。天海公司支付清理费用 2 万元。假定天海公司和蓝山公司的商品交换不具有商业实质。天海公司换入的乙设备的入账价值为(　　)万元。

A. 597　　B. 590　　C. 592　　D. 652

10. A 公司以一台甲设备换入 D 公司的一台乙设备。甲设备的账面原价为 22 万元，已提折旧 3 万元，已提减值准备 3 万元，甲设备的公允价值为 26 万元，换入的乙设备的公允价值为 24 万元。D 公司另向 A 公司支付补价 2 万元。两公司的资产交换具有商业实质，A 公司换入乙设备的入账金额为(　　)万元。

A. 22　　B. 26　　C. 28　　D. 24

11. 企业以低于应付债务账面价值的现金清偿债务的，支付的现金低于应付债务账面价值的差额，应当计入(　　)。

A. 盈余公积　　B. 资本公积　　C. 营业外收入　　D. 其他业务收入

12. 2×15 年 3 月 31 日，甲公司应付某金融机构的一笔贷款 100 万元到期，因发生财务困难，短期内无法支付。当日，甲公司与金融机构签订债务重组协议，约定减免甲公司债务的 20%，其余部分延期两年支付，年利率为 5%(相当于实际利率)，利息按年支付。金融机构已为该项贷款计提了 10 万元坏账准备。假定不考虑其他因素，甲公司在该项债务重组业务中确认的债务重组利得为(　　)万元。

A. 10　　B. 12　　C. 16　　D. 20

13. 2×15 年 2 月 10 日，深广公司销售一批材料给红星公司，同时收到红星公司签发并承兑的一张面值为 100 000 元、年利率为 7%、6 个月期、到期还本付息的票据。当年 8 月 10 日，红星公司发生财务困难，无法兑现票据，经双方协议，深广公司同意红星公司用一台设备抵偿该应收票据。这台设备的历史成本为 120 000 元，累计折旧为 30 000 元，清理费用等为 1 000 元，计提的减值准备为 9 000 元，公允价值为 90 000 元。深广公司未对债权计提坏账

准备。假定不考虑其他相关税费。红星公司应确认的债务重组利得和资产转让损益分别为(　　)元。

A. 12 500,8 000　　B. 8 000,10 000

C. 9 000,8 000　　D. 13 500,8 000

14. 2×15 年 1 月 1 日,深广公司销售一批材料给红星公司,含税价为 130 000 元。2×15年 7 月 1 日,红星公司发生财务困难,无法按合同规定偿还债务,经双方协议,深广公司同意红星公司用产品抵偿该应收账款。该产品的市价为 100 000 元,增值税税率为 17%,产品成本为 90 000 元。红星公司为转让的材料计提了存货跌价准备 2 000 元,深广公司为债权计提了坏账准备 10 000 元。假定不考虑其他税费。深广公司应确认的债务重组损失为(　　)元。

A. 13 000　　B. 3 000　　C. 0　　D. 23 000

15. 2×15 年 2 月 3 日,东方公司销售一批材料给西方公司,不含税价格为 100 000 元,增值税税率为 17%。当年 3 月 20 日,西方公司财务发生困难,无法按合同规定偿还债务,经双方协议,东方公司同意减免西方公司 20 000 元债务,余额用现金立即偿清。东方公司对该项债权计提坏账准备 5 000 元。西方公司应确认的债务重组利得为(　　)元。

A. 20 000　　B. 0　　C. 92 000　　D. 117 000

16. 20×7 年 8 月 1 日,甲公司因产品质量不合格而被乙公司起诉。至 20×7 年 12 月 31 日,该起诉讼尚未判决,甲公司估计很可能承担违约赔偿责任,需要赔偿 200 万元的可能性为 70%,需要赔偿 100 万元的可能性为 30%。甲公司基本确定能够从直接责任人处追回 50 万元。20×7 年 12 月 31 日,甲公司对该起诉讼应确认的预计负债金额为(　　)万元。

A. 120　　B. 150　　C. 170　　D. 200

17. 甲公司为 2×15 年新成立的企业。2×15 年该公司分别销售 A、B 产品 1 万件和 2 万件,销售单价分别为 100 元和 50 元。甲公司向购买者承诺提供产品售后 2 年内免费保修服务,预计保修期内将发生的保修费在销售额的 2%～8%之间。2×15 年实际发生保修费 1 万元。假定无其他或有事项,则甲公司 2×15 年年末资产负债表“预计负债”项目的金额为(　　)万元。

A. 3　　B. 9　　C. 10　　D. 15

18. 根据国家统一的会计准则的规定,下列有关或有事项的表述中,正确的有(　　)。

A. 或有负债与或有事项相联系,有或有事项就有或有负债

B. 对于或有事项既要确认或有负债,也要确认或有资产

C. 由担保引起的或有事项随着被担保人债务的全部清偿而消失

D. 只有对本单位产生不利影响的事项,才能作为或有事项

19. 2×15 年 12 月 10 日,甲公司因合同违约而涉及一桩诉讼案。根据企业的法律顾问判断,最终的判决很可能对甲公司不利。2×15 年 12 月 31 日,甲公司尚未接到法院的判决,因诉讼须承担的赔偿的金额也无法准确地确定。不过,据专业人士估计,赔偿金额可能在 90 万～100 万元之间(不含甲公司将承担的诉讼费 2 万元)。根据《企业会计准则第 13 号——或有事项》的规定,甲公司应在 2×15 年 12 月 31 日资产负债表中确认负债的金额为(　　)万元。

A. 92　　B. 90　　C. 95　　D. 97

20. 2×15 年 12 月 10 日，甲公司因合同违约而涉及一桩诉讼案。根据企业的法律顾问判断，最终的判决可能对甲公司不利。2×15 年 12 月 31 日，甲公司尚未接到法院的判决，因诉讼须承担的赔偿的金额也无法准确地确定。不过，据专业人士估计，赔偿金额可能在 100 万～120 万元之间。根据《企业会计准则第 13 号——或有事项》的规定，甲公司应在 2×15年 12 月 31 日资产负债表中确认负债的金额为(　　)万元。

A. 100　　B. 110　　C. 120　　D. 0

21. 对于资产负债表日后事项中的调整事项涉及损益的，应通过(　　)处理。

A. 利润分配——未分配利润　　B. 以前年度损益调整

C. 原损益类账户　　D. 本年利润

22. 下列属于资产负债表日后事项中的调整事项的是(　　)。

A. 资产负债表日后发生的销售退回

B. 资产负债表日后期间发生的外汇汇率变动

C. 发行债券

D. 资产负债表日后期间发生重大火灾损失

23. 股份有限公司自资产负债表日至财务会计报告批准报出日之间发生的下列事项中，属于调整事项的是(　　)。

A. 资产负债表日后发生重大诉讼

B. 发生资产负债表所属期间所售商品的退回

C. 资产负债表日后发生巨额亏损

D. 一幢厂房因地震发生倒塌，造成公司重大损失

24. 某上市公司 2×14 年度财务报告于 2×15 年 2 月 10 日编制完成，所得税汇算清缴日是 3 月 20 日，注册会计师完成审计及签署审计报告日是 4 月 10 日，经董事会批准报表对外公布日为 4 月 20 日，财务报告实际对外报出日为 4 月 22 日，股东大会召开日期是 4 月 25 日。按照准则规定，资产负债表日后事项的涵盖期间为(　　)。

A. 2×15 年 1 月 1 日至 2×15 年 2 月 10 日

B. 2×15 年 2 月 10 日至 2×15 年 4 月 22 日

C. 2×15 年 2 月 10 日至 2×15 年 4 月 25 日

D. 2×15 年 1 月 1 日至 2×15 年 4 月 20 日

二、多项选择题

1. 下列不属于投资性房地产的有(　　)。

A. 出租的土地使用权　　B. 融资出租的建筑物

C. 出租拥有产权的建筑物　　D. 出租拥有使用权的建筑物

2. 以下关于投资性房地产公允价值模式下后续计量表述正确的是(　　)。

A. 对投资性房地产不应计提折旧或摊销

B. 资产负债表日以公允价值为基础调整账面价值，差额计入公允价值变动损益

C. 公允价值与原账面价值之间的差额计入营业成本

D. 资产负债表日以可收回金额与账面价值比较，可收回金额低于账面价值时计提减值准备

3. 关于投资性房地产,下列说法中正确的有(   )。

A. 投资性房地产是指为赚取租金或资本增值、或者两者兼有而持有的房产、地产和机器设备等

B. 已出租的建筑物是指从租赁期开始日以经营租赁方式出租的建筑物,包括自行建造完成后用于出租的房地产

C. 用于出租的建筑物是指企业拥有产权的建筑物

D. 一项房地产,部分用于赚取租金或资本增值,部分用于生产商品、提供劳务或经营管理,即使用于赚取租金或资本增值的部分能够单独计量和出售的,也不可以确认为投资性房地产

4. 关于投资性房地产的后续计量,下列说法中正确的有(   )。

A. 采用公允价值模式计量的,不对投资性房地产计提折旧或进行摊销

B. 采用成本模式计量的,应对投资性房地产计提折旧或进行摊销

C. 已采用公允价值模式计量的投资性房地产,不得从公允价值模式转为成本模式

D. 已采用成本模式计量的投资性房地产,不得从成本模式转为公允价值模式

5. 下列资产中,属于非货币性资产的有(   )。

A. 存货　　B. 预付账款

C. 可供出售金融资产　　D. 准备持有至到期的债券投资

6. 下列经济业务中,属于非货币性资产交换的有(   )。

A. 以公允价值 20 万元的小汽车一辆换取生产设备一台,另支付补价 3 万元

B. 以公允价值 20 万元的小汽车一辆换取生产设备一台,另支付补价 5 万元

C. 以公允价值 50 万元的机械设备一台换取电子设备一台,另收到补价 25 万元

D. 以公允价值 50 万元的机器设备一台换取电子设备一台,另收到补价 15 万元

7. 以下关于非货币性资产交换对换入资产计价的表述,正确的是(   )。

A. 只要具有商业实质的非货币性资产交换,就应以公允价值作为计价基础

B. 只要公允价值可以可靠计量的非货币性资产交换,就应以公允价值为计价基础

C. 只有同时满足具有商业实质和公允价值可以可靠计量的非货币性资产交换,才以公允价值为计价基础

D. 不具有商业实质或者公允价值不能可靠计量的非货币性资产交换,要以账面价值为计价基础

8. 债务重组的方式主要包括(   )。

A. 以资产清偿债务　　B. 将债务转为资本

C. 修改其他债务条件　　D. 以上三种方式的组合

9. 下列事项中,属于或有事项的有(   )。

A. 对债务单位提起诉讼　　B. 对售出商品提供售后担保

C. 代位偿付担保债务　　D. 为子公司的贷款提供担保

10. 如果与或有事项相关的义务确认为负债,应同时符合以下条件的是(   )。

A. 该义务是企业承担的现时义务

B. 该义务的履行很可能导致经济利益流出企业

C. 该义务的履行不是很可能导致经济利益流出企业

D. 该义务的金额能够可靠地计量

11. 根据国家统一的会计制度规定，下列各项中，属于或有事项的有（　　）。

A. 某公司为其子公司的贷款提供担保　　B. 某单位为其他企业的贷款提供担保

C. 某企业以财产作抵押向银行借款　　D. 某公司被国外企业提起诉讼

12. 上市公司在其年度资产负债表日后至财务会计报告批准报出日前发生的下列事项中，属于非调整事项的有（　　）。

A. 因市场汇率变动导致外币存款严重贬值

B. 以前年度售出商品发生退货

C. 董事会提出股票股利分配方案

D. 发生重大诉讼、仲裁或承诺事项

13. 企业发生的资产负债表日后非调整事项，通常包括（　　）。

A. 资产负债表日后发生重大诉讼、仲裁、承诺

B. 资产负债表日后资本公积转增资本

C. 资产负债表日后发生巨额亏损

D. 资产负债表日后发生企业合并或处置子公司

14. 上市公司在其年度资产负债表日后至财务报告批准报出日前发生的下列事项中，属于非调整事项的有（　　）。

A. 因发生火灾导致存货严重损失　　B. 以前年度售出商品发生退货

C. 董事会提出股票股利分配方案　　D. 发生企业合并

15. 下列资产负债表日后事项中属于非调整事项的是（　　）。

A. 发行债券　　B. 发生巨额亏损　　C. 发生重大诉讼　　D. 处置子公司

三、判断题

1. 期末企业将投资性房地产的账面余额单独列示在资产负债表上。（　　）

2. 企业以融资租赁方式出租建筑物是作为投资性房地产进行核算的。（　　）

3. 企业不论在成本模式下，还是在公允价值模式下，投资性房地产取得的租金收入，均确认为其他业务收入。（　　）

4. 企业采用公允价值模式进行后续计量的，不对投资性房地产计提折旧或进行摊销，应当以资产负债表日投资性房地产的公允价值为基础调整其账面价值，公允价值与原账面价值之间的差额计入其他业务成本或其他业务收入。（　　）

5. 已采用公允价值模式计量的投资性房地产，不得从公允价值模式转为成本模式。（　　）

6. 交易性金融资产和应收账款都属于货币性资产。（　　）

7. 非货币性资产交换是指交易双方以非货币性资产进行的交换，不涉及货币性资产。（　　）

8. 某企业以其不准备持有至到期的国库券换入一幢房屋以备出租，该项交易具有商业实质。（　　）

9. 在具有商业实质且公允价值能够可靠计量的非货币性资产交换中，收到补价的企业，按换出资产的账面价值减去可抵扣的增值税进项税额，加上应确认的收益，加上应支付的相关税费，减去补价后的余额，作为实际成本。（　　）

10. 在发生非货币性资产交换时，若涉及多项资产，在没有补价的情况下，应按换入各项资产的公允价值占换入资产公允价值总额的比例，对换入资产的成本总额进行分配，以确定各项换入资产的入账价值。 （ ）

11. 只要债权人对债务人的债务作出了让步，不管债务人是否发生财务困难，都属于准则所定义的债务重组。 （ ）

12. 债务人发生财务困难是指因债务人出现资金周转困难、经营陷入困境或者其他方面的原因等，导致其无法或者没有能力按原定条件偿还债务。 （ ）

13. 债权人同意债务人延期偿还债务，但延期后债务人仍然按照原债务账面价值偿还债务，则不属于债务重组。 （ ）

14. 债务重组方式包括以资产清偿债务、将债务转为资本、修改其他债务条件等，但以上三种方式的组合不属于准则规范的债务重组方式。 （ ）

15. 以非现金资产偿还债务，非现金资产为长期股权投资的，其公允价值和账面价值的差额，计入营业外收入。 （ ）

16. 以非现金资产偿还债务，非现金资产为存货的，应当视同销售处理收入相关规定，按非现金资产的账面价值确认销售商品收入，同时按照非现金资产的公允价值结转相应的成本。 （ ）

17. 将债务转为资本的债务重组中，债务人应将股份的公允价值总额与股本（或实收资本）之间的差额确认为投资收益。 （ ）

18. 修改其他债务条件进行债务重组的，债务人不能确认债务重组收益。 （ ）

19. 债务重组采用以现金清偿债务、非现金资产清偿债务、将债务转为资本、修改其他债务条件等方式的组合进行的，债务人应当依次以支付的现金、转让的非现金资产公允价值、债权人享有股份的公允价值冲减重组债务的账面价值，再按照修改其他债务条件的债务重组会计处理规定进行处理。 （ ）

20. 或有事项是指过去的交易或者事项形成的，其结果须由某些过去或未来事项的发生或不发生才能决定的不确定事项。 （ ）

21. 企业在一定条件下是可以确认或有负债和或有资产的。 （ ）

22. 或有负债，是指过去的交易或者事项形成的潜在义务，其存在须通过未来不确定事项的发生或不发生予以证实；或过去的交易或者事项形成的现时义务，履行该义务不是很可能导致经济利益流出企业或该义务的金额不能可靠计量。 （ ）

23. 待执行合同不属于企业会计准则规范的内容，但待执行合同变为亏损合同的，应当作为企业会计准则规范的或有事项。 （ ）

24. 企业在资产负债表日后发生严重火灾，损失仓库一栋，这一事项属于调整事项。（ ）

25. 交易性金融资产因资产负债表日后市价严重下跌，公司应将其视为资产负债表日后调整事项。 （ ）

26. 对资产负债表日后事项中的非调整事项，只进行账务处理，不需要披露。 （ ）

27. 对资产负债表日后事项中的调整事项，涉及损益的事项，通过“以前年度损益调整”科目核算，然后将“以前年度损益调整”的余额转入“本年利润”科目。 （ ）

28. 2×14 年度财务会计报告批准报出前，该公司董事会于 2×15 年 2 月 25 日提出分派股票股利方案。该公司对该事项在会计报表附注中作了相关披露，但未调整会计报表相

关项目的金额。 ( )

29. 资产负债表日后事项中的调整事项，涉及损益调整的事项，直接在“利润分配——未分配利润”科目核算。 ( )

四、问答题

1. 什么是投资性房地产？投资性房地产包括哪些内容？
2. 什么是非货币性资产交换？
3. 什么是债务重组？债务重组有哪些形式？
4. 什么是或有事项？或有事项确认为一项负债的条件有哪些？
5. 什么是资产负债表日后事项？
6. 什么是资产负债表日后调整事项？调整事项通常包括哪些？
7. 什么是资产负债表日后非调整事项？非调整事项通常包括哪些？

第二部分 业务能力测试

1. 甲房地产公司(以下简称甲公司)于 2×12 年 1 月 1 日将一幢商品房对外出租并采用公允价值模式计量，租期为 3 年，每年 12 月 31 日收取租金 100 万元，出租时，该幢商品房的成本为 2 000 万元，公允价值为 2 200 万元。2×12 年 12 月 31 日，该幢商品房的公允价值为 2 150 万元；2×13 年 12 月 31 日，该幢商品房的公允价值为 2 120 万元；2×14 年 12 月 31 日，该幢商品房的公允价值为 2 050 万元。2×15 年 1 月 5 日，将该幢商品房对外出售，收到2 080万元存入银行。

要求：编制甲公司上述经济业务的会计分录。(假定按年确认公允价值变动损益和确认租金收入)。

2. 甲公司采用公允价值模式计量投资性房地产。营业税税率为 5%(属于营改增之前)。有关资料如下：

(1)2×12 年 12 月 1 日，甲公司与 A 公司签订协议，将自用的办公楼出租给 A 公司，租期为 3 年，每年的租金为 1 000 万元，于每年年初收取，2×13 年 1 月 1 日为租赁期开始日，2×15年 12 月 31 日到期。转换日的公允价值为 30 000 万元，该固定资产账面原值为20 000 万元，已计提的累计折旧为 10 000 万元，未计提减值准备。各年 1 月 1 日均收到租金。

(2)2×13 年 12 月 31 日，该投资性房地产的公允价值为 30 500 万元。

(3)2×14 年 12 月 31 日，该投资性房地产的公允价值为 30 800 万元

(4)2×15 年 12 月 31 日，租赁协议到期，甲公司收回办公楼作为自有办公楼，该办公楼的公允价值为 30 700 万元。

要求：

(1)编制 2×13 年 1 月 1 日转换日转换房地产的有关会计分录。

(2)编制收到租金的相关会计分录。

(3)编制 2×13 年 12 月 31 日调整投资性房地产的会计分录。

(4)编制 2×14 年 12 月 31 日调整投资性房地产的会计分录。

(5)编制 2×15 年 12 月 31 日租赁协议到期的相关会计分录。

3. 20×8 年 9 月,A 公司以生产经营过程中使用的一台设备交换 B 打印机公司生产的一批打印机,换入的打印机作为固定资产管理。A、B 公司均为增值税一般纳税人,适用的增值税税率为 17%。设备的账面原价为 150 万元,在交换日的累计折旧为 45 万元,公允价值为 105.3 万元。打印机的账面价值为 110 万元,在交换日不含增值税的市场价格为 90 万元,计税价格等于市场价格。B 公司换入 A 公司的设备是生产打印机过程中需要使用的设备。

假设 A 公司此前没有为该项设备计提资产减值准备,整个交易过程中,除支付运杂费 15 000 元外,没有发生其他相关税费。假设 B 公司此前也没有为库存打印机计提存货跌价准备,其在整个交易过程中没有发生除增值税以外的其他税费。根据税法规定,A 公司换入固定资产支付的增值税不能抵扣。

要求:分别 A、B 公司对以上业务进行会计处理。

4. 甲企业于 20×6 年 1 月 20 日销售一批材料给乙企业,不含税价格为 200 000 元,增值税税率为 17%,按合同规定,乙企业应于 20×6 年 4 月 1 日前偿付货款。由于乙企业发生财务困难,无法按合同规定的期限偿还债务,经双方协议于 7 月 1 日进行债务重组。债务重组协议规定,甲企业同意减免乙企业 30 000 元债务,余额用现金立即偿清。乙企业于当日通过银行转账支付了该笔剩余款项,甲企业随即收到了通过银行转账偿还的款项。甲企业已为该项应收债权计提了 20 000 元的坏账准备。

要求:分别甲企业和乙企业对以上业务进行账务处理。

5. 甲公司欠乙公司购货款 350 000 元。由于甲公司财务发生困难,短期内不能支付已于 20×7 年 5 月 1 日到期的货款。20×7 年 7 月 1 日,经双方协商,乙公司同意甲公司以其生产的产品偿还债务。该产品的公允价值为 200 000 元,实际成本为 120 000 元。甲公司为增值税一般纳税人,适用的增值税税率为 17%。乙公司于 20×7 年 8 月 1 日收到甲公司抵债的产品,并作为库存商品入库;乙公司对该项应收账款计提了 50 000 元的坏账准备。

要求:分别甲公司和乙公司对以上业务进行会计处理。

6. 甲公司于 20×5 年 1 月 1 日销售给乙公司一批材料,价值 400 000 元(包括应收取的增值税税额),按购销合同约定,乙公司应于 20×5 年 10 月 31 日前支付货款,但至 20×6 年 1 月 31 日乙公司尚未支付货款。由于乙公司财务发生困难,短期内不能支付货款。20×6 年 2 月 3 日,与甲公司协商,甲公司同意乙公司以一台设备偿还债务。该项设备的账面原价为 350 000 元,已提折旧为 50 000 元,设备的公允价值为 360 000 元(假定企业转让该项设备不需要交纳增值税)。甲公司对该项应收账款已提取坏账准备 20 000 元。抵债设备已于 20×6 年 3 月 10 日运抵甲公司。假定不考虑与该项债务重组相关的税费。甲公司、乙公司均按净利润的 10%计提盈余公积,20×7 年度财务报告批准对外公布日为 20×8 年 3 月 31 日。

要求:分别甲公司和乙公司对以上业务进行会计处理。

7. 甲公司于 20×7 年 11 月 8 日销售一批商品给乙公司,取得收入 120 万元(不含税,增值税税率为 17%)。甲公司发出商品后,按照正常情况已确认收入,并结转成本 100 万元。20×7 年 12 月 31 日,该笔货款尚未收到,甲公司对应收账款计提了坏账准备 6 万元。20×8 年 1 月 12 日,由于产品质量问题,本批货物被退回。假定本年度除应收乙公司账款计提的坏账准备外,无其他纳税调整事项,甲公司于 20×8 年 2 月 28 日完成 20×7 年所得税汇算清缴。公司适用的所得税税率为25%。甲公司、乙公司均按净利润的10%计提盈余公积,20×7年度财务报告批准对外公布日为20×8年3月31日。

要求:

(1)判断该项销售退回是否是资产负债表日后事项,并简要说明理由;

(2)对以上业务进行会计处理(只编写会计分录,不调整报表)。

8. 甲公司与乙公司签订一项销售合同,合同中订明甲公司应在20×7年8月销售给乙公司一批物资。由于甲公司未能按照合同发货,致使乙公司发生重大经济损失。20×7年12月,乙公司将甲公司告上法庭,要求甲公司赔偿450万元。20×7年12月31日,法院尚未判决,甲公司按或有事项准则对该诉讼事项确认预计负债300万元。20×8年2月10日,经法院判决甲公司应赔偿乙公司400万元,甲、乙双方均服从判决。判决当日,甲公司向乙公司支付赔偿款400万元。甲、乙两公司20×7年所得税汇算清缴均在20×8年3月20日完成(假定该项预计负债产生的损失不允许在预计时税前抵扣,只有在损失实际发生时,才允许税前抵扣)。公司适用的所得税税率为25%。

要求:

(1)判断该事项是否是资产负债表日后事项,并简要说明理由;

(2)对以上业务进行会计处理(只编写会计分录,不调整报表)。

附录一 《会计实务》模拟考试题

《会计实务》模拟考试题(一)

(考试时间:90 分钟 满分:100 分)

题号	一	二	三	四	五	六	总分
得分							

一、单项选择题(本题型共 20 题,每题 1 分,共 20 分)

请将你认为正确的选项填入下表序号下面对应的空格内:

题号	1	2	3	4	5	6	7	8	9	10
答案										
题号	11	12	13	14	15	16	17	18	19	20
答案										

1. 企业提供的会计信息应当相互可比,这是(　　)会计信息质量要求。

A. 真实性　　B. 可比性　　C. 可理解性　　D. 谨慎性

2. 以下不通过其他货币资金核算的是(　　)。

A. 银行汇票　　B. 银行本票　　C. 银行支票　　D. 信用证保证金

3. 交易性金融资产公允价值的变动应计入(　　)。

A. 投资收益　　B. 财务费用

C. 资产减值损失　　D. 公允价值变动损益

4. 20×7 年 12 月 31 日,大海公司库存材料的账面价值(成本)为 400 万元,市场购买价格为 380 万元,用材料生产的产品可变现净值为 600 万元,产品的成本为 590 万元,则 20×7 年 12 月 31 日,材料的账面价值为(　　)万元。

A. 400　　B. 380　　C. 600　　D. 590

5. 下列各项中,应通过"其他应收款"科目核算的是(　　)。

A. 租入包装物支付的押金　　B. 应收现金股利

C. 应收销货款　　D. 应收债券利息

6. 按照会计准则的规定,对于购货方实际享受的现金折扣,销售方应作的会计处理是(　　)。

A. 冲减当期主营业务收入　　B. 增加当期财务费用

C. 增加当期主营业务成本　　D. 增加当期管理费用

7. 甲公司 20×8 年 7 月 10 日从证券市场购入乙公司发行在外的股票 100 万股作为交

易性金融资产，每股支付价款 5 元(含已宣告但尚未发放的现金股利 1 元)，另支付相关费用 8 万元，则甲公司取得该项交易性金融资产的入账价值为(　　)万元。

A. 408　　B. 400　　C. 500　　D. 508

8. 下列不属于金融资产的是(　　)。

A. 货币资金　　B. 应收款项　　C. 债权投资　　D. 固定资产

9. 当债券以大于面值的价格发行时，则(　　)。

A. 票面利率小于实际利率　　B. 票面利率与实际利率无关

C. 票面利率等于实际利率　　D. 票面利率大于实际利率

10. 某企业采用计划成本进行材料的日常核算。月初结存材料的计划成本为 200 万元，成本差异为超支 10 万元。当月购入材料一批，实际成本为 190 万元，计划成本为 200 万元。当月领用材料的计划成本为 100 万元，当月领用材料应负担的材料成本差异为(　　)万元。

A. 5　　B. −5　　C. 0　　D. 2.5

11. 某公司月初甲产品结存金额 1 000 元，结存数量 20 件，采用先进先出法计价；本月 10 日和 20 日甲产品分别完工入库 400 件和 500 件，单位成本分别为 52 元和 53 元；本月 15 日和 25 日分别销售该产品 380 件和 400 件。该甲产品月末结存余额为(　　)元。

A. 7 000　　B. 7 420　　C. 7 350　　D. 7 500

12. 委托加工的应纳消费税物资(非金银首饰)收回后用于连续生产应税消费品，其由受托方代收代缴的消费税，应记入的会计科目是“(　　)”。

A. 管理费用　　B. 应交税费——应交消费税

C. 营业税金及附加　　D. 委托加工物资

13. 在采用成本与可变现净值孰低法对期末存货计价时，可变现净值低于成本的部分应计入(　　)。

A. 管理费用　　B. 营业外支出　　C. 资产减值损失　　D. 财务费用

14. 甲企业于 20×7 年 4 月 1 日以银行存款 1 000 万元的价款购入乙企业 10% 的股票作为长期股权投资，购入时支付的价款中包含已经宣告但尚未发放的股利 10 万元，另支付相关费用 2 万元。则该长期股权投资的入账价值为(　　)万元。

A. 990　　B. 1 000　　C. 992　　D. 1 002

15. 某项固定资产的原值为 1 000 万元，预计净残值率为 10%，预计使用年限为 5 年，年数总和法下第四年计提的折旧为(　　)万元。

A. 120　　B. 180　　C. 200　　D. 240

16. 企业已经确认的无法支付的应付账款在转销时，应记入的科目为“(　　)”。

A. 营业外收入　　B. 未分配利润　　C. 盈余公积　　D. 资本公积

17. 企业从应付职工薪酬中代扣的个人所得税，应借记的会计科目是“(　　)”。

A. 应付职工薪酬　　B. 银行存款　　C. 其他应收款　　D. 应交税费

18. 企业对于已经发出但尚未确认销售收入的商品的成本，应借记的会计科目是“(　　)”。

A. 在途物资　　B. 主营业务成本　　C. 发出商品　　D. 库存商品

19. 甲企业“应收账款”科目月末借方余额 10 000 元，其中：“应收 A 公司账款”明细科目借方余额 8 000 元，“应收 B 公司账款”明细科目借方余额 2 000 元；“预收账款”科目月末贷方余额 5 000 元，其中："预收 C 工厂账款"明细科目贷方余额 8 000 元，"预收 D 工厂账款"明细科目借方余额 3 000 元，月末资产负债表中"应收账款"项目的金额为(　　)元。

A. 13 000　　B. 11 000　　C. 10 000　　D. 8 000

20. 某企业 20×4 年 4 月 1 日从银行借入期限为 3 年的长期借款 400 万元，编制 20×6 年 12 月 31 日资产负债表时，此项借款应填入的报表项目是(　　)。

A. 短期借款　　B. 长期借款

C. 其他长期负债　　D. 一年内到期的非流动负债

二、多项选择题(本题型共 10 题，每题 2 分，共 20 分)

本题型有两个或两个以上的答案，请将你认为正确的选项填入下表序号下面对应的空格内：

题号	1	2	3	4	5	6	7	8	9	10
答案										

1. 下列各项中，会引起应收账款账面余额发生变化的有(　　)。

A. 转销到期不能收回的应收账款　　B. 计提应收账款坏账准备

C. 收回应收账款　　D. 收回已转销的坏账

2. 存货的计价方法有实际成本法和计划成本法，在实际成本法下，发出存货的计价方法包括(　　)。

A. 个别计价法　　B. 先进先出法　　C. 后进先出法　　D. 一次加权平均法

3. 下列各项中，应计入制造费用的有(　　)。

A. 生产车间管理人员的工资　　B. 厂部管理人员的工资

C. 生产车间的办公费　　D. 厂部的办公费

4. 下列各项中，不应通过"固定资产清理"科目核算的有(　　)。

A. 盘盈的固定资产　　B. 出售的固定资产

C. 报废的固定资产　　D. 盘亏的固定资产

5. 影响固定资产折旧金额的因素有(　　)。

A. 固定资产原价　　B. 固定资产预计净残值

C. 固定资产减值准备　　D. 固定资产的使用寿命

6. 下列会计科目中，年末应无余额的有(　　)。

A. 主营业务收入　　B. 营业外收入　　C. 本年利润　　D. 利润分配

7. 下列各项中，影响企业营业利润的有(　　)。

A. 投资收益　　B. 财务费用　　C. 所得税费用　　D. 营业外收入

8. 企业发生的下列费用中，应计入管理费用的有(　　)。

A. 广告费　　B. 业务招待费　　C. 工会经费　　D. 售后服务费

9. 下列会计科目的期末余额，应当列入资产负债表"存货"项目的有(　　)。

A. 生产成本　　B. 材料采购　　C. 委托加工物资　　D. 委托代销商品

10. 下列各项中，属于经营活动的现金流量的有(　　)。

A. 销售商品收到的价款　　B. 偿还借款支付的现金

C. 购入固定资产支付的价款　　　　　　　D. 购买原材料支付的价款

三、判断题（本题型共5题，每题1分，共5分）

请将你的判断结果正确的用“√”、错误的用“×”填入下表序号对应的空格内：

题号	1	2	3	4	5
判断结果					

1. 随同商品出售而不单独计价的包装物，在领用时应将其成本记入“销售费用”。

2. 企业应当根据其生产经营特点、生产经营组织类型和成本管理要求，选择恰当的成本计算对象，确定成本计算方法。

3. 企业将自用房地产转换为采用公允价值模式计量的投资性房地产，转换日公允价值大于账面价值的差额计入其他综合收益。

4. 对于同一控制下的控股合并，合并方应以所取得的对方可辨认净资产公允价值份额作为长期股权投资成本。

5. 企业偿付应付账款时发生的现金流出，属于筹资活动产生的现金流量。

四、名词解释（每题3分，共6分）

1. 持续经营

2. 留存收益

五、简答题（每题6分，共12分）

1. 简述什么是未达账项。发生未达账项的情况有哪些？

2. 简述购入存货的成本构成。

六、业务题（本题型共3题，共37分）

1.（13分）甲公司为增值税一般纳税企业。20×8年3月份发生下列销售业务：

（1）5日，向A公司销售商品1 000件，每件商品的标价为80元。为了鼓励多购商品，甲公司同意给予A公司10%的商业折扣。开出的增值税专用发票上注明的售价总额为72 000元，增值税税额为12 240元。商品已发出，货款已收存银行。

（2）8日，向B公司销售商品一批，开出的增值税专用发票上注明的售价总额为60 000元，增值税税额为10 200元。甲公司为了及早收回货款，在合同中规定的现金折扣条件为：“2/10，1/20，n/30”。

（3）13日，收到B公司的扣除享受现金折扣后的全部款项，并存入银行。假定计算现金折扣时不考虑增值税。

（4）20日，A公司发现所购商品不符合合同规定的质量标准，要求甲公司在价格上给予

10%的销售折让。甲公司经查明后，同意给予折让并取得了索取折让证明单，开具了增值税专用发票(红字)，并已将款项付给 A 公司。

要求：

(1)编制甲公司上述销售业务的会计分录，“应交税费”科目要求写出明细科目，本题不要求编制结转销售成本的会计分录；

(2)计算甲公司 3 月份的主营业务收入。

2.(11 分)20×7 年 5 月 13 日，甲公司支付价款 1 060 000 元从二级市场购入乙公司发行的股票 100 000 股，每股价格 10.60 元(含已宣告但尚未发放的现金股利 0.60 元)，另支付交易费用 1 000 元。甲公司将持有的乙公司股权划分为交易性金融资产，且持有乙公司股权后对其无重大影响。

甲公司其他相关资料如下：

(1)5 月 23 日，收到乙公司发放的现金股利；

(2)6 月 30 日，乙公司股票价格涨到每股 13 元；

(3)8 月 15 日，将持有的乙公司股票全部售出，每股售价 15 元。

要求：对以上业务进行会计处理。

3.(13 分)甲公司在 20×7 年 12 月 18 日向乙公司销售一批商品，开出的增值税专用发票上注明的销售价款为 50 000 元，增值税税额为 8 500 元。该批商品的成本为 26 000 元。为及早收回货款，甲公司和乙公司约定的现金折扣条件为“2/10，1/20，n/30”。乙公司在 20×7年 12 月 27 日支付货款。20×8 年 4 月 5 日，该批商品因质量问题被乙公司退回，甲公司当日支付有关款项。假定计算现金折扣时不考虑增值税，销售退回不属于资产负债表日后事项。

要求：

(1)写出甲公司在 20×7 年 12 月 18 日向乙公司销售一批商品的会计分录；

(2)写出甲公司在 20×7 年 12 月 27 日收取货款的会计分录；

(3)写出 20×8 年 4 月 5 日商品退回的会计分录。

《会计实务》模拟考试题(二)

(考试时间:90 分钟　满分:100 分)

题号	一	二	三	四	五	六	总分
得分							

一、单项选择题(本题型共 20 题,每题 1 分,共 20 分)

请将你认为正确的选项填入下表序号下面对应的空格内:

题号	1	2	3	4	5	6	7	8	9	10
答案										
题号	11	12	13	14	15	16	17	18	19	20
答案										

1. 融资性租入的固定资产,视同自有固定资产计提折旧,这是(　　)会计信息质量的要求。

A. 实质重于形式　B. 重要性　C. 谨慎性　D. 相关性

2. 对于预收货款不多的企业,其所发生的预收货款可以通过"(　　)"科目进行核算。

A. 应收账款　B. 应付账款　C. 预付账款　D. 其他应收款

3. 企业采用余额百分比法计提坏账准备,计提比例为 2%,"坏账准备"的期初贷方余额为 3 200 元,以前期间确认的坏账中有 2 000 元在本期收回,本期确认的坏账为 5 000 元,本期末应收账款借方余额为 100 000 元,则本期末应(　　)元。

A. 不计提坏账准备　B. 计提坏账准备 1 800

C. 冲减坏账准备 4 200　D. 计提坏账准备 2 200

4. 企业盘盈的固定资产,应通过"(　　)"科目核算。

A. 固定资产清理　B. 资本公积

C. 营业外收入　D. 以前年度损益调整

5. 随同产品出售但不单独计价的包装物,应该在发出时将其实际成本计入(　　)。

A. 财务费用　B. 销售费用　C. 管理费用　D. 主营业务成本

6. 甲公司与乙公司均为一般纳税企业。20×8 年 7 月 2 日,甲公司向乙公司销售商品一批,开出的增值税专用发票上注明的销售价款为 20 000 元,增值税税额为 3 400 元。为及早收回货款,甲公司和乙公司约定现金折扣条件为"2/10,1/20,n/30"。假定计算现金折扣时不考虑增值税,则甲公司 20×8 年 7 月 15 日的收款金额为(　　)元。

A. 20 000　B. 23 400　C. 23 200　D. 19 400

7. 以下属于交易性金融资产的有(　　)。

A. 购入长期持有的股票　B. 现金

C. 银行存款　D. 购入的准备随时变现的债券

8. 某企业为小规模纳税人,该企业购入某种原材料 200 千克,每千克单价为 1 000 元

(含税),发生运杂费 1 000 元,同时在运输途中发生合理损耗 5 千克。这批材料的入账价值为(　　)元。

A. 196 000　　B. 201 000　　C. 206 000　　D. 220 000

9. 某企业月初结存材料的计划成本为 30 000 元,成本差异为超支 200 元,本月入库材料的计划成本为 70 000 元,成本差异为节约 700 元,当月领用材料的计划成本为 60 000 元,那么领用材料负担的材料成本差异为(　　)万元。

A. －300　　B. 300　　C. －460　　D. 460

10. 在采用成本法核算长期股权投资的情况下,被投资单位发生亏损时,投资企业应当(　　)。

A. 借记"投资收益"　　B. 借记"资本公积"

C. 贷记"长期股权投资"　　D. 不作处理

11. 无形资产的摊销一般计入(　　)。

A. 管理费用　　B. 营业外支出　　C. 财务费用　　D. 营业费用

12. 某企业自行建造一条生产线,于 20×6 年 6 月投入使用,其建造成本为 370 万元,预计使用年限为 5 年,净残值为 10 万元,在采用年数总和法计提折旧的情况下,20×6 年该设备应计提的折旧额为(　　)万元。

A. 120　　B. 70　　C. 60　　D. 74

13. 企业无法支付到期的商业承兑汇票时,应当进行的处理是(　　)。

A. 转作应付账款　　B. 转作营业外收入

C. 不进行处理　　D. 转作其他应付款

14. 下列项目中使负债增加的是(　　)。

A. 发行股票　　B. 用银行存款购买公司债券

C. 发行公司债券　　D. 支付现金股利

15. 企业将自产货物作为集体福利消费,应视同销售货物计算应交增值税。发放时,应借记"(　　)"科目,贷记"主营业务收入"、"应交税费——应交增值税"等科目。

A. 营业外支出　　B. 应付职工薪酬

C. 盈余公积　　D. 在建工程

16. 下列交易或事项中,不应确认为营业外支出的是(　　)。

A. 公益性捐赠支出　　B. 无形资产出售损失

C. 固定资产盘亏损失　　D. 固定资产减值损失

17. 转让无形资产所有权所发生的损益,应计入(　　)。

A. 其他业务支出　　B. 营业外收支　　C. 财务费用　　D. 管理费用

18. A 企业于 20×3 年 2 月 1 日购入一项摊销期限为 5 年的专利权,入账金额为 60 000 元。20×5 年 3 月 31 日,A 企业将其转让,取得不含税转让收入 70 000 元,适用的增值税税率为 6%,款项收到并存入银行。则转让该项专利权所实现的所得税前利润为(　　)元。

A. 34 000　　B. 29 800　　C. 30 800　　D. 35 000

19. 某企业应收账款明细账借方余额合计为 280 000 元,贷方余额合计为 73 000 元,针对应收账款计提的坏账准备贷方余额为 680 元,则资产负债表的"应收账款"项目应为(　　)元。

A. 280 000　　B. 206 300　　C. 279 320　　D. 207 000

20. 某企业年初未分配利润为 100 万元，本年净利润为 1 000 万元，按 10%计提法定盈余公积，按 5%计提任意盈余公积，宣告发放现金股利为 80 万元，该企业期末未分配利润为(　)万元。

A. 855　　B. 867　　C. 870　　D. 874

二、多项选择题(本题型共 10 题，每题 2 分，共 20 分)

本题型有两个或两个以上的答案，请将你认为正确的选项填入下表序号下面对应的空格内：

题号	1	2	3	4	5	6	7	8	9	10
答案										

1. 会计期间可以分为(　　)。

A. 年度　　B. 季度　　C. 月度　　D. 半年度

2. 下列属于资产基本特征的是(　　)。

A. 是由于过去的交易或事项所引起的　　B. 必须是投资者投入的

C. 是企业拥有或者控制的　　D. 预期能够给企业带来经济利益

3. 下列各项中通过"其他货币资金"科目核算的是(　　)。

A. 信用证存款　　B. 银行汇票存款　　C. 备用金　　D. 银行本票存款

4. 下列各种物资中，应该作为企业存货核算的有(　　)。

A. 委托加工物资　　B. 库存商品　　C. 周转材料　　D. 在途物资

5. 下列项目中，应计入存货成本的有(　　)。

A. 挑选整理费用　　B. 进口关税

C. 运输途中的合理损耗　　D. 一般纳税人购入材料支付的增值税

6. 以下原因引起的固定资产减少中，应通过"固定资产清理"科目进行核算的有(　　)。

A. 因出售而减少的固定资产　　B. 因报废而减少的固定资产

C. 因盘亏而减少的固定资产　　D. 因毁损而减少的固定资产

7. 留存收益属于企业的所有者权益，包括(　　)。

A. 盈余公积　　B. 未分配利润　　C. 实收资本　　D. 资本公积

8. 下列税金中应计入管理费用的有(　　)。

A. 房产税　　B. 印花税　　C. 增值税　　D. 消费税

9. 下列各项中，影响营业利润的项目有(　　)。

A. 已销商品成本　　B. 原料销售收入

C. 出售固定资产净收益　　D. 转让股票所得收益

10. 下列各项中，属于筹资活动产生的现金流量的有(　　)。

A. 支付现金股利　　B. 取得短期借款

C. 增发股票收到的现金　　D. 偿还公司债券支付的现金

三、判断题(本题型共 5 题，每题 1 分，共 5 分)

请将你的判断结果正确的用"√"、错误的用"×"填入下表序号对应的空格内：

题号	1	2	3	4	5
判断结果					

1. 会计主体与法律主体并非是对等概念，法人可作为会计主体，但会计主体不一定是法人。

2. 投资者投入无形资产的成本，应当一律按照投资合同或协议约定的价值确定。

3. 在物价上涨期间，采用先进先出法，使当期资产总额减少，利润增加。

4. 收入能够导致企业所有者权益增加，但导致所有者权益增加不一定都是收入。

5. 企业对于跨年度且期末能对交易结果作出可靠估计的劳务，应采用完工百分比法确认收入。

四、名词解释（每题3分，共6分）

1. 坏账

2. 营业外收入

五、简答题（每题6分，共12分）

1. 简述影响固定资产计提折旧的主要因素。

2. 简述净利润分配的顺序。

六、业务题（本题型共3题，共37分）

1.（13分）甲上市公司为增值税一般纳税企业，库存商品采用实际成本核算，商品售价不含增值税，商品销售成本随销售同时结转。20×7年3月1日，W商品账面余额为230万元。20×7年3月发生的有关采购与销售业务如下：

(1)3月3日，从A公司采购W商品一批，收到的增值税专用发票上注明的货款为80万元，增值税为13.6万元。W商品已验收入库，款项尚未支付。

(2)3月8日，向B公司销售W商品一批，开出的增值税专用发票上注明的售价为150万元，增值税为25.5万元，该批W商品的实际成本为120万元，款项尚未收到。

(3)销售给B公司的部分W商品由于存在质量问题，3月20日B公司要求退回3月8日所购W商品的50%，经过协商，甲上市公司同意了B公司的退货要求，并按规定向B公司开具了增值税专用发票（红字），发生的销售退回允许扣减当期的增值税销项税额，该批退回的W商品已验收入库。

(4)3月31日，经过减值测试，W商品的可变现净值为230万元。

要求：

(1)编制甲上市公司上述(1)、(2)、(3)项业务的会计分录，“应交税费”科目要求写出明细科目和专栏名称，答案中的金额单位用万元表示。

(2)计算甲上市公司20×7年3月31日W商品应确认的存货跌价准备并编制会计分录。

2.(14分)某股份有限公司在20×7年6月10日以每股15元的价格(其中包含已宣告但尚未发放的现金股利0.2元)购进某股票20万股确认为交易性金融资产,另支付相关税费1.2万元,6月15日如数收到宣告发放的现金股利,6月20日以每股13元又购进该股票10万股,支付相关税费0.6万元,6月30日该股票价格下跌到每股12元;9月20日以每股16元的价格将该股票18万股出售,支付相关税费1万元,20×7年12月31日该股票剩余12万股,每股公允价值为17元。

要求写出以下会计分录:

(1)20×7年6月10日购入交易性金融资产;

(2)20×7年6月15日收到现金股利;

(3)20×7年6月20日购入交易性金融资产;

(4)20×7年6月30日交易性金融资产公允价值变动;

(5)20×7年9月20日出售交易性金融资产18万股;

(6)20×7年12月31日交易性金融资产公允价值变动。

3.(10分)甲公司委托丙公司销售商品200件,商品已经发出,每件成本为60元。合同约定丙公司应按每件100元对外销售,甲公司按售价的10%向丙公司支付手续费。丙公司对外实际销售100件,开出的增值税专用发票上注明的销售价款为10 000元,增值税税额为1 700元,款项已经收到。甲公司收到丙公司开具的代销清单时,向丙公司开具一张相同金额的增值税专用发票。假定甲公司发出商品时纳税义务尚未发生,不考虑其他因素。

要求:写出甲公司进行会计处理的会计分录。

《会计实务》模拟考试题（三）

（考试时间：90 分钟 满分：100 分）

题号	一	二	三	四	五	六	总分
得分							

一、单项选择题（本题型共 20 题，每题 1 分，共 20 分）

请将你认为正确的选项填入下表序号下面对应的空格内：

题号	1	2	3	4	5	6	7	8	9	10
答案										
题号	11	12	13	14	15	16	17	18	19	20
答案										

1. 下列项目中，属于利得的是（　　）。

A. 投资者投入资本　　B. 接受现金捐赠

C. 出租建筑物流入经济利益　　D. 销售商品流入经济利益

2. 企业的工资、奖金等现金的支取只能通过（　　）办理。

A. 一般存款账户　　B. 临时存款账户　　C. 专用存款账户　　D. 基本存款账户

3. 可供出售金融资产公允价值的变动，应计入（　　）。

A. 资本公积　　B. 盈余公积

C. 投资收益　　D. 公允价值变动损益

4. 某公司年末调整坏账准备账户前，应收账款科目借方余额为 400 000 元，坏账准备科目贷方余额为 300 元，按应收账款的 1%计提坏账准备，则该年末应计提坏账准备（　　）元。

A. 3 700　　B. 2 300　　C. 1 700　　D. 4 300

5. 企业销售某种产品，价目表中的报价为 10 000 元，商业折扣为 10%，付款条件为"2/10、$n/20$"，在总价法下，应收账款的入账金额为（　　）元。

A. 9 800　　B. 9 000　　C. 8 820　　D. 8 800

6. 按照我国会计实务惯例，企业采用总价法，发生现金折扣时，应列作（　　）。

A. 营业外支出　　B. 销售费用　　C. 财务费用　　D. 管理费用

7. 某企业为增值税一般纳税企业，适用的增值税税率为 17%。从外地购入原材料 1 000吨，收到增值税专用发票上注明的售价为每吨 1 200 元，购买价款共为 1 200 000 元，增值税税额为 204 000 元，另发生运输费 50 000 元（取得运输业增值税专用发票，可按 11%抵扣增值税）、装卸费 10 000 元，途中保险费为 10 000 元。运输途中发生 1%的合理损耗，则该原材料的入账价值为（　　）元。

A. 1 258 000　　B. 1 270 000　　C. 1 474 000　　D. 1 270 000

8. 购入需要安装的生产设备的增值税进项税额应计入（　　）。

A. 营业外支出　　B. 固定资产　　C. 应交税费　　D. 在建工程

9. 甲公司2×11年1月5日支付价款2 000万元购入乙公司30%的股份，准备长期持有，另支付相关税费20万元，购入时乙公司可辨认净资产公允价值为12 000万元。甲公司取得投资后对乙公司具有重大影响。假定不考虑其他因素，甲公司因确认投资而影响利润的金额为(　　)万元。

A. −20　　B. 0　　C. 1 580　　D. 1 600

10. 一台机器的成本为60 000元，估计可使用10年，估计净残值为5 000元，按双倍余额递减法计提折旧，则第二年应计提折旧额为(　　)元。

A. 5 500　　B. 9 600　　C. 6 000　　D. 4 000

11. 下列各项中，不应通过“固定资产清理”账户进行核算的业务是(　　)。

A. 盘亏固定资产　　B. 出售固定资产　　C. 报废固定资产　　D. 毁损固定资产

12. 确实无法支付的应付账款，经批准，应转入“(　　)”科目。

A. 营业外收入　　B. 营业费用　　C. 资本公积　　D. 营业外支出

13. 融资租赁的固定资产，应(　　)计提折旧。

A. 由出租方　　B. 由承租方

C. 任一方均不　　D. 由双方协商确定一方

14. 无形资产进行摊销时，应该贷记“(　　)”科目。

A. 无形资产　　B. 累计摊销

C. 累计折旧　　D. 无形资产减值准备

15. 对于增值税一般纳税企业而言，下列税金中，不影响企业净利润的是(　　)。

A. 增值税　　B. 营业税　　C. 土地使用税　　D. 城市维护建设税

16. 宏达公司于2×10年2月购入一项专利权，其购买价款为100万元，预计使用年限为10年，采用直线法摊销。宏达公司与甲公司签订合同，将在5年后以20万元的价格将专利权转让给甲公司。则2×11年宏达公司该项专利权应摊销的金额为(　　)万元。

A. 10　　B. 8　　C. 20　　D. 16

17. 用“应付票据”核算的票据是(　　)。

A. 商业汇票　　B. 银行汇票　　C. 银行本票　　D. 支票

18. 企业交纳的(　　)不通过“应交税费”账户核算。

A. 营业税　　B. 房产税　　C. 消费税　　D. 印花税

19. 以收入和费用“是否已发生”而不是“是否已支付”为标准，按归属期来确定本期的收入和费用的原则是(　　)。

A. 收付实现制原则　　B. 配比原则　　C. 谨慎性原则　　D. 权责发生制原则

20. 用于购建固定资产的长期借款，在所购建的固定资产交付使用后的利息费用应记入“(　　)”。

A. 无形资产　　B. 库存商品　　C. 在建工程　　D. 财务费用

二、多项选择题(本题型共10题，每题2分，共20分)

本题型有两个或两个以上的答案，请将你认为正确的选项填入下表序号下面对应的空格内：

题号	1	2	3	4	5	6	7	8	9	10
答案										

1. 我国财务会计信息质量要求包括(　　)。

A. 持续经营　B. 实质重于形式　C. 可理解性　D. 相关性

2. 下列各项中,构成工业企业外购存货成本的有(　　)。

A. 买价

B. 小规模纳税企业购进货物支付的增值税税额

C. 运杂费

D. 运输途中的合理损耗

3. 下列固定资产的相关损失项目,应计入营业外支出的是(　　)。

A. 固定资产清理中发生的清理费用　B. 企业对外捐赠支出

C. 出售固定资产的净损失　D. 经批准结转的固定资产盘亏净损失

4. 企业交纳的(　　),应记入“管理费用”。

A. 土地使用税　B. 营业税　C. 房产税　D. 印花税

5. 下列费用中,属于期间费用的有(　　)。

A. 管理费用　B. 制造费用　C. 销售费用　D. 财务费用

6. 企业持有的持有至到期投资产生的投资收益,包括(　　)。

A. 按持有至到期投资票面价值和票面利率计算确定的利息收入

B. 按持有至到期投资摊余成本和实际利率计算确定的利息收入

C. 持有至到期投资取得时发生的相关费用

D. 持有至到期投资处置时所取得对价的公允价值与投资账面价值之间的差额

7. 留存收益属于企业的所有者权益,包括(　　)。

A. 盈余公积　B. 未分配利润　C. 实收资本　D. 资本公积

8. 下列各项中,会引起固定资产账面价值发生变化的有(　　)。

A. 固定资产经营性出租　B. 计提固定资产减值

C. 固定资产报废　D. 固定资产日常维修

9. 以下可能产生可抵扣暂时性差异的有(　　)。

A. 存货计提减值准备　B. 交易性金融资产发生公允价值变动

C. 因产品质量保证确认的负债　D. 研发形成无形资产

10. 下列事项中,属于资产负债表日后调整的事项有(　　)。

A. 发行股票

B. 新的证据证明在资产负债表日对长期合同应计收益的估计存在重大误差

C. 得到新证据已证实资产负债表日资产发生减损

D. 外汇汇率发生较大变动

三、判断题(本题型共5题,每题1分,共5分)

请将你的判断结果正确的用"√"、错误的用"×"填入下表序号对应的空格内:

题号	1	2	3	4	5
判断结果					

1.在任何情况下,企业都不准坐支现金。

2.未达账项是错账的一种表现形式。

3.企业内部研究开发项目开发阶段的支出,可能确认为无形资产,也可能确认为费用。

4.小规模纳税企业不论是否取得增值税专用发票,其支付的增值税都不得从销项税中抵扣。

5.企业对于无法合理确定使用寿命的无形资产,应将其成本在不超过10年的期限内摊销。

四、名词解释(每题3分,共6分)

1.会计要素

2.销售折让

五、简答题(每题6分,共12分)

1.什么是现金折扣?企业会计准则规定如何进行会计处理?

2.什么是存货?主要存货有哪些?

六、业务题(本题型共3题,共37分)

1.(13分)某公司2×10年12月1日"应收账款"账户的余额为672 000元,"坏账准备"账户的余额为3 360元。2×10年12月发生如下业务:

(1)收到A公司交来偿还其上年所欠货款的票据一张,票面金额为6 000元,60天到期。

(2)收回已作为坏账核销的B公司的应收账款2 760元。

(3)应收C公司货款1 800元因故不能收回,经批准转为坏账。

(4)因缺少资金,该公司将A公司的票据向银行贴现(附追索权),贴现率为10%,贴现天数为60天,所得金额已存银行。

(5)A 公司资金周转不灵，票据到期无力支付。

(6)年末按应收账款余额百分比法估计坏账准备，坏账损失率预计为 0.5%。

要求：根据上述业务进行账务处理。

2.(13 分)A 公司于 2×05 年 10 月 21 日购入一台需安装的生产设备，取得的增值税专用发票上注明：买价为 30 万元，增值税为 5.1 万元，款项已用银行存款支付。该设备安装过程中，领用生产用原材料 5 万元(不含增值税)，增值税转出额为 0.85 万元；应负担安装人员工资费用 3 万元，2×05 年 12 月 23 日安装完毕并立即交付使用。该固定资产预计使用 4 年，按直线法计提折旧，不考虑预计净残值。2×07 年 12 月 31 日，对该项固定资产进行减值测试，其可收回金额为 15 万元。假定不发生其他相关税费，金额单位用万元表示，“应交税费”科目必须列示明细科目。

要求：为 A 公司编制以下业务的会计分录：

(1)购入设备时；

(2)安装设备时；

(3)设备安装完毕交付使用时；

(4)2×06 年计提折旧；

(5)2×07 年计提减值准备。

3.(11 分)企业于 20×8 年 12 月 18 日销售 A 商品一批，售价为 50 000 元，增值税税率为 17%，成本为 26 000 元。合同规定现金折扣条件为“2/10,1/20,n/30”。买方于 12 月 27 日付款。假设计算现金折扣时不考虑增值税。

要求：

(1)编制销售过程和收款过程的会计分录；

(2)如果该批产品于 20×9 年 5 月 10 日被退回(非资产负债表日后事项)，编制销售退回的会计分录。

《会计实务》模拟考试题(四)

(考试时间:90 分钟 满分:100 分)

题号	一	二	三	四	五	六	总分
得分							

一、单项选择题(本题型共 20 题,每题 1 分,共 20 分)

请将你认为正确的选项填入下表序号下面对应的空格内:

题号	1	2	3	4	5	6	7	8	9	10
答案										
题号	11	12	13	14	15	16	17	18	19	20
答案										

1. 下列项目中,能同时影响资产和负债发生变化的是(　　)。

A. 投资者投入设备　B. 支付现金股利　C. 收回应收账款　D. 支付股票股利

2. 资产按照购置资产时所付出的对价的公允价值计量,其会计计量属性是(　　)。

A. 重置价值　B. 可变现净值　C. 历史成本　D. 公允价值

3. 企业应当按照交易或者事项的经济实质进行会计确认、计量和报告,不应仅以交易或者事项的法律形式为依据,其会计信息质量要求是(　　)。

A. 重要性　B. 实质重于形式　C. 谨慎性　D. 及时性

4. 银行汇票存款属于(　　)。

A. 银行存款　B. 其他应收款　C. 其他货币资金　D. 应收票据

5. 企业现金清查中,无法查明原因的现金短款,经批准后计入(　　)。

A. 管理费用　B. 财务费用　C. 销售费用　D. 营业外支出

6. 下列不属于金融资产的是(　　)。

A. 固定资产　B. 交易性金融资产

C. 持有至到期投资　D. 可供出售金融资产

7. 甲公司于 20×7 年 1 月 10 日从证券市场上购入债券 10 万张,每张的购买价格为 102 元(含已付息但尚未领取的利息 2 元),另发生相关交易费用 2 万元。甲公司将其划分为交易性金融资产,则该交易性金融资产的入账价值为(　　)万元。

A. 1 020　B. 1 000　C. 1 002　D. 1 022

8. 20×6 年 12 月 31 日,甲公司库存材料的账面价值(成本)为 400 万元,市场购买价格为 380 万元,假设不发生其他购买费用,用库存材料生产的产品的可变现净值为 600 万元,产品的成本为 590 万元。则材料的价值为(　　)万元。

A. 380　B. 600　C. 400　D. 590

9. 同一控制下企业合并形成的长期股权投资的初始投资成本为(　　)。

A. 合并日按照取得被合并方所有者权益账面价值的份额

B. 合并日按照取得被合并方所有者权益公允价值的份额

C. 合并时按照确定的企业合并成本

D. 以上都不对

10. 某设备的原价为 80 000 元，预计使用年限为 5 年，预计净残值为 5 000 元，按年数总和法计提折旧。该设备在第 3 年应计提的折旧额为（　　）元。

A. 30 000　　B. 10 000　　C. 15 000　　D. 5 000

11. 下列固定资产中，应计提折旧的是（　　）。

A. 未提足折旧提前报废的设备　　B. 闲置的设备

C. 已提足折旧继续使用的设备　　D. 经营租入的设备

12. 企业出售无形资产发生的净损失，应计入（　　）。

A. 主营业务成本　　B. 其他业务成本　　C. 管理费用　　D. 营业外支出

13. 下列不属于货币性资产的是（　　）。

A. 应收账款　　B. 应收票据

C. 准备持有至到期投资　　D. 无形资产

14. 资产减值计提时，应借记“（　　）”。

A. 营业外支出　　B. 管理费用　　C. 资产减值损失　　D. 财务费用

15. 计提的职工福利费用应记入“（　　）”科目。

A. 应付职工薪酬　　B. 其他应付款　　C. 其他应付账款　　D. 应交税费

16. 委托加工的应税消费品（非金银首饰）收回后用于连续生产应税消费品，其由受托方代缴的消费税，应记入“（　　）”账户。

A. 委托加工物资　　B. 营业税金及附加　　C. 应交税费　　D. 管理费用

17. 下列项目中，应当作为财务费用处理的是（　　）。

A. 购货方获得的现金折扣　　B. 购货方获得的商业折扣

C. 购货方获得的销售折让　　D. 购货方放弃的现金折扣

18. 下列项目中，属于其他业务收入的是（　　）。

A. 罚款收入　　B. 出售固定资产收入

C. 出售无形资产收入　　D. 销售材料收入

19. 预付账款科目明细账中若有贷方余额，应计入资产负债表的（　　）。

A. 应收账款　　B. 预收账款　　C. 预付账款　　D. 应付账款

20. 支付给在建工程人员的工资，属于（　　）现金流量。

A. 经营活动　　B. 投资活动　　C. 筹资活动　　D. 以上都有可能

二、多项选择题（本题型共 10 题，每题 2 分，共 20 分）

本题型有两个或两个以上的答案，请将你认为正确的选项填入下表序号下面对应的空格内：

题号	1	2	3	4	5	6	7	8	9	10
答案										

1. 下列属于会计信息质量要求的是（　　）。

A. 可靠性　　B. 相关性　　C. 谨慎性　　D. 重要性

2. 下列属于会计要素计量属性的是(　　)。

A. 历史成本　　B. 重置成本　　C. 公允价值　　D. 货币计量

3. 下列属于金融资产的有(　　)。

A. 应收账款　　B. 交易性金融资产

C. 贷款　　D. 可供出售金融资产

4. 下列长期股权投资中,应采用权益法核算的是(　　)。

A. 具有控制关系　　B. 具有共同控制关系

C. 具有重大影响关系　　D. 具有共同控制、重大影响关系

5. 某企业购入的一项设备作为固定资产使用,其入账价值包括(　　)。

A. 买价　　B. 运杂费　　C. 增值税　　D. 途中保险费

6. 下列各项中,按规定应计入营业外支出的是(　　)。

A. 无形资产出售净损失　　B. 固定资产出售净损失

C. 捐赠支出　　D. 坏账损失

7. 下列属于经营活动现金流量的是(　　)。

A. 收取应收账款　　B. 出售固定资产　　C. 支付购货款　　D. 支付广告费

8. 下列属于工业企业其他业务成本核算内容的有(　　)。

A. 随同产品出售单独计价的包装物的成本

B. 出租无形资产支付的服务费

C. 投资性房地产计提的折旧或摊销

D. 出售无形资产结转的无形资产的摊余价值

9. 以下会造成本期所得税费用大于当期应交所得税的有(　　)。

A. 递延所得税负债贷方发生额

B. 递延所得税资产贷方发生额

C. 递延所得税负债借方发生额

D. 无暂时性差异,但是发生了不得税前扣除的费用

10. 关于投资性房地产的后续计量,下列说法中正确的有(　　)。

A. 采用公允价值模式计量的,不对投资性房地产计提折旧或进行摊销

B. 采用成本模式计量的,应对投资性房地产计提折旧或进行摊销

C. 已采用公允价值模式计量的投资性房地产,不得从公允价值模式转为成本模式

D. 已采用成本模式计量的投资性房地产,不得从成本模式转为公允价值模式

三、判断题(本题型共5题,每题1分,共5分)

请将你的判断结果正确的用"√"、错误的用"×"填入下表序号对应的空格内:

题号	1	2	3	4	5
判断结果					

1. 企业用盈余公积弥补亏损,会使企业的留存收益减少。

2. 企业初始确认金融资产,应当按照公允价值计量,相关交易费用应当直接计入当期

损益。

3.固定资产减值损失一经确认，在以后期间不得转回。

4.由于银行存款余额调节表主要用来核对企业与银行双方的记账有无差错，因此可以作为记账的依据。

5.利得是指企业日常活动所形成的，会导致所有者权益增加的，与所有者投入资本无关的经济利益的流入。

四、名词解释（每题3分，共6分）

1.会计假设

2.成本与可变现净值孰低法

五、简答题（每题6分，共12分）

1.简述固定资产的分类。

2.什么是无形资产？无形资产主要有哪些？

六、业务题（本题型共3题，共37分）

1.(9分)20×8年1月10日，甲公司以银行存款800万元取得乙公司30%的股权，甲公司能够对乙公司施加重大影响。取得投资时被投资单位可辨认净资产账面价值为3 110万元，其公允价值为2 800万元。产生差异的原因是一项固定资产，该固定资产于20×6年12月20日取得，入账价值为1 000万元，预计净残值率为10%，预计使用年限为10年，采用直线法计提折旧；20×8年1月10日，其公允价值为600万元，其未来使用年限和预计净残值率保持不变。20×8年乙公司实现净利润500万元。假定不考虑所得税，其他因素也不予考虑。

要求：

(1)编写20×8年1月10日取得长期股权投资的会计分录；

(2)计算20×8年度应确认的投资收益，并写出其会计分录。

2.(15分)甲公司为建造一生产线，2×07年3月10日购入设备A、设备B及安装材料，取得增值税专用发票，价款依次为100 000元、200 000元、50 000元，增值税为59 500元，款项已付。2×07年3月15日，设备A、设备B投入安装，领用安装材料80%。另外领用生产用原材料的成本为10 000元，原抵扣进项税额为1 700元，应付安装人员工资为10 000元。2×07年9月30日生产线建造完毕，达到预定使用状态并投入使用，预计使用年限为4年，预计净残值率为10%，采用年数总和法计提折旧。

要求：

(1)编写2×07年3月10日购入设备A、设备B及安装材料的会计分录；

(2)编写2×07年3月15日设备A、设备B投入安装及领用安装材料的会计分录；

(3)编写安装过程中领用生产用材料及应付安装工人工资的会计分录；

(4)计算生产线达到预定使用状态的建造成本并编写投入使用的会计分录；

(5)计算2×07年折旧额并编写计提折旧的会计分录。

3.(13分)20×7年5月1日，甲公司向乙公司销售一批商品，开出的增值税专用发票上注明的销售价款为100万元，增值税税额为17万元。该批商品的成本为80万元；商品已经发出，款项已经收到。协议约定，甲公司应于9月30日将所售商品购回，回购价为110万元(不含增值税)。

要求：

(1)写出20×7年5月1日，甲公司向乙公司销售一批商品的会计分录；

(2)写出20×7年5月摊销回购差价的会计分录；

(3)写出甲公司20×7年9月30日将所售商品购回的会计分录。

《会计实务》模拟考试题(五)

(考试时间:90 分钟 满分:100 分)

题号	一	二	三	四	五	六	总分
得分							

一、单项选择题(本题型共 20 题,每题 1 分,共 20 分)

请将你认为正确的选项填入下表序号下面对应的空格内:

题号	1	2	3	4	5	6	7	8	9	10
答案										
题号	11	12	13	14	15	16	17	18	19	20
答案										

1. 依据企业会计准则的规定,下列有关收入和利得的表述中,正确的是( )。

A. 收入会影响利润,利得也一定会影响利润

B. 收入源于日常活动,利得源于非日常活动

C. 收入会导致经济利益的流入,利得不一定会导致经济利益的流入

D. 收入会导致所有者权益的增加,利得不一定会导致所有者权益的增加

2. 企业库存现金的限额一般按照( )方法确定。

A. 满足单位 3～5 天日常零星开支　　B. 满足单位 7 天日常零星开支

C. 满足单位 15 天日常零星开支　　D. 每天库存余额不超过 1 000 元

3. 东方公司采用成本与可变现净值孰低法计量期末存货,按单项存货计提存货跌价准备。2×11 年 12 月 31 日,东方公司库存 A 材料的成本为 35 万元,该批材料专门用于加工生产甲产品,预计加工完成该产品尚需发生加工费用 11 万元,预计甲产品不含增值税的销售价格为 50 万元,销售费用为 6 万元。假定该库存材料未计提存货跌价准备,不考虑其他因素。2×11年 12 月 31 日,东方公司库存 A 材料应计提的存货跌价准备为( )万元。

A. 15　　B. 9　　C. 4　　D. 2

4. 企业以一笔款项购入多项没有单独标价的固定资产,各项固定资产的成本应当按( )。

A. 各项固定资产的公允价值确定

B. 各项同类固定资产的历史成本确定

C. 各项同类固定资产的历史成本比例对总成本进行分配后确定

D. 各项固定资产的公允价值比例对总成本进行分配后确定

5. 下列项目中,属于投资性房地产的是( )。

A. 自用的房地产

B. 房地产开发企业在正常经营活动中销售的或为销售而正在开发的商品房和土地

C. 已出租的建筑物

D. 出租给本企业职工居住的宿舍

6. 下列各项中，影响企业当期损益的有(　　)。

A. 采用公允价值模式计量的投资性房地产，资产负债表日的公允价值变动

B. 可供出售金融资产期末公允价值低于账面价值

C. 可供出售金融资产期末公允价值高于账面价值

D. 将自用的土地使用权转换为采用公允价值模式计量的投资性房地产，转换日公允价值高于账面价值

7. 20×7 年 1 月，甲公司取得 B 公司 5%的股权，采用成本法核算。B 公司于 20×7 年 3 月宣告派发 20×6 年度现金股利，甲公司对该现金股利的会计处理是(　　)。

A. 确认资本公积　　B. 冲减财务费用　　C. 确认投资收益　　D. 冲减投资成本

8. 预付账款不多的企业，可以不设"预付账款"科目，而将预付的款项记入(　　)。

A. "应收账款"科目的借方　　B. "应收账款"科目的贷方

C. "应付账款"科目的借方　　D. "应付账款"科目的贷方

9. 2×10 年 1 月 2 日，甲公司以货币资金 2 000 万元取得乙公司 30%的股权，投资时乙公司各项可辨认资产、负债的公允价值与其账面价值相同，可辨认净资产公允价值及账面价值的总额均为 7 000 万元。甲公司取得投资后即派人参与乙公司的生产经营决策，但无法对乙公司实施控制。乙公司 2×10 年实现净利润 500 万元。假定不考虑所得税因素，该项投资对甲公司 2×10 年度损益的影响金额为(　　)万元。

A. 50　　B. 100　　C. 150　　D. 250

10. 长期股权投资发生下列事项时，不能确认当期损益的是(　　)。

A. 权益法核算下，被投资单位实现净利润时投资方确认应享有的份额

B. 成本法核算下，被投资单位分配的现金股利中属于投资企业分得的部分

C. 收到分派的股票股利

D. 处置长期股权投资时，处置收入大于长期股权投资账面价值的差额

11. 存货采用先进先出法计价的情况下，如果物价上涨，将会使企业(　　)。

A. 期末存货升高，当期利润减少　　B. 期末存货升高，当期利润增加

C. 期末存货降低，当期利润增加　　D. 期末存货降低，当期利润减少

12. 某企业 20×5 年 12 月 26 日购入一项固定资产。该固定资产原价为 500 万元，预计使用年限为 5 年，预计净残值为 5 万元，按双倍余额递减法计提折旧。该固定资产 20×6 年应计提的折旧额是(　　)万元。

A. 100　　B. 120　　C. 91　　D. 200

13. 企业缴纳的下列税金中，不需要通过"应交税金"科目核算的是(　　)。

A. 所得税　　B. 印花税　　C. 增值税　　D. 消费税

14. 收入和支出的核算原则上应采用(　　)。

A. 实地盘点制　　B. 永续盘存制　　C. 收付实现制　　D. 权责发生制

15. 对于在合同中规定了买方有权退货条款的销售，如无法合理确定退货的可能性，则符合商品销售收入确认条件的时点是(　　)。

A. 发出商品时　　B. 收到货款时

C. 签订合同时　　D. 买方正式接受商品或退货期满时

16. 甲股份有限公司于2×10年1月1日发行3年期，每年1月1日付息、到期一次还本的公司债券，债券面值为400万元，票面年利率为5%，实际利率为6%，发行价格为384.65万元。按实际利率法确认利息费用。该债券2×11年度确认的利息费用为(　　)万元。

A. 23.08　　B. 22　　C. 20　　D. 23.26

17. 企业接受的现金捐赠，应计入(　　)。

A. 营业外收入　　B. 盈余公积　　C. 资本公积　　D. 未分配利润

18. 根据准则规定，下列各项中，不属于或有事项的是(　　)。

A. 未决诉讼或未决仲裁　　B. 重组义务

C. 未来经营亏损　　D. 环境污染治理

19. 甲公司于2×11年11月接受一项产品安装任务，采用完工百分比法确认劳务收入，预计安装期为16个月，合同总收入为100万元，合同预计总成本为80万元。至2×12年底已预收款项80万元，余款在安装完成时收回，至2×12年12月31日实际累计发生成本为60万元，预计还将发生成本20万元。2×11年度已确认收入25万元。则甲公司2×12年度应确认收入(　　)万元。

A. 75　　B. 80　　C. 60　　D. 50

20. 下列不属于从税后利润中分配的项目是(　　)。

A. 资本公积　　B. 法定盈余公积　　C. 任意盈余公积　　D. 现金股利

二、多项选择题(本题型共10题，每题2分，共20分)

本题型有两个或两个以上的答案，请将你认为正确的选项填入下表序号下面对应的空格内：

题号	1	2	3	4	5	6	7	8	9	10
答案										

1. 下列各项中通过“其他货币资金”科目核算的是(　　)。

A. 信用证存款　　B. 银行汇票存款　　C. 备用金　　D. 银行本票存款

2. 商业汇票按照承兑人的不同分为(　　)两种。

A. 商业承兑汇票　　B. 银行承兑汇票　　C. 银行汇票　　D. 支票

3. 下列各项中，在购入交易性金融资产时不应计入其入账价值的有(　　)。

A. 买入价　　B. 支付的手续费

C. 支付的印花税　　D. 已到付息期但尚未领取的利息

4. 下列各项费用中，不应计入产品生产成本的有(　　)。

A. 销售费用　　B. 管理费用　　C. 财务费用　　D. 制造费用

5. 企业结转固定资产清理净损益时，可能涉及的会计科目有(　　)。

A. 其他业务收入　　B. 营业外收入　　C. 营业外支出　　D. 其他业务成本

6. 下列金融资产中，应按摊余成本进行后续计量的有(　　)。

A. 交易性金融资产　　B. 持有至到期投资

C. 贷款和应收款项　　D. 可供出售金融资产

7. 借款费用开始资本化必须同时满足的条件包括(　　)。

A. 资产支出已经发生　　B. 借款费用已经发生

C. 为使资产达到预定可使用或者可销售状态所必要的购建或者生产活动已经开始

D. 工程项目人员工资支出

8. 下列各项中，影响企业营业利润的有（　　）。

A. 管理费用　　B. 财务费用　　C. 所得税费用　　D. 主营业务成本

9. 资产负债表中，"应收账款"项目应根据（　　）填列。

A. 应收账款明细账户借方余额　　B. 应收账款明细账户贷方余额

C. 预收账款明细账户借方余额　　D. 预收账款明细账户贷方余额

10. 下列各项中影响营业利润的有（　　）。

A. 资产减值损失　　B. 投资收益　　C. 公允价值变动损益　　D. 营业外收入

三、判断题（本题型共5题，每题1分，共5分）

请将你的判断结果正确的用"√"、错误的用"×"填入下表序号对应的空格内：

题号	1	2	3	4	5
判断结果					

1. 用于出租或增值目的的土地使用权应确认为无形资产。

2. 其他单位投资能够控制被投资单位的，对该项投资应采用成本法核算。

3. 企业在确认商品销售收入后发生的销售折让，应在实际发生时冲减收入，不调整成本。

4. 企业采用预收款销售方式销售商品时，其收入的确认时间为收到货款时。

5. 用法定盈余公积转增资本或弥补亏损时，均不导致所有者权益总额的变化。

四、名词解释（每题3分，共6分）

1. 长期股权投资权益法

2. 资本公积

五、简答题（每题6分，共12分）

1. 简述销售商品收入的确认条件。

2. 什么是财务报告？主要的财务报告有哪些？

六、业务题(本题型共3题,共37分)

1.(13分)某企业为建造一幢厂房,20×7年1月1日借入期限为两年的长期专门借款1 000 000元,款项已存入银行。借款利率为9%,每年付息一次,期满后一次还清本金。20×7年初,以银行存款支付工程价款共计600 000元,20×8年初又以银行存款支付工程费用400 000元。该厂房于20×8年8月底完工,达到预定可使用状态。假定不考虑闲置专门借款资金存款的利息收入或者投资收益。

要求:

(1)编写20×7年1月1日取得借款的会计分录;

(2)编写20×7年12月31日计算并支付利息的会计分录;

(3)编写20×8年8月底完工的会计分录;

(4)编写20×8年12月31日计算并支付利息的会计分录;

(5)编写20×9年1月1日偿还借款的会计分录。

2.(11分)20×1年5月6日,甲公司支付价款10 160 000元(含交易费用10 000元和已宣告但尚未发放的现金股利150 000元),购入乙公司发行的股票2 000 000股,占乙公司有表决权股份的0.5%。甲公司将其划分为可供出售金融资产。其他资料如下:

(1)20×1年5月10日,甲公司收到乙公司发放的现金股利150 000元。

(2)20×1年6月30日,该股票的市价为每股5.2元。

(3)20×1年12月31日,甲公司仍持有该股票;当日,该股票的市价为每股5元。

(4)20×2年5月9日,乙公司宣告发放股利40 000 000元。

(5)20×2年5月13日,甲公司收到乙公司发放的现金股利。

(6)20×2年5月20日,甲公司以每股4.9元的价格将该股票全部转让。

要求:编写以上业务的会计分录。

3.(13分)甲公司于20×7年1月1日动工兴建一幢办公楼,工期为1年,工程采用出包方式建设,分别于20×7年1月1日、7月1日和10月1日支付工程进度款3 000万元、6 000万元和2 000万元。办公楼于20×7年12月31日完工,达到预定可使用状态。

公司为建造办公楼发生两笔专门借款,分别为:

(1)20×7年1月1日专门借款4 000万元,借期3年,年利率8%,利息按年支付,到期还本;

(2)20×7年7月1日专门借款4 000万元,借期5年,年利率10%,利息按年支付,到期还本。

闲置专门借款资金均用于固定收益债券短期投资,假定该短期投资的月收益率为0.5%,已收到并存入银行。

公司为建造办公楼的支出总额为11 000万元。假定一般借款有两笔:

(1)20×6年1月1日向A银行借款4 000万元,借期3年,年利率6%,利息按年支付,到期还本;

(2)20×6年1月1日发行公司债券专门借款12 000万元,期限5年,年利率8%,利息按年支付,到期还本。

要求:计算借款费用应予资本化金额,并写出会计分录。

附录二　初级会计师(助理会计师)考试题

2013 年初级会计职称资格考试

《初级会计实务》试题

一、单项选择题

(本类题共 24 小题,每小题 1.5 分,共 36 分。每小题备选答案中,只有一个符合要求,用 2B 铅笔填涂答题卡中信息点。多选、错选、不选均不得分。)

1. 下列各项中,应列入利润表“营业收入”项目的是(　　)。

A. 销售材料取得的收入　　B. 接受捐赠收到的现金

C. 出售专利权取得的净收益　　D. 出售自用房产取得的净收益

2. 下列各项中,不属于辅助生产费用分配方法的是(　　)。

A. 售价法　　B. 交互分配法　　C. 直接分配法　　D. 计划成本分配法

3. 2012 年 1 月 1 日,甲公司购入乙公司当月发行的面值总额为 1 000 万元的债券,期限为 5 年,到期一次还本付息。票面利率为 8%,支付价款 1 080 万元,另支付相关税费 10 万元,甲公司将其划分为持有至到期投资。甲公司应确认“持有至到期投资——利息调整”的金额为(　　)万元。

A. 70　　B. 80　　C. 90　　D. 110

4. 权益法下核算的长期股权投资,会导致投资企业投资收益发生增减变动的是(　　)。

A. 被投资单位实现净利润　　B. 被投资单位提取盈余公积

C. 收到被投资单位分配现金股利　　D. 收到被投资单位分配股票股利

5. 下列各项中,应计入长期待摊费用的是(　　)。

A. 生产车间固定资产日常修理　　B. 生产车间固定资产更新改造支出

C. 经营租赁方式租入固定资产改良支出　　D. 融资租赁方式租入固定资产改良支出

6. 不会导致固定资产账面价值发生增减的是(　　)。

A. 盘盈固定资产　　B. 经营性租入设备

C. 以固定资产对外投资　　D. 计提减值准备

7. 不影响可比产品降低额的因素是(　　)。

A. 产品产量变动　　B. 计划单位成本变动

C. 实际单位成本变动　　D. 累计实际总成本变动

8. 事业单位资产包括(　　)。

A. 财政补助结余　　B. 非财政补助结余

C. 应缴财政专户款　　D. 财政应返还额度

9. 2012 年 9 月 1 日,某企业向银行借入一笔期限 2 个月,到期一次还本付息的生产经营周转借款 200 000 元，年利率为 6%。借款利息不采用预提方式，于实际支付时确认。11 月 1 日，企业以银行存款偿还借款本息的会计处理正确的是（ ）。

A. 借：短期借款 200 000
　　应付利息 2 000
　贷：银行存款 202 000

B. 借：短期借款 200 000
　　应付利息 1 000
　　财务费用 1 000
　贷：银行存款 202 000

C. 借：短期借款 200 000
　　财务费用 2 000
　贷：银行存款 202 000

D. 借：短期借款 202 000
　贷：银行存款 202 000

10. 某企业采用托收承付结算方式销售一批商品，增值税专用发票上注明的价款为 1 000万元，增值税税额为 170 万元，销售商品为客户代垫运输费 5 万元，全部款项已办妥托收手续。该企业应确认的应收账款为（ ）万元。

A. 1 000　　B. 1 005　　C. 1 170　　D. 1 175

11. 2012 年 12 月初，某企业“坏账准备”科目贷方余额为 6 万元。12 月 31 日“应收账款”科目借方余额为 100 万元，经减值测试，该企业应收账款预计未来现金流量现值为 95 万元。该企业 2012 年末应计提的坏账准备金额为（ ）万元。

A. −1　　B. 1　　C. 5　　D. 11

12. 某股份有限公司首次公开发行普通股 6 000 万股，每股价值为 1 元，每股发行价格为 3 元，发生手续费、佣金等为 500 万元，该项业务应计入资本公积的金额为（ ）万元。

A. 11 500　　B. 12 000　　C. 12 500　　D. 17 500

13. 2012 年 6 月，某企业发生以下交易或事项：支付诉讼费用 10 万元，固定资产处置净损失 8 万元，对外公益性捐赠支出 5 万元，支付税收滞纳金 1 万元。该企业 2012 年 5 月利润表“营业外支出”项目的本期金额为（ ）万元。

A. 14　　B. 16　　C. 19　　D. 24

14. 下列各项中，关于资产负债表“预收账款”项目填列方法表述正确的是（ ）。

A. 根据“预收账款”科目的期末余额填列

B. 根据“预收账款”和“应收账款”科目所属各明细科目的期末贷方余额合计数填列

C. 根据“预收账款”和“预付账款”科目所属各明细科目的期末借方余额合计数填列

D. 根据“预收账款”和“应付账款”科目所属各明细科目的期末贷方余额合计数填列

15. 下列各项中，不应列入利润表“营业成本”项目的是（ ）。

A. 已销商品的实际成本　　B. 在建工程领用产品的成本

C. 对外提供劳务结转的成本　　D. 投资性房地产计提的折旧额

16. 某企业生产 A、B 两种产品的外购动力消耗定额分别为 4 工时和 6.5 工时。6 月份生产 A 产品 500 件、B 产品 400 件，共支付动力费 11 040 元。该企业按定额消耗量比例分配动力费，当月 A 产品应分配的动力费为（　　）元。

A. 3 840　　B. 4 800　　C. 61 343　　D. 6 240

17. 事业单位非财政补助专项资金结转后，按规定留归本单位使用的剩余资金应转入的科目是（　　）。

A. 事业结余　　B. 事业基金

C. 非财政补助结余　　D. 非财政补助结余分配

18. 下列关于企业计提固定资产折旧会计处理的表述中，不正确的是（　　）。

A. 对管理部门使用的固定资产计提的折旧应计入管理费用

B. 对财务部门使用的固定资产计提的折旧应计入财务费用

C. 对生产车间使用的固定资产计提的折旧应计入制造费用

D. 对专设销售机构使用的固定资产计提的折旧应计入销售费用

19. 某企业为增值税一般纳税人，增值税税率为 17%。本月销售一批材料，价值 6 084 元。该批材料的计划成本为 4 200 元，材料成本差异率为 2%，该企业销售材料应确认的损益为（　　）元。

A. 916　　B. 1 084　　C. 1 884　　D. 1 968

20. 下列各项中不会引起其他货币资金发生变动的是（　　）。

A. 企业销售商品收到商业汇票

B. 企业用银行本票购买办公用品

C. 企业将款项汇往外地开立采购专业账户

D. 企业为购买基金将资金存入在证券公司指定银行开立的账户

21. 下列各项中，关于资产减值的表述不正确的是（　　）。

A. 长期股权投资减值损失一经确认，在以后会计期间不得转回

B. 投资性房地产减值损失一经确认，在以后会计期间不得转回

C. 可供出售金融资产减值损失一经确认，在以后会计期间不得转回

D. 持有至到期投资已确认减值损失在以后又得以恢复的，可以在原计提的减值准备金额内转回

22. 2012 年 11 月 1 日，甲公司购入乙公司股票 50 万股作为交易性金融资产，支付价款 400 万元，其中包含已宣告但尚未发放的现金股利 20 万元。另支付相关交易税费 8 万元。该交易性金融资产的入账金额为（　　）万元。

A. 380　　B. 388　　C. 400　　D. 408

23. 某企业 2012 年度税前会计利润为 2 000 万元，其中本年国债利息收入 120 万元，税收滞纳金 20 万元，企业所得税税率为 25%，假定不考虑其他因素，该企业 2012 年度所得税费用为（　　）万元。

A. 465　　B. 470　　C. 475　　D. 500

24. 某商场库存商品采用售价金额核算法进行核算。2012 年 5 月初，库存商品的进价成本为 34 万元，售价总额为 45 万元。当月购进商品的进价成本为 126 万元，售价总额为 155 万元。当月销售收入为 130 万元。月末结存商品的实际成本为（　　）万元。

A. 30　　B. 56　　C. 104　　D. 130

二、多项选择题

（本题型共12题，每小题2分，共24分。每小题备选答案中，至少有两个符合题意的正确答案。多选、错选、不选均不得分。）

1. 下列各项中，应计入营业外收入的有（　　）。

A. 债务重组利得　　B. 接受捐赠利得

C. 固定资产盘盈利得　　D. 非货币性资产交换利得

2. 下列各项中，关于可供出售金融资产会计处理表述正确的有（　　）。

A. 可供出售金融资产处置的净收益应计入损益收益

B. 可供出售金融资产持有期间取得的现金股利应冲减投资成本

C. 可供出售金融资产取得时发生的交易费用应计入初始投资成本

D. 可供出售金融资产持有期间的公允价值变动应计入所有者权益

3. 下列各项中，关于长期借款利息费用的会计处理表述正确的有（　　）。

A. 筹建期间不符合资本化条件的借款利息费用计入管理费用

B. 生产经营期间不符合资本化条件的借款利息费用计入财务费用

C. 为购建固定资产发生的符合资本化条件的借款利息费用计入在建工程

D. 为购建厂房发生的借款利息费用在所建厂房达到预定可使用状态后的部分计入管理费用

4. 下列各项中，关于采用支付手续费方式委托代销商品的会计处理表述正确的有（　　）。

A. 委托方通常在收到受托方开出的代销清单时确认销售商品收入

B. 委托方发出商品时应按约定的售价记入“委托代销商品”科目

C. 受托方应在代销商品销售后按照双方约定的手续费确认劳务收入

D. 受托方一般应按其与委托方约定的售价总额确认受托代销商品款

5. 下列各项中，关于管理费用的会计处理表述正确的有（　　）。

A. 无法查明原因的现金短缺应计入管理费用

B. 转销确实无法支付的应付账款应冲减管理费用

C. 行政管理部门负担的工会经费应计入管理费用

D. 企业在筹建期间发生的开办费应计入管理费用

6. 下列各项中，关于政府补助表述正确的是（　　）。

A. 企业取得与资产相关的政府补助应确认为递延收益

B. 企业取得与收益相关的政府补助应计入当期收益或递延收益

C. 企业取得与资产相关的政府补助应一次性全额计入营业外收入

D. 政府补助包括与资产相关的政府补助和与收益相关的政府补助

7. 下列选项中，不会引起利润表营业利润项目发生增减变动的有（　　）。

A. 采用权益法核算长期股权投资时被投资企业宣告分派的现金股利

B. 采用成本法核算长期股权投资时收到被投资企业分派的股票股利

C. 采用成本模式计量的投资性房地产期末可收回金额低于其账面价格的差额

D. 采用公允价值模式计量的投资性房地产期末可收回金额低于其账面价值的差额

8. 下列各项中,不属于"经营活动产生的现金流量"的有(　　)。

A. 支付的借款利息　　B. 销售商品收到的现金

C. 代扣代缴的职工个人所得税　　D. 支付行政人员的差旅费

9. 下列各项中,属于所有者权益变动表单独列示的项目有(　)。

A. 提取盈余公积　　B. 其他综合收益

C. 当年实现的净利润　　D. 资本公积转增资本

10. 下列各项中,属于将工业企业生产费用在完工与在产品之间进行分配的方法有(　　)。

A. 顺序分配法　　B. 约当产量比例法

C. 在产品按定额成本计价法　　D. 在产品按固定成本计算法

11. 下列各项中,关于产品成本计算方法表述正确的有(　)。

A. 平行结转分步法不计算各步骤所产半成品的成本

B. 逐步结转分步法需要计算各步骤完工产品成本和在产品成本

C. 各种方法下,月末存在在产品的,应将生产费用在完工产品和在产品之间进行分配

D. 分批法下,批内产品同时完工的,月末不需将生产费用在完工产品与在产品之间分配

12. 下列各项中,会引起事业单位非流动资产基金发生增减变动的有(　　)。

A. 转让专利权　　B. 处置长期投资

C. 固定资产计提折旧　　D. 购入3个月到期的国债

三、判断题

(本类题共10小题,每小题1分,共10分。请判断每小题的表述是否正确,并按答题卡要求用2B铅笔填涂答题卡中题号40至49信息点。认为表述正确的,填涂答题卡中信息点[√];认为错误的,填涂答题卡中信息点[×]。每小题答题正确的得1分,答题错误的扣0.5分,不答题的不得分也不扣分,本类题最低得分为零分。)

1. 企业租入包装物支付的押金应计入其他业务成本。(　　)

2. 已达到预定可使用状态但尚未办理竣工决算的固定资产不应计提折旧。(　　)

3. 已采用公允价值模式计量的投资性房地产,不得从公允价值模式再转为成本模式。(　　)

4. 购买商品支付货款取得的现金折扣列入利润表"财务费用"项目。(　　)

5. 应付商业承兑汇票到期,企业无力支付票款的,应将应付票据按账面余额转入应付账款。(　　)

6. 资产负债表日,提供劳务结果不能可靠估计,且已经发生的劳务成本预计部分能够得到补偿的,应按能够得到部分补偿的劳务成本金额确认劳务收入,并结转已经发生的劳务成本。(　　)

7. 企业取得的拟在近期出售的股票投资视为现金等价物。(　　)

8. 不单独核算废品损失的企业,相应的费用直接反映在"制造费用"和"营业外支出"科目中。(　　)

9. 同一企业的不同车间由于其生产特点和管理要求不同,可分别采用不同的成本计算

方式。 （ ）

10. 事业单位的事业收入是指事业单位开展专业业务活动及其辅助活动取得的收入。 （ ）

四、不定项选择题

（本题型共 30 分。在每个小题的备选答案中，有一项或多项备选答案是符合题意的正确答案，全部选对得满分，少选得相应分值，多选、错选、不选均不得分。）

（一）甲企业为增值税一般纳税人，适用的增值税税率为 17%，原材料按实际成本核算，2012 年 12 月初，A 材料账面余额为 90 000 元。该企业 12 月份发生的有关经济业务如下：

（1）5 月，购入 A 材料 1 000 千克，增值税专用发票上注明的价款为 300 000 元，增值税税额为 51 000 元，购入该种材料发生保险费 1 000 元，发生运输费 4 000 元（已取得运输专用发票），运输过程中发生合理损耗 10 千克，材料已验收入库，款项均已通过银行付清，运输费用的增值税扣除率为 7%。（注：此题采用 2013 年前运输费用增值税抵扣规定。）

（2）15 日，委托外单位加工 B 材料（属于应税消费品），发出 B 材料的成本为 70 000 元，支付加工费 20 000 元，取得的增值税专用发票上注明的增值税税额为 3 400 元，由受托方代收代缴的消费税为 10 000 元，材料加工完毕并验收入库，款项均已支付，材料收回后用于继续生产应税消费品。

（3）20 日，领用 A 材料 60 000 元，用于企业专设销售机构办公楼的日常维修，购入 A 材料支付的相关增值税税额为 10 200 元。

（4）31 日，生产领用 A 材料一批，该批材料的成本为 15 000 元。

1. 根据资料（1），下列各项中，应计入外购原材料实际成本的是（ ）。

A. 运输过程中的合理损耗　　B. 采购过程中发生的保险费

C. 增值税专用发票上注明的价款　　D. 增值税发票上注明的增值税税额

2. 根据资料（1），下列各项中，关于甲企业采购 A 材料的会计处理，结果正确的是（ ）。

A. 记入“原材料”科目的金额为 305 000 元

B. 记入“原材料”科目的金额为 304 720 元

C. 记入“应交税费——应交增值税（进）”科目的金额为 51 000 元

D. 记入“应交税费——应交增值税（进）”科目的金额为 51 280 元

3. 根据资料（2），关于甲企业委托加工业务的会计处理，正确的是（ ）。

A. 收回委托加工物资的成本为 90 000 元

B. 收回委托加工物资的成本为 100 000 元

C. 受托方代收代缴的消费税 10 000 元应计入委托加工物资成本

D. 受托方代收代缴的消费税 10 000 元应记入“应交税费”科目的借方

4. 根据资料（3），下列各项中，甲企业专设销售机构办公楼日常维修领用 A 材料的会计处理，正确的是（ ）。

A. 借：销售费用　　60 000

　　贷：原材料　　60 000

B. 借：在建工程　　70 200

贷:原材料 60 000

应交税费——应交增值税(进项税额转出) 10 200

C. 借:销售费用 70 200

贷:原材料 60 000

应交税费——应交增值税(进项税额转出) 10 200

D. 借:在建工程 60 000

贷:原材料 60 000

5. 根据期初材料(1)～(4),甲企业31日A材料结存成本为(　　)元。

A. 304 800　　B. 31 500　　C. 319 720　　D. 320 000

(二)甲企业为增值税一般纳税人,2010—2012年度发生的与无形资产有关的业务如下:

(1)2010年1月10日,甲企业开始自行研发一项行政管理用非专利技术,截至2010年5月31日,用银行存款支付外单位协作费74万元,领用本单位原材料成本26万元(不考虑增值税因素),经测试,该项研发活动已完成研究阶段。

(2)2010年6月1日,研发活动进入开发阶段,该阶段发生研究人员的薪酬支出35万元,领用材料成本85万元(不考虑增值税因素),全部符合资本化条件。2010年12月1日,该项研发活动结束,最终开发形成一项非专利技术投入使用,该非专利技术预计可使用年限为5年,预计净残值为零,采用直线法摊销。

(3)2011年1月1日,甲企业将该非专利技术出租给乙企业,双方约定租赁期限为2年,每月末以银行转账结算方式收取租金1.5万元。

(4)2012年12月31日,租赁期限届满,经减值测试,该非专利技术的可回收金额为52万元。

要求:根据上述资料,不考虑其他因素,分析回答下列小题:

(答案中的金额单位用万元表示)

1. 根据资料(1)和(2),甲企业自行研究开发无形资产的入账价值是(　　)万元。

A. 100　　B. 120　　C. 146　　D. 220

2. 根据资料(1)～(3),下列各项中,关于甲企业该非专利技术摊销的会计处理表述正确的是(　　)。

A. 应当自可供使用的下月起开始摊销

B. 应当自可供使用的当月起开始摊销

C. 该非专利技术出租前的摊销额应计入管理费用

D. 摊销方法应当反映与该非专利技术有关的经济利益的预期实现方式

3. 根据资料(3),下列各项中,甲企业2011年1月出租无形资产和收取租金的会计处理正确的是(　　)。

A. 借:其他业务成本 2
　　贷:累计摊销 2

B. 借:管理费用 2
　　贷:累计摊销 2

C. 借:银行存款 1.5
　　贷:其他业务收入 1.5

D. 借:银行存款 1.5
　　贷:营业外收入 1.5

4. 根据资料(4),甲企业非专利技术的减值金额是(　　)万元。

A. 0　　　　B. 18　　　　C. 20　　　　D. 35.6

5. 根据资料(1)～(4)，甲企业2012年12月31日应列入资产负债表“无形资产”项目的金额是(　　)万元。

A. 52　　　　B. 70　　　　C. 72　　　　D. 88

(三)某棉纺企业为增值税一般纳税人，使用的增值税税率为17%。2012年3月1日，“应付职工薪酬”科目贷方余额为516 000元(全部为工资)。该企业2012年3月份发生的有关职工薪酬业务如下：

(1)1日，企业租入房屋4套供管理人员免费使用，月租金共计12 000元，每月末支付租金，企业于当月31日以银行存款支付本月租金12 000元。

(2)5日，从月初应付职工薪酬中扣除企业代扣的由职工承担的个人所得税8 900元(尚未缴纳)、为职工代垫的家庭医药费5 000元，通过银行转账实际发放工资502 100元。

(3)24日，企业以其生产的毛巾被作为福利发放给直接从事生产活动的职工，该批毛巾被的市场售价总额为45 000元(不含价格)，成本总额为30 000元。

(4)31日，本月各部门工资计算结果如下表：

2012年3月份部门工资计算简表　　单位:元

部门	车间生产部门	车间管理部门	行政管理部门	销售部门	施工部门	合计
金额	258 000	29 700	63 400	74 100	59 800	485 000

假定该企业社会保险费的计提比例为工资总额的20%，住房公积金的计提比例为工资总额的15%。

要求：

根据上述资料，不考虑其他因素，分析回答下列小题。(答案中的金额单位用元表示)

1. 根据资料(1)，下列各项中，该企业会计处理正确的是(　　)。

A. 借:管理费用　　12 000
　　贷:银行存款　　12 000

B. 借:管理费用　　12 000
　　贷:应付职工薪酬——非货币性福利　　12 000

C. 借:应付职工薪酬——非货币性福利　　12 000
　　贷:银行存款　　12 000

D. 借:应付职工薪酬——非货币性福利　　12 000
　　贷:管理费用　　12 000

2. 根据资料(3)，下列各项中，该企业会计处理结果正确的是(　　)。

A. 库存商品减少45 000元　　B. 生产成本增加52 650元

C. 制造费用增加37 650元　　D. 主营业务成本增加30 000元

3. 根据资料(2)～(4)，下列项目中，应通过“应付职工薪酬”科目核算的是(　　)。

A. 企业为职工缴纳的社会保险费

B. 企业为职工家属代垫的医药费

C. 企业为职工缴纳的住房公积金

D. 企业将自产毛巾被作为福利发放给职工

4. 根据资料(4)，下列各项中，该企业分配职工薪酬的会计处理，结果正确的是(　　)。

A. 制造费用增加 40 095 元　　B. 管理费用增加 85 590 元

C. 销售费用增加 100 035 元　　D. 管理费用增加 125 685 元

5. 根据资料(4)，该企业 3 月份分配职工薪酬直接影响利润表“营业利润”项目的金额是(　　)元。

A. 125 685　　B. 140 130　　C. 185 625　　D. 225 720

2014年初级会计职称资格考试

《初级会计实务》试题(其中一套)

一、单项选择题

(本类题共24小题,每小题1.5分,共36分。每小题备选答案中,只有一个符合题意的正确答案,多选、错选、不选均不得分。请使用计算机鼠标在计算机答题界面上点击试题备选项前的按钮"○"作答)

1. 下列各项中,不属于政府补助的是( )。

A. 企业因购买环保设备取得的财政补助拨款

B. 企业享受的地方财政贴息补助

C. 小微企业获得的财政扶持资金

D. 企业收到的政府作为所有者的资本投入

2. 下列各项中,应根据相应总账科目的余额直接在资产负债表中填列的是( )。

A. 短期借款 B. 固定资产 C. 长期借款 D. 应收账款

3. 下列各项中,不应计入企业管理费用的是( )。

A. 计提的生产车间职工养老保险费 B. 发生的内部控制建设咨询费用

C. 应向董事会成员支付的津贴 D. 发生的会计师事务所审计费

4. 下列各项中,事业单位按规定对无形资产进行摊销的会计处理正确的是( )。

A. 借记"事业支出"科目,贷记"无形资产"科目

B. 借记"非流动资产基金——无形资产"科目,贷记"累计摊销"科目

C. 借记"非流动资产基金——无形资产"科目,贷记"无形资产"科目

D. 借记"事业支出"科目,贷记"累计摊销"科目

5. 下列各项中,事业单位经批准对现金短缺的会计处理正确的是( )。

A. 借记"事业支出"科目,贷记"库存现金"科目

B. 借记"其他支出"科目,贷记"库存现金"科目

C. 借记"经营支出"科目,贷记"库存现金"科目

D. 借记"事业收入"科目,贷记"库存现金"科目

6. 下列各项中,影响利润表中"营业利润"项目的是( )。

A. 盘亏固定资产净损失 B. 计提固定资产减值准备

C. 发生的所得税费用 D. 转让无形资产的净收益

7. 2013年3月20日,甲公司从深交所购买乙公司股票100万股,将其划分为交易性金融资产,购买价格为每股8元,另支付相关交易费用25 000元。6月30日,该股票的公允价值为每股10元,当日该交易性金融资产的账面价值应确认为( )万元。

A. 802.5 B. 800 C. 1 000 D. 1 000.5

8. 下列各项资产中,已计提减值准备后其价值又得以恢复,可以在原计提减值准备金额内予以转回的是( )。

A. 长期股权投资 B. 无形资产

C. 持有至到期投资　　　　　　　　　　　D. 采用成本模式计量的投资性房地产

9. 2013 年初某公司“盈余公积”余额为 120 万元，当年实现利润总额 900 万元，所得税费用为 300 万元，按净利润的 10% 提取法定盈余公积，经股东大会批准将盈余公积 50 万元转增资本。2013 年 12 月 31 日，该公司资产负债表中“盈余公积”项目年末余额为(　　)万元。

A. 180　　　　B. 120　　　　C. 70　　　　D. 130

10. 下列各项中，不应列入利润表中“财务费用”项目的是(　　)。

A. 计提的短期借款利息　　　　　　　　B. 筹建期间发生的长期借款利息

C. 销售商品发生的现金折扣　　　　　　D. 经营活动中支付银行借款的手续费

11. 某企业只生产一种产品，采用约当产量比例法将生产费用在完工产品与在产品之间进行分配，材料在产品投产时一次投入，月初在产品直接材料成本为 10 万元，当月生产耗用材料的成本为 50 万元，当月完工产品为 30 件，月末在产品为 30 件，完工程度为 60%。本月完工产品成本中直接材料成本为(　　)万元。

A. 30　　　　B. 22.5　　　　C. 37.5　　　　D. 25

12. 2012 年 7 月 1 日，某公司按面值发行 5 年期、到期一次还本付息的公司债券，该债券的面值为 10 万元，票面年利率为 4%(不计复利)，假定不考虑相关税费，2013 年 12 月 31 日该应付债券的账面价值为(　　)万元。

A. 10.4　　　　B. 10.2　　　　C. 10.6　　　　D. 10

13. 下列各项中，关于企业无形资产表述不正确的是(　　)。

A. 使用寿命不确定的无形资产不应摊销

B. 研究阶段和开发阶段的支出应全部计入无形资产成本

C. 无形资产应当按照成本进行初始计量

D. 出租无形资产的摊销额应计入其他业务成本

14. 下列各项中，应列入资产负债表“资本公积”项目的是(　　)。

A. 采用权益法核算的长期股权投资按持股比例享有被投资单位实现净利润的份额

B. 将存货转换为以公允价值模式计量的投资性房地产，其公允价值高于账面余额的差额

C. 可供出售金融资产发生的公允价值变动

D. 注销回购价值低于面值总额的库存股，其账面余额与所冲减股本的差额

15. 某企业库存商品采用售价金额法核算，2013 年 5 月初，库存商品的售价总额为 14.4 万元，进销差价率为 15%，本月购入库存商品的进价成本总额为 18 万元，售价总额为 21.6 万元，本月销售商品收入为 20 万元。该企业本月销售商品的实际成本为(　　)万元。

A. 20　　　　B. 16.8　　　　C. 17　　　　D. 16

16. 2013 年 4 月 12 日，某企业与客户签订一项工程劳务合同，合同期为一年，合同收入总额为 3 000 万元，预计合同总成本为 2 100 万元，至 2013 年 12 月 31 日，该企业实际发生总成本为 1 400 万元，但提供的劳务交易结果不能可靠估计，估计只能从工程款中收回成本 1 050万元。2013 年度该企业应确认的该劳务收入为(　　)万元。

A. 1 400　　　　B. 2 100　　　　C. 2 900　　　　D. 1 050

17. 某企业以现金支付行政管理人员生活困难补助 2 000 元，下列各项中，会计处理正

确的是(　　)。

A. 借:其他业务成本　　2 000
　　贷:库存现金　　2 000

B. 借:营业外支出　　2 000
　　贷:库存现金　　2 000

C. 借:管理费用　　2 000
　　贷:库存现金　　2 000

D. 借:应付职工薪酬——职工福利　　2 000
　　贷:库存现金　　2 000

18. 2013 年度某企业实现利润总额 200 万元,其中国债利息收入 2 万元,税收滞纳罚款 10 万元,该企业所得税税率为 25%,假定不考虑其他因素,2013 年度该企业应确认的所得税费用为(　　)万元。

A. 49.5　　B. 47.5　　C. 50　　D. 52

19. 某企业采用成本法核算长期股权投资,被投资单位宣告发放现金股利时,投资企业应按所持股份份额进行的会计处理正确的是(　　)。

A. 冲减投资收益　　B. 增加资本公积

C. 增加投资收益　　D. 冲减长期股权投资

20. 企业将房地产存货转换为采用公允价值模式计量的投资性房地产,转换日存货公允价值小于原账面价值的差额应记入的会计科目是“(　　)”。

A. 营业外支出　　B. 公允价值变动损益

C. 其他综合收益　　D. 其他业务成本

21. 2013 年 1 月 1 日,甲公司购入 5 年期的公司债券,该债券于 2012 年 7 月 1 日发行,面值为 2 000 万元,票面利率为 5%,债券利息于每年年初支付,甲公司将其划分为可供出售金融资产,支付价款为 2 100 万元(其中包含已到付息期但尚未领取的债券利息),另支付交易费用 30 万元。甲公司该可供出售金融资产的入账价值为(　　)万元。

A. 2 000　　B. 2 080　　C. 2 050　　D. 2 130

22. 某企业只生产和销售甲产品,2013 年 4 月初,在产品成本为 3.5 万元,4 月份发生如下费用:生产耗用材料 6 万元,生产工人工资 2 万元,行政管理部门人员工资 1.5 万元,制造费用 1 万元,月末在产品成本 3 万元。该企业 4 月份完工甲产品的生产成本为(　　)万元。

A. 11　　B. 9.5　　C. 9　　D. 12.5

23. 甲公司委托乙证券公司代理发行普通股 2 000 万股,每股面值为 1 元,每股发行价值为 4 元,按协议约定,乙证券公司从发行收入中提取 2% 的手续费。甲公司发行普通股应计入资本公积的金额为(　　)万元。

A. 6 000　　B. 5 840　　C. 5 880　　D. 6 160

24. 下列关于企业辅助生产费用分配方法的表述中,正确的是(　　)。

A. 采用直接分配法,辅助生产费用需要进行对外和对内分配

B. 采用计划成本分配法,辅助生产车间实际发生的费用与分配转出的计划费用之间的差额计入制造费用

C. 采用顺序分配法，辅助生产车间受益多的先分配，受益少的后分配

D. 采用交互分配法，辅助生产费用需要经过两次分配完成

二、多项选择题

（本题型共12题，每小题2分，共24分。每小题备选答案中，有两个或两个以上符合题意的正确答案，多选、少选、错选、不选均不得分。请使用计算机鼠标在计算机答题界面上点击试题备选项前的按钮“○”作答）

1. 下列关于企业销售商品收入确认时点的表述中，正确的有（　　）。

A. 采用支付手续费委托代销方式销售商品，应在收到代销清单时确认收入

B. 采用预收货款方式销售商品，应在收到货款时确认收入

C. 采用交款提货方式销售商品，应在开出发票收到货款时确认收入

D. 采用托收承付方式销售商品，应在发出商品并办妥托收手续时确认收入

2. 下列各项中，应计入长期应付款的有（　　）。

A. 应付租入包装物租金

B. 具有融资性质的分期付款方式购入固定资产的应付款项

C. 因债权人单位撤销而长期无法支付的应付账款

D. 应付融资租入固定资产的租赁费

3. 下列各项中，应通过“其他货币资金”科目核算的有（　　）。

A. 银行汇票存款　　B. 信用卡存款　　C. 外埠存款　　D. 存出投资款

4. 下列关于结转本年利润账结法的表述中，正确的有（　　）。

A.“本年利润”科目本年余额反映本年累计实现的利润或发生的亏损

B. 各月均可通过“本年利润”科目提供当月及本年累计的利润(或亏损)额

C. 年末时需将各损益类科目的全年累计余额结转入“本年利润”科目

D. 每月月末各损益类科目需将本月的余额结转入“本年利润”科目

5. 下列各项中，影响企业现金流量表中“现金及现金等价物净增加额”项目金额变化的有（　　）。

A. 以货币资金购买3个月内到期的国债　　B. 以银行存款支付职工工资、奖金、津贴

C. 将库存现金存入银行　　D. 收到出租资产的租金

6. 下列各项中，会引起企业实收资本金额发生增减变动的有（　　）。

A. 资本公积转增资本　　B. 对外债券投资

C. 盈余公积转增资本　　D. 处置长期股权投资

7. 下列各项中，应计入工业企业其他业务收入的有（　　）。

A. 出售投资性房地产取得的收入

B. 随同商品出售且单独计价的包装物取得的收入

C. 股权投资取得的现金股利收入

D. 经营性租赁固定资产的现金收入

8. 下列各项中，应列入利润表中“营业税金及附加”项目的有（　　）。

A. 销售应税矿产品计提的应交资源税

B. 经营活动中计提的应交教育费附加

C. 经营活动中计提的应交城市维护建设税

D. 销售应税消费品计提的应交消费税

9. 下列各项中，事业单位应通过“其他收入”科目核算的有（　）。

A. 附属独立核算单位按规定上缴的收入　　B. 接受捐赠的存货

C. 无法偿付的应付账款　　D. 从上级单位取得的非财政补助收入

10. 下列各项中，会导致企业应收账款账面价值减少的有（　）。

A. 转销无法收回备抵法核算的应收账款　　B. 收回应收账款

C. 计提应收账款坏账准备　　D. 收回已转销的应收账款

11. 下列各项中，应计入废品损失的有（　）。

A. 不需要返修、可降价出售的不合格产品成本

B. 库存产成品因保管不善而损坏变质的产品成本

C. 产品入库后发现的不可修复废品的生产成本

D. 生产过程中发生的不可修复废品的生产成本

12. 下列各项中，应计入相关资产成本的有（　）。

A. 企业进口原材料交纳的进口关税

B. 企业商务用车交纳的车船税

C. 小规模纳税人购买商品支付的增值税

D. 企业书立加工承揽合同交纳的印花税

三、判断题

（本类题共 10 小题，每小题 1 分，共 10 分。请判断每小题的表述是否正确，每小题答题正确的得 1 分，答题错误的扣 0.5 分，不答题的不得分也不扣分。本类题最低得分为零分。请使用计算机鼠标在计算机界面上点击试题答案备选项前的按钮“○”作答）

1. 年末，事业单位应将按照相关规定进行结余分配后“非财政补助结余分配”科目的余额结转至事业基金，借记或贷记“非财政补助结余分配”科目，贷记或借记“事业基金”科目。（　）

2. 企业支付的专设销售机构固定资产的日常修理费应计入管理费用。（　）

3. 逐步结转分步法下，每一生产步骤的生产成本要在最终完工产品与该步骤在产品和后续步骤在产品之间进行分配。（　）

4. 企业在计算确定提取法定盈余公积的基数时，不应包括年初未分配利润的贷方余额。（　）

5. 企业接受投资者以非现金资产投资时，应按投资合同或协议约定的价值确认资产的价值和在注册资本中应享有的份额，并将其差额确认为资本公积，但投资合同或协议约定的价值不公允的除外。（　）

6. 企业采购商品或接受劳务采用银行汇票结算时，应通过“应付票据”科目核算。（　）

7. 使用寿命有限的无形资产应自取得的次月起摊销。（　）

8. 企业出售交易性金融资产时，应将其出售时实际收到的款项与其账面价值之间的差额计入当期投资损益，同时将原计入该金融资产的公允价值变动计入当期投资损益。（　）

9. 工业企业在产品生产过程中通常会存在一定数量的在产品，在产品应包括对外销售的自制半成品。（ ）

10. 应收账款附有现金折扣条款的，应按照扣除现金折扣前的应收账款总额入账。（ ）

四、不定项选择题

（本题型共 15 小题，每小题 2 分，共 30 分。每个小题的备选答案中，有一个或一个以上符合题意的正确答案，每小题全部选对得满分，少选得相应分值，多选、错选、不选均不得分。请使用计算机鼠标在计算机答题界面上点击试题答案备选项前的按钮“○”作答）

1. 甲公司为增值税一般纳税人，2013 年第四季度该公司发生的固定资产相关业务如下：

（1）10 月 8 日，甲公司购入一台需要安装的设备，取得的增值税专用发票上注明的销售价格为 98 万元，增值税税额为 16.66 万元，另支付安装费 2 万元，全部款项以银行存款支付，该设备预计可使用年限为 6 年，预计净残值为 4 万元，当月达到预定可使用状态。

（2）11 月，甲公司对其一条生产线进行更新改造，该生产线的原价为 200 万元，已计提折旧为 120 万元，改造过程中发生支出 70 万元，被替换部件的账面价值为 10 万元。

（3）12 月，甲公司某仓库因火灾发生毁损，该仓库原价为 400 万元，已计提折旧 100 万元，其残料估计价值为 5 万元，残料已办理入库，发生的清理费用为 2 万元，以现金支付，经保险公司核定应赔偿损失 150 万元，尚未收到赔款。

（4）12 月末，甲公司对固定资产进行盘点，发现短缺一台笔记本电脑，原价为 1 万元，已计提折旧 0.6 万元，损失中应由相关责任人赔偿 0.1 万元。

要求：

根据上述资料，假定不考虑其他因素，分析回答下列问题。（答案中的金额单位用万元表示）

（1）根据资料（1），甲公司购入设备的入账成本是（ ）万元。

A. 116.66　　B. 98　　C. 100　　D. 114.66

（2）根据资料（1），下列关于该设备计提折旧的表述中正确的是（ ）。

A. 2013 年 10 月该设备不应计提折旧

B. 如采用直线法，该设备 2013 年第四季度应计提折旧额为 3.2 万元

C. 如采用双倍余额递减法，其年折旧率应为 40%

D. 如采用年数总和法，其第一年的年折旧率应为 5/16

（3）根据资料（2），更新改造后该生产线的入账成本是（ ）万元。

A. 140　　B. 260　　C. 270　　D. 150

（4）根据资料（3），下列各项中，甲公司毁损固定资产的会计处理正确的是（ ）。

A. 支付清理费用时：

借：固定资产清理　　2

　贷：银行存款　　2

B. 确定应由保险公司理赔的损失时：

借：其他应收款　　150

　贷：营业外收入　　150

C. 将毁损的仓库转入清理时:

借:固定资产清理 300

累计折旧 100

贷:固定资产 400

D. 残料入库时:

借:原材料 5

贷:固定资产清理 5

(5)根据资料(4),应记入"营业外支出"科目借方的金额是( )万元。

A. 0.8　　B. 0.1　　C. 0.3　　D. 1

2. 甲公司为增值税一般纳税人,适用的增值税税率为17%。商品销售价格不含增值税,在确认销售收入时逐笔结转销售成本。2013年该公司发生如下交易或事项:

(1)4月21日,向乙公司销售一批E产品,开出增值税专用发票上注明的销售价格为600万元,增值税税额为102万元,款项尚未收到;该批产品的成本为350万元,甲公司已将商品发出,纳税义务已经发生,但该笔销售不符合收入确认条件。

(2)7月6日,甲公司承担一项销售产品安装任务,安装期为9个月,安装劳务完工进度按已发生成本占预计总成本的比例确定,合同总收入为40万元,当年实际发生成本12万元,预计还将发生成本18万元。

(3)9月1日,甲公司将部分F产品作为福利发给本公司职工,其中生产工人400件、车间管理人员100件、专设销售机构人员50件,该产品每件销售价格为0.6万元,实际成本为0.4万元。

(4)12月4日,甲公司向丙公司销售G产品,销售价格为100万元,产品的实际成本总额为65万元,因成批销售,甲公司给予丙公司10%的商业折扣,丙公司12月15日付款,该笔销售符合收入确认条件。

要求:根据上述资料,假定不考虑其他因素,分析回答下列小题。(答案中的金额单位用万元表示)

(1)根据资料(1),下列各项中,甲公司向乙公司销售产品的会计处理结果正确的是( )。

A. 应收账款增加702万元　　B. 库存商品减少350万元

C. 应收账款增加102万元　　D. 应交税费增加102万元

(2)根据资料(2),2013年度甲公司应确认的劳务收入是( )万元。

A. 12　　B. 30　　C. 40　　D. 16

(3)根据资料(3),下列各项中,甲公司向职工发放福利的会计处理正确的是( )。

A. 借:主营业务成本 220

贷:库存商品 220

B. 借:生产成本 280.8

制造费用 70.2

销售费用 35.1

贷:应付职工薪酬 386.1

C. 借:应付职工薪酬 386.1

贷:主营业务收入 330

应交税费——应交增值税(销项税额) 56.1

D. 借:发出商品 220

贷:库存商品 220

(4)根据资料(4),下列各项中,甲公司向丙公司销售产品的会计处理结果正确的是(　　)。

A. 主营业务收入增加 90 万元　　B. 主营业务成本增加 65 万元

C. 应交税费增加 15.3 万元　　D. 销售费用增加 10 万元

(5)根据资料(1)～(4),对甲公司 2013 年营业利润的影响金额是(　　)万元。

A. 369　　B. 353.9　　C. 103.9　　D. 139

3. 甲企业为增值税一般纳税人,适用的增值税税率为 17%,该企业生产主要耗用一种原材料,该材料按计划成本进行日常核算,计划单位成本为每千克 20 元。2013 年 6 月初,该企业"银行存款"科目余额为 300 000 元,"原材料"和"材料成本差异"科目的借方余额分别为 30 000 元和 6 152 元。6 月份发生如下经济业务:

(1)5 日,从乙公司购入材料 5 000 千克,增值税专用发票上注明的销售价格为 90 000 元,增值税税额为 15 300 元,全部款项已用银行存款支付,材料尚未到达。

(2)8 日,从乙公司购入的材料到达,验收入库时发现短缺 50 千克,经查明,短缺为运输途中的合理损耗,按实际数量入库。

(3)10 日,从丙公司购入材料 3 000 千克,增值税专用发票上注明的销售价格为 57 000 元,增值税税额为 9 690 元,材料已验收入库并且全部款项以银行存款支付。

(4)15 日,从丁公司购入材料 4 000 千克,增值税专用发票上注明的销售价格为 88 000 元,增值税税额为 14 960 元,材料已验收入库,款项尚未支付。

(5)6 月份,甲企业领用材料的计划成本总计 84 000 元。

要求:根据上述资料,假定不考虑其他因素,分析回答下列小题。(答案中的金额单位用元表示)

(1)根据资料(1),下列各项中,甲企业向乙公司购入材料的会计处理结果正确的是(　　)。

A. 原材料增加 90 000 元　　B. 材料采购增加 90 000 元

C. 原材料增加 100 000 元　　D. 应交税费增加 15 300 元

(2)根据资料(2),2013 年度甲企业的会计处理结果正确的是(　　)。

A. 发生节约差异 9 000 元　　B. 发生超支差异 9 000 元

C. 原材料增加 100 000 元　　D. 原材料增加 99 000 元

(3)根据材料(3),下列各项中,甲企业的会计处理正确的是(　　)。

A. 借:原材料 60 000

贷:材料采购 60 000

B. 借:原材料 60 000

应交税费——应交增值税(进项税额) 10 200

贷:应付账款 70 200

C. 借:材料采购 57 000

应交税费——应交增值税(进项税额) 9 690

贷:银行存款 66 690

D. 借:材料采购 3 000

贷:材料成本差异 3 000

(4)根据期初资料和资料(1)～(4),甲企业“原材料”科目借方余额为 269 000 元,下列关于材料成本差异的表述正确的是(　　)。

A. 当月材料成本差异率为 3.77%

B.“材料成本差异”科目的借方发生额为 8 000 元

C. 当月材料成本差异率为 0.8%

D.“材料成本差异”科目的贷方发生额为 19 000 元

(5)根据期初资料和资料(1)～(5),2013 年 6 月 30 日,甲企业相关会计科目期末余额计算结果正确的是(　　)。

A.“银行存款”科目为 26 050 元

B.“原材料”科目为 153 000 元

C.“原材料”科目为 186 480 元

D.“银行存款”科目为 128 010 元

2015 年初级会计职称资格考试

《初级会计实务》试题(其中一套)

一、单项选择题

(本类题共 24 小题,每小题 1.5 分,共 36 分。每小题备选答案中,只有一个符合题意的正确答案,多选、错选、不选均不得分。请使用计算机鼠标在计算机答题界面上点击试题备选项前的按钮"○"作答)

1. 企业在现金清查中发现有待查明原因的现金短缺或溢余,已按管理权限批准,下列各项中,有关会计处理不正确的是(　)。

A. 属于无法查明原因的现金溢余,应借记"待处理财产损溢"科目,贷记"营业外收入"科目

B. 属于应由保险公司赔偿的现金短缺,应借记"其他应收款"科目,贷记"待处理财产损溢"科目

C. 属于应支付给有关单位的现金溢余,应借记"待处理财产损溢"科目,贷记"其他应付款"科目

D. 属于无法查明原因的现金短缺,应借记"营业外支出"科目,贷记"待处理财产损溢"科目

2. 2014 年 9 月 30 日,某企业银行存款日记账账面余额为 216 万元,收到银行对账单的余额为 212.3 万元。经逐笔核对,该企业存在以下记账差错及未达账项:从银行提取现金 6.9 万元,会计人员误记为 9.6 万元;银行为企业代付电话费 6.4 万元,但企业未接到银行的付款通知,尚未入账。9 月 30 日调节后的银行存款余额为(　　)万元。

A. 212.3　　B. 225.1　　C. 205.9　　D. 218.7

3. 2014 年年初某公司"坏账准备——应收账款"科目贷方余额为 3 万元,3 月 20 日收回已核销的坏账 12 万元并入账。12 月 31 日"应收账款"科目余额为 220 万元(所属明细科目均为借方余额),预计未来现金流量现值为 200 万元。不考虑其他因素,2014 年年末该公司应计提的坏账准备金额为(　　)万元。

A. 17　　B. 29　　C. 20　　D. 5

4. 2014 年 1 月 3 日,甲公司以 1 100 万元(其中包含已到付息期但尚未领取的债券利息 25 万元)购入乙公司发行的公司债券,另支付交易费用 10 万元,将其确认为交易性金融资产。该债券面值为 1 000 万元,票面年利率为 5%,每年年初付息一次。不考虑其他因素,甲公司取得该项交易性金融资产的初始入账金额为(　　)万元。

A. 1 000　　B. 1 100　　C. 1 075　　D. 1 110

5. 某企业为增值税一般纳税人,适用的增值税税率为 17%。该企业因管理不善使一批库存材料被盗。该批原材料的实际成本为 40 000 元,购买时支付的增值税为 6 800 元,应收保险公司赔偿 21 000 元。不考虑其他因素,该批被盗原材料形成的净损失为(　　)元。

A. 19 000　　B. 40 000　　C. 46 800　　D. 25 800

6. 某企业为增值税一般纳税人,2014 年 6 月采购商品一批,取得的增值税专用发票上

注明的售价为 300 000 元、增值税税额为 51 000 元，款项用银行存款支付，商品已验收入库；另支付保险费 10 000 元。不考虑其他因素，该企业采购商品的成本为（　　）元。

A. 310 000　　B. 361 000　　C. 351 000　　D. 300 000

7. 2014 年 10 月 10 日，甲公司购买乙公司发行的股票 30 万股确认为长期股权投资，占乙公司有表决权股份的 30%，对其具有重大影响，采用权益法核算。每股买入价为 5.2 元，其中包含 0.5 元已宣告但尚未分派的现金股利，另支付相关税费 0.6 万元。取得投资时，乙公司可辨认净资产的公允价值为 450 万元。甲公司长期股权投资的初始投资成本为（　　）万元。

A. 141　　B. 156　　C. 135　　D. 141.6

8. 下列各项事业单位计提的固定资产折旧中，应借记的科目是（　　）。

A. 固定资产　　B. 非流动资产基金——固定资产

C. 事业基金　　D. 事业支出

9. 2014 年 2 月，某企业发生自用房地产应交房产税 2 000 元，应交增值税 10 000 元、车船税 3 000 元、城镇土地使用税 1 500 元、消费税 16 000 元，支付印花税 800 元。不考虑其他因素，该企业当月应计入管理费用的税金为（　　）元。

A. 5 800　　B. 7 300　　C. 33 300　　D. 26 000

10. 某股份制公司委托证券公司代理发行普通股 2 000 股，每股股价为 1 元，发行价格为每股 4 元。证券公司按发行收入的 2%收取手续费，该公司这项业务应记载在资本公积的金额为（　　）元。

A. 5 840　　B. 5 880　　C. 5 960　　D. 6 000

11. 某股份有限公司的股本为 1 000 万元（每股面值 1 元），资本公积（股本溢价）为 150 万元，盈余公积为 50 万元。该公司以 300 万元价格回购本公司股票 100 万股并予以注销，不考虑其他因素，下列关于该公司注销库存股的会计处理正确的是（　　）。

A. 借：股本　　1 000 000
　　资本公积——股本溢价　　1 500 000
　　盈余公积　　500 000
　贷：库存股　　3 000 000

B. 借：股本　　1 000 000
　　资本公积——股本溢价　　1 500 000
　　盈余公积　　500 000
　贷：银行存款　　3 000 000

C. 借：库存股　　3 000 000
　贷：银行存款　　3 000 000

D. 借：股本　　3 000 000
　贷：银行存款　　3 000 000

12. 某企业为增值税一般纳税人，适用的增值税税率为 17%。2014 年 4 月 1 日，该企业向某客户销售商品 20 000 件，单位售价为 20 元（不含增值税），单位成本为 10 元，给予客户 10%的商业折扣，当日发出商品，并符合收入确认条件。销售合同约定的现金折扣条件为“2/10，1/20，n/30”（计算现金折扣时不考虑增值税）。不考虑其他因素，该客户于 4 月 15

日付款时享有的现金折扣为(　　)元。

A. 4 680　　B. 3 600　　C. 4 212　　D. 4 000

13. 2014 年 11 月 1 日,甲公司接受乙公司委托为其安装一项大型设备,安装期限为 3 个月,合同约定乙公司应支付安装费总额为 60 000 元。当日收到乙公司 20 000 元预付款,其余款项待安装结束验收合格后一次付清。截至 2014 年 12 月 31 日,甲公司实际发生安装费 15 000 元,预计至安装完成还将发生安装费用 25 000 元;该公司按已发生的成本占估计总成本的比例确定完工进度。不考虑其他因素,甲公司 2014 年应确认的收入为(　　)元。

A. 20 000　　B. 22 500　　C. 15 000　　D. 60 000

14. 下列各项中,应确认为其他业务收入的是(　　)。

A. 银行存款利息收入　　B. 转让商标使用权收入

C. 接受现金捐赠利得　　D. 现金股利收入

15. 下列各项中,应计入期间费用的是(　　)。

A. 计提车间管理用固定资产的折旧费　　B. 预计产品质量保证损失

C. 车间管理人员的工资费用　　D. 销售商品发生的商业折扣

16. 下列各项中,企业对在折扣期限内付款获得的现金折扣应贷记的会计科目是"(　　)"。

A. 销售费用　　B. 营业外收入　　C. 财务费用　　D. 管理费用

17. 2014 年年初,某企业"利润分配——未分配利润"科目借方余额 20 万元,2014 年度该企业实现净利润 160 万元,根据净利润的 10%提取盈余公积。2014 年年末该企业可供分配利润的金额为(　　)万元。

A. 126　　B. 124　　C. 140　　D. 160

18. 下列各项中,会引起现金流量表"经营活动产生的现金流量净额"项目发生增减变动的是(　　)。

A. 偿还长期借款的现金流出　　B. 收取现金股利的现金流入

C. 购置固定资产的现金流出　　D. 购买日常办公用品的现金流出

19. 下列各项中,关于财务报表附注的表述不正确的是(　　)。

A. 附注中包括财务报表重要项目的说明

B. 对未能在财务报表中列示的项目在附注中说明

C. 如果没有需要披露的重大事项,企业不必编制附注

D. 附注中包括会计政策和会计估计变更以及差错更正的说明

20. 企业收到与资产相关的政府补助时,下列各项中,会计处理正确的是(　　)。

A. 借记"递延收益"科目,贷记"主营业务收入"科目

B. 借记"银行存款"科目,贷记"预收账款"科目

C. 借记"银行存款"科目,贷记"递延收益"科目

D. 借记"递延收益"科目,贷记"其他业务收入"科目

21. 某企业产品入库后发现可修复废品一批,其生产成本为 3 500 元,修复废品耗用直接材料 1 000 元、直接人工 500 元、制造费用 800 元,回收残料计价 100 元,应收过失人赔偿 100 元。不考虑其他因素,该批废品的净损失为(　　)元。

A. 2 100　　B. 5 600　　C. 3 600　　D. 2 300

22. 下列各项中，在不考虑各辅助生产车间之间相互提供劳务或产品的情况下，将各辅助生产费用直接分配给辅助生产以外的各受益单位的分配方法是（　　）。

A. 代数分配法　　B. 交互分配法　　C. 直接分配法　　D. 计划成本分配法

23. 下列各项中，反映事业单位某一会计期间事业成果及其分配情况的报表是（　　）。

A. 收入支出表　　B. 财政补助收入支出表

C. 资产负债表　　D. 会计报表附注

24. 下列各项中，事业单位会计期末应结转记入"事业结余"的是（　　）。

A. 事业收入本期发生额中的专项资金收入

B. 上级补助收入本期发生额中的专项资金收入

C. 其他收入本期发生额中的专项资金收入

D. 其他收入本期发生额中的非专项资金收入

二、多项选择题

（本题型共12题，每小题2分，共24分。每小题备选答案中，有两个或两个以上符合题意的正确答案，多选、少选、错选、不选均不得分。请使用计算机鼠标在计算机答题界面上点击试题备选项前的按钮"○"作答）

1. 下列各项中，应通过"其他应收款"科目核算的内容是（　　）。

A. 应收保险公司的赔款　　B. 支付购货单位垫付的运杂费

C. 应收出租包装物的租金　　D. 影响职工收取的各种垫支款

2. 材料的采购成本包括（　　）。

A. 运输中的合理损耗　　B. 入库前的挑选整理费

C. 购买材料的价款　　D. 运杂费

3. 下列各项中，应通过"应付职工薪酬"科目核算的有（　　）。

A. 提供的工会经费　　B. 计提的职工住房公积金

C. 计提的职工医疗保险费　　D. 确认的职工短期带薪缺勤

4. 下列各项中，会导致企业实收资本增加的有（　　）。

A. 资本公积转增资本　　B. 接受投资者追加投资

C. 盈余公积转增资本　　D. 接受非流动资产捐赠

5. 下列各项中，属于企业留存收益的有（　　）。

A. 按规定从净利润中提取的法定盈余公积

B. 积累未分配的利润

C. 按股东大会决议从净利润中提取的任意盈余公积

D. 发行股票的溢价收入

6. 下列各项中，关于收入确认表述正确的有（　　）。

A. 已确认收入的商品发生销售退回，除属于资产负债表日后事项外，一般应在发生时冲减当期销售收入

B. 采用托收承付方式销售商品，应在发出商品时确认收入

C. 销售折让发生在收入确认之前，销售收入应按扣除销售折让后的金额确认

D. 采用预收款方式销售商品，应在款项全部收妥并发出商品时确认收入

7. 下列各项中，应通过“管理费用”科目核算的是（　　）。

A. 支付的企业年度财务报告审计费　　B. 支付的排污费

C. 支付的广告费　　D. 发生的罚款支出

8. 下列各项中，影响企业营业利润的有（　　）。

A. 销售商品发生的展览费　　B. 出售包装物取得的净收入

C. 出售固定资产的净损失　　D. 确认的资产减值损失

9. 下列各项中，应计入营业外收入的有（　　）。

A. 大型设备处置利得　　B. 存货收发计量差错形成的盘盈

C. 无形资产出售利得　　D. 无法支付的应付账款

10. 下列选项中，属于投资活动产生的现金流量的有（　　）。

A. 支付的现金股利　　B. 支付的业务招待费

C. 转让无形资产所有权收到的现金　　D. 支付给在建工程人员的职工薪酬

11. 下列各项中，应计入产品生产成本的有（　　）。

A. 生产产品耗用的直接材料　　B. 生产产品耗用的燃料费

C. 生产产品耗用的动力费　　D. 生产车间管理人员的职工薪酬

12. 下列各项中，可用于将生产费用在完工产品和在产品之间进行分配的方法有（　　）。

A. 定额比例法　　B. 不计算在产品成本法

C. 约当产量比例法　　D. 在产品按固定成本计算法

三、判断题

（本类题共10小题，每小题1分，共10分。请判断每小题的表述是否正确，每小题答题正确的得1分，答题错误的扣0.5分，不答题的不得分也不扣分。本类题最低得分为零分。请使用计算机鼠标在计算机界面上点击试题答案备选项前的按钮“○”作答）

1. 企业在确定应收款项减值的核算方法时，应根据本企业实际情况，按照成本效益原则，在备抵法和直接核销法之间合理选择。（　　）

2. 企业可供出售金融资产公允价值变动形成的利得或损失应记入“公允价值变动损益”科目。（　　）

3. 企业使用寿命确定的无形资产应自可供使用（即其达到预定用途）下月起开始摊销，处置当月照常摊销。（　　）

4. 企业采用支付手续费方式委托外单位代销商品的，应在发出商品时确认销售收入。（　　）

5. 企业转让无形资产使用权时，如果合同或协议规定一次性收取使用费，且不提供后续服务的，应视同销售该项无形资产一次性确认收入。（　　）

6. 为购建固定资产而发生的借款利息资本化金额，应列示在现金流量表“购建固定资产、无形资产和其他长期资产支付的现金”项目中。（　　）

7. 所有者权益变动表是反映构成所有者权益各组成部分当期增减变动情况的报表。（　　）

8. 不单独核算停工损失的企业中，属于自然灾害造成的停工损失直接反映在“营业外

支出”科目中。（ ）

9. 平行结转分步法的成本核算对象是各种产成品及其经过的各个生产步骤中的成本份额。（ ）

10. 事业单位的各项财产物资应当按照取得或购建时的实际成本进行计量，除国家另有规定外，事业单位不得自行调整其账面价值。（ ）

四、不定项选择题

（本题型共 15 小题，每小题 2 分，共 30 分。每个小题的备选答案中，有一个或一个以上符合题意的正确答案，每小题全部选对得满分，少选得相应分值，多选、错选、不选均不得分。请使用计算机鼠标在计算机答题界面上点击试题答案备选项前的按钮“○”作答）

（一）甲企业为增值税一般纳税人，适用的增值税税率为 17%。发出商品的成本按本月末一次加权平均法计算确定，原材料采用计划成本法核算。2014 年 12 月该企业发生如下经济业务：

（1）1 日，库存商品结存数量为 1 000 件，单位生产成本为 21 元；本月生产完工验收入库商品 2 000 件，单位生产成本为 24 元；本月发出商品 2 800 件，其中 2 000 件符合收入确认条件并确认收入，其余部分未满足收入确认条件。

（2）15 日，将仓库积压的原材料一批出售，开具的增值税专用发票上注明的售价为 20 000元，增值税税额为 3 400 元，款项已存入银行。该批原材料的计划成本为 18 000 元，材料成本差异为－2%。

（3）20 日，将自产的空气净化器作为福利发放给专设销售机构的 30 名职工，每人 1 台，每台不含增值税的市场销售价为 15 000 元，生产成本为 10 000 元。

（4）31 日，确认劳务收入。本月月初与乙企业签订一项安装工程合同，合同总价款为 160 000 元，合同签订时预收劳务款 50 000 元。至月末累计发生劳务支出 60 000 元，工程尚未完工，预计至完工还需要发生劳务支出 40 000 元，当年末乙企业发生财务困难，余款能否支付难以确定。

要求：根据上述资料，不考虑其他因素，分析回答下列小题（答案中的金额单位用元表示）

1. 根据资料（1），甲企业的会计处理结果正确的是（ ）。

A. 月末结转的商品销售成本为 64 400 元

B. 月末结转的商品销售成本为 46 000 元

C. 本月发出商品的单位成本为 23 元

D. 本月发出商品的单位成本为 21 元

2. 根据资料（2），甲企业应结转的原材料实际成本是（ ）元。

A. 18 000　　B. 17 640　　C. 18 360　　D. 20 000

3. 根据资料（3），甲企业的会计处理正确的是（ ）。

A. 确认空气净化器作为福利时：

借：销售费用　　376 500

　贷：应付职工薪酬——非货币性福利　　376 500

B. 发放空气净化器产品时：

借:应付职工薪酬——非货币性福利 526 500

贷:主营业务收入 450 000

应交税费——应交增值税(销项税额) 76 500

借:主营业务成本 300 000

贷:库存商品 300 000

C. 确认空气净化器作为福利时:

借:销售费用 526 500

贷:应付职工薪酬——非货币性福利 526 500

D. 发放空气净化器产品时:

借:应付职工薪酬——非货币性福利 376 500

贷:库存商品 300 000

应交税费——应交增值税(销项税额) 76 500

4. 根据资料(4),甲企业安装业务的会计处理结果正确的是( )。

A. 结转劳务成本 60 000 元　　B. 确认劳务收入 50 000 元

C. 确认劳务收入 96 000 元　　D. 结转劳务成本 31 250 元

5. 根据资料(1)~(4),甲企业 2014 年 12 月当月利润表中"营业成本"项目的本期金额是( )元。

A. 395 610　　B. 423 640　　C. 442 760　　D. 442 040

(二)2014 年度甲公司发生如下交易或事项:

(1)1 月 3 日,甲公司出售某办公楼,实际收款款项 1 920 万元存入银行。该办公楼的原价为 3 000 万元,采用年限平均法按 20 年计提折旧,预计净残值率为 4%。出售时已计提折旧 9 年,未计提减值准备。

(2)6 月 1 日,为了盘活企业的非流动资产,甲公司将长期闲置的某临街房屋对外经营出租,并转作投资性房地产(采用成本模式计量)。转换日,该房屋的原价为 1 500 万元,已计提折旧为 960 万元。

(3)7 月 2 日,对厂房进行更新改造,该厂房的原值为 5 000 万元,累计折旧为 200 万元。改造过程中发生可资本化的支出 120 万元。工程项目于 10 月 20 日完工,达到预定可使用状态。

(4)12 月 31 日,经减值测试,应计提固定资产减值准备 920 万元。

要求:根据上述资料,不考虑其他因素,分析回答下列小题(答案中的金额单位用万元表示)

1. 根据资料(1),下列各项中,与办公楼折旧相关的表述正确的是( )。

A. 该办公楼的预计净残值为 96 万元　　B. 该办公楼的年折旧率为 4.8%

C. 该办公楼的预计净残值为 120 万元　　D. 该办公楼的年折旧率为 5%

2. 根据资料(1),下列各项中,甲公司出售该办公楼的会计处理正确的是( )。

A. 收到出售办公楼的价款时:

借:银行存款 1 920

贷:固定资产清理 1 920

B. 结转清理净损益时:

借：固定资产清理 216

贷：营业外收入 216

C. 结转清理净损益时：

借：固定资产清理 270

贷：营业外收入 270

D. 将出售的办公楼转入清理时：

借：固定资产清理 1 704

累计折旧 1 296

贷：固定资产 3 000

3. 根据资料(2)，下列各项中，甲公司出租临街房屋的会计处理正确的是（ ）。

A. 借：投资性房地产 1 500

累计折旧 960

贷：固定资产 1 500

投资性房地产累计折旧 960

B. 借：投资性房地产 540

贷：固定资产清理 540

C. 借：投资性房地产 540

累计折旧 960

贷：固定资产 1 500

D. 借：固定资产清理 540

累计折旧 960

贷：固定资产 1 500

4. 根据资料(3)，下列各项中，甲公司更新改造厂房达到预定可使用状态的入账价值是（ ）万元。

A. 300　　B. 620　　C. 120　　D. 420

5. 根据资料(4)，2014 年 12 月 31 日甲公司计提固定资产减值准备的会计处理正确的是（ ）。

A. 借：营业外支出 920

贷：固定资产减值准备 920

B. 借：管理费用 920

贷：固定资产减值准备 920

C. 借：制造费用 920

贷：固定资产减值准备 920

D. 借：资产减值损失 920

贷：固定资产减值准备 920

（三）甲公司 2012—2014 年发生如下交易或事项：

(1) 为筹集扩大生产规模所需资金，2012 年 7 月 1 日，公司按面值发行总额为 2 000 万元的企业债券。该债券期限为 3 年，票面利率为 6%（与实际利率一致），到期一次还本付息，年末计息（不计复利）。

(2)2014 年 1 月 1 日，从银行借入 200 万元的长期借款，当日全部用于构建某生产线(该生产线建设工程当日开工，建造期为 2 年，工程建造期间的借款利息均符合资本化条件)。该借款期限为 3 年，年利率为 5.4%，分期付息，到期一次还本，年末计息(不计复利)。

(3)2014 年 9 月 1 日，从银行借入 100 万元的短期借款，以满足季节性生产对资金的需求。该借款期限为 6 个月，年利率为 3.6%(与实际利率一致)，月末计息，分季付息。

(4)2014 年 10 月 1 日，购入一台不需要安装的生产设备，增值税专用发票上注明的价款为 600 万元、增值税税额为 102 万元。同时，甲公司开出并经开户银行承兑的商业汇票一张，面值为 702 万元，期限为 3 个月；缴纳银行承兑手续费 0.351 万元。

(5)2014 年 12 月 31 日，甲公司 10 月 1 日开出的商业汇票到期，该公司无力支付货款。

要求：根据上述资料，回答下面的问题。

1. 根据资料(1)，2014 年 12 月 31 日，该公司“应付债券”科目的余额是(　　)万元。

A. 2 000　　B. 2 120　　C. 2 300　　D. 2 240

2. 根据资料(2)，该公司会计处理结果正确的是(　　)。

A. 2014 年 1 月 1 日，长期借款科目增加 200 万元

B. 2014 年 12 月 31 日，财务费用科目增加 10.8 万元

C. 2014 年 12 月 31 日，长期借款——应计利息科目增加 10.8 万元

D. 2014 年 12 月 31 日，在建工程科目余额为 210.8 万元

3. 根据资料(3)，下列各项中，该公司会计处理正确的是(　　)(单位为万元)。

A. 2014 年 9 月 1 日，从银行借入短期借款时：

借：银行存款　　100

　贷：短期借款　　100

B. 2014 年 9 月 30 日计提利息时：

借：财务费用　　0.3

　贷：短期借款　　0.3

C. 2014 年 9 月 30 日计提利息时：

借：财务费用　　0.3

　贷：应付利息　　0.3

D. 2014 年 9 月 30 日计提利息时：

借：生产成本　　0.3

　贷：短期借款　　0.3

4. 根据资料(4)，下列各项中，甲公司的会计处理结果正确的是(　　)。

A. 财务费用科目增加 0.351 万元　　B. 应付票据科目增加 702 万元

C. 固定资产科目增加 600 万元　　D. 其他货币资金科目增加 702 万元

5. 根据资料(3)～(5)，下列各项中，2014 年 12 月 31 日甲公司资产负债表短期借款项目期末填列正确的是(　　)。

A. 802 万元　　B. 101.2 万元　　C. 702 万元　　D. 100 万元

附录三　中级会计师(会计师)考试题

2013年中级会计职称资格考试

《中级会计实务》试题

一、单选选择题

(本类题共15小题,每小题1分,共15分。每小题只有一个符合题意的正确答案。请将选定的答案,按答题卡要求,用2B铅笔填涂答题卡中相应信息点。多选、错选、不选均不得分)

1. 2013年1月1日,甲公司某项特许使用权的原价为960万元,已摊销600万元,已计提减值准备60万元。预计尚可使用年限为2年,预计净残值为零,采用直线法按月摊销。不考虑其他因素,2013年1月甲公司该项特许使用权应摊销的金额为(　　)万元。

A. 12.5　　B. 15　　C. 37.5　　D. 40

2. 甲公司某项固定资产已完成改造,累计发生的改造成本为400万元,拆除部分的原价为200万元。改造前,该项固定资产原价为800万元,已计提折旧250万元,不考虑其他因素,甲公司该项固定资产改造后的账面价值为(　　)万元。

A. 750　　B. 812.5　　C. 950　　D. 1 000

3. 2012年12月31日,甲公司库存丙材料的实际成本为100万元。不含增值税的销售价格为80万元,拟全部用于生产1万件丁产品。将该批材料加工成丁产品尚需投入的成本总额为40万元。由于丙材料的市场价格持续下降,丁产品每件不含增值税的市场价格由160元下降为110元。估计销售该批丁产品将发生销售费用及相关税费合计为2万元。不考虑其他因素,2012年12月31日,甲公司该批丙材料的账面价值应为(　　)万元。

A. 68　　B. 70　　C. 80　　D. 100

4. 2012年12月31日,企业某项固定资产的公允价值为1 000万元。预计处置费用为100万元,预计未来现金流量的现值为960万元。当日,该项固定资产的可收回金额为(　　)万元。

A. 860　　B. 900　　C. 960　　D. 1 000

5. 下列各项资产中,无论是否存在减值迹象,至少应于每年年度终了对其进行减值测试的是(　　)。

A. 商誉　　B. 固定资产　　C. 长期股权投资　　D. 投资性房地产

6. 以现金结算的股份支付,企业应在可行权日之后的每个资产负债表日重新计量有关负债的公允价值,并将其与账面价值的差额列示在利润表中的项目为(　　)。

A. 投资收益　　B. 管理费用

C. 营业外收入　　D. 公允价值变动收益

7. 下列导致固定资产建造中断时间连续超过 3 个月的事项，不应暂停借款费用资本化的是(　　)。

A. 劳务纠纷　　B. 安全事故

C. 资金周转困难　　D. 可预测的气候影响

8. 2012 年 1 月 1 日，甲公司发行分期付息、到期一次还本的 5 年期公司债券，实际收到的款项为 18 800 万元，该债券面值总额为 18 000 万元，票面年利率为 5%，利息于每年年末支付，实际年利率为 4%。2012 年 12 月 31 日，甲公司该项应付债券的摊余成本为(　　)万元。

A. 18 000　　B. 18 652　　C. 18 800　　D. 18 948

9. 2012 年 12 月 31 日，甲公司根据类似案件的经验判断，一起未决诉讼的最终判决很可能对公司不利，预计将要支付的赔偿金额在 500 万～900 万元之间，且在此区间每个金额发生的可能性大致相同；基本确定可从第三方获得补偿款 40 万元。甲公司应对该项未决诉讼确认预计负债的金额为(　　)万元。

A. 460　　B. 660　　C. 700　　D. 860

10. 下列各项中，应作为政府补助核算的是(　　)。

A. 营业税直接减免　　B. 增值税即征即退

C. 增值税出口退税　　D. 所得税加计抵扣

11. 下列各项外币资产发生的汇兑差额，不应计入财务费用的是(　　)。

A. 应收账款　　B. 银行存款

C. 交易性金融资产　　D. 持有至到期投资

12. 下列各项中，属于会计政策变更的是(　　)。

A. 固定资产折旧方法由年数总和法改为年限平均法

B. 固定资产改造完成后将其使用年限由 6 年延长至 9 年

C. 投资性房地产的后续计量从成本模式转换为公允价值模式

D. 租入的设备因生产经营需要由经营租赁改为融资租赁而改变会计政策

13. 2012 年 10 月 12 日，甲公司向其子公司——乙公司销售一批商品，不含增值税的销售价格为 3 000 万元，增值税税额为 510 万元，款项尚未收到；该批商品的成本为 2 200 万元，至当年 12 月 31 日，乙公司已将该批商品对外销售 80%。不考虑其他因素，甲公司在编制 2012 年 12 月 31 日合并资产负债表时，“存货”项目应抵消的金额为(　　)万元。

A. 160　　B. 440　　C. 600　　D. 640

14. 2012 年 12 月 5 日，甲公司向其子公司——乙公司销售一批商品，不含增值税的销售价格为 2 000 万元，增值税税额为 340 万元，款项已收存银行，该批商品的成本为 1 600 万元。不考虑其他因素，甲公司在编制 2012 年度合并现金流量表时，“销售商品、提供劳务收到的现金”项目应抵消的金额为(　　)万元。

A. 1 600　　B. 1 940　　C. 2 000　　D. 2 340

15. 下列关于事业单位对非经营用无形资产摊销的会计处理中，正确的是(　　)。

A. 增加事业支出　　B. 增加其他支出

C. 减少事业基金　　D. 减少非流动资产基金

二、多项选择题

（本类题共 10 小题，每小题 2 分，共 20 分。每小题备选答案中，有两个或两个以上符合题意的正确答案。请将选定的答案，按答题卡要求，用 2B 铅笔填涂答题卡中相应信息点。多选、少选、错选、不选均不得分）

1. 下列各项中，影响当期损益的有（　　）。

A. 无法支付的应付款项

B. 因产品质量保证确认的预计负债

C. 研发项目在研究阶段发生的支出

D. 可供出售权益工具投资公允价值的增加

2. 下列各项中，影响固定资产处置损益的有（　　）。

A. 固定资产原价　　B. 固定资产清理费用

C. 固定资产处置收入　　D. 固定资产减值准备

3. 下列关于固定资产会计处理的表述中，正确的有（　　）。

A. 未投入使用的固定资产不应计提折旧

B. 特定固定资产弃置费用的现值应计入该资产的成本

C. 融资租入固定资产发生的费用化后续支出应计入当期损益

D. 预期通过使用或处置不能产生经济利益的固定资产应终止确认

4. 下列关于无形资产后续计量的表述中，正确的有（　　）。

A. 至少应于每年年度终了对以前确定的无形资产残值进行复核

B. 应在每个会计期间对使用寿命不确定的无形资产的使用寿命进行复核

C. 至少应于每年年度终了对使用寿命有限的无形资产的使用寿命进行复核

D. 至少应于每年年度终了对使用寿命有限的无形资产的摊销方法进行复核

5. 下列各项已计提的资产减值准备中，在未来会计期间不得转回的有（　　）。

A. 商誉减值准备　　B. 无形资产减值准备

C. 固定资产减值准备　　D. 持有至到期投资减值准备

6. 下列关于金融资产后续计量的表述中，正确的有（　　）。

A. 贷款和应收贷款应采用实际利率法，按摊余成本计量

B. 持有至到期投资应采用实际利率法，按摊余成本计量

C. 交易性金融资产应按公允价值计量，并扣除处置时可能发生的交易费用

D. 可供出售金融资产应按公允价值计量，并扣除处置时可能发生的交易费用

7. 下列关于资产负债表外币折算的表述中，正确的有（　　）。

A. 外币报表折算差额应在所有者权益项目下单独列示

B. 采用历史成本计量的资产项目应按资产确认时的即期汇率折算

C. 采用公允价值计量的资产项目应按资产负债表日的即期汇率折算

D. “未分配利润”项目以外的其他所有者权益项目应按发生时的即期汇率折算

8. 在相关资料均能有效获得的情况下，对上年度财务报告批准报出后发生的下列事项，企业应当采用追溯调整法或追溯重述法进行会计处理的有（　　）。

A. 公布上年度利润分配方案

B. 持有至到期资产因部分处置被重分类为可供出售金融资产

C. 发现上年度金额重大的应费用化的借款费用计入了在建工程成本

D. 发现上年度对使用寿命不确定且金额重大的无形资产按 10 年平均摊销

9. 下列各项中，被投资方不应纳入投资方合并财务报表合并范围的有（ ）。

A. 投资方和其他投资方对被投资方实施共同控制

B. 投资方拥有被投资方半数以上表决权但不能控制被投资方

C. 投资方未拥有被投资方半数以上表决权但有权决定其财务和经营政策

D. 投资方直接拥有被投资方半数以上表决权但被投资方已经被宣告清理整顿

10. 下列各项中，应转入事业单位结余的有（ ）。

A. 上级补助收入　　B. 财政补助收入

C. 附属单位上缴收入　　D. 其他收入中的非专项资金收入

三、判断题

（本类题共 10 小题，每小题 1 分，共 10 分。请判断每小题的表述是否正确，并按答题卡要求，用 2B 铅笔填涂答题卡中相应信息点。认为表述正确的，填涂答题卡中信息点[√]；认为表述错误的，填涂答题卡中信息点[×]。每小题答题正确的得 1 分，答题错误的得 0.5 分，不答题的不得分也不扣分。本类题最低得分为零分）

1. 企业已计提跌价准备的存货在结转销售成本时，应一并结转相关的存货跌价准备。（ ）

2. 企业以一笔款项购入多项没有单独标价的固定资产，应将该款项按各项固定资产公允价值占公允价值总额的比例进行分配，分别确定各项固定资产的成本。（ ）

3. 企业将采用经营租赁方式租入的土地使用权转租给其他单位的，应该将土地使用权确认为投资性房地产。（ ）

4. 企业持有待售固定资产，应按账面价值与公允价值减去处置费用后净额孰低进行计量。（ ）

5. 企业持有交易性金融资产的时间超过一年后，应将其重分类为可供出售金融资产。（ ）

6. 企业集团内的母公司直接向其子公司高管人员授予母公司股份的，母公司应在结算前的每个资产负债表日重新计量相关负债的公允价值，并将其公允价值的变动额计入当期损益。（ ）

7. 企业发行的可转换公司债券在初始确认时，应将其负债和权益成分进行分拆，先确定负债成分的公允价值，再确定权益成分的初始入账金额。（ ）

8. 与收益相关的政府补助如不能合理确定其价值，应按名义金额计入当期损益。（ ）

9. 企业编制的合并财务报表涉及境外经营时，实质上构成对境外经营净投资的外币货币性项目产生的汇兑差额应先相互抵消，抵消后仍有余额的，再将该余额转入外币报表折算差额。（ ）

10. 民间非营利组织对其受托代理的非现金资产，如果资产凭据上标明的金额与其公允价值相差较大，应以该资产的公允价值作为入账价值。（ ）

四、计算题

（本类题共2小题，第1小题10分，第2小题12分，共22分。凡要求计算的项目，除特别说明外，均须列出计算过程。计算结果出现小数的，均保留到小数点后两位小数。凡要求编制会计分录的，除题中有特殊要求外，只需写出一级科目）

1. 西山公司2011年度和2012年度与长期股权投资相关的资料如下：

(1)2011年度有关资料：

①1月1日，西山公司以银行存款5 000万元自甲公司股东购入甲公司10%的有表决权的股份。当日，甲公司可辨认净资产的公允价值和账面价值均为48 000万元。西山公司在取得该项投资前，与甲公司及其股东不存在关联方关系，取得该项投资后，对甲公司不具有重大影响。甲公司股份在活跃市场没有报价，其公允价值不能可靠确定。

②4月26日，甲公司宣告分派现金股利3 500万元。

③5月12日，西山公司收到甲公司分派的现金股利，款项已收存银行。

④甲公司2011年度实现净利润6 000万元。

(2)2012年度有关资料：

①1月1日，西山公司以银行存款9 810万元和一项公允价值为380万元的专利权(成本为450万元，累计摊销为120万元)，自甲公司其他股东购入甲公司20%的有表决权的股份。当日，甲公司可辨认净资产的账面价值为50 500万元，公允价值为51 000万元。其差额全部源自存货的公允价值高于其账面价值。西山公司取得甲公司该部分有表决权的股份后，按照甲公司章程的有关规定，派人参与甲公司的财务和生产经营决策。

②4月28日，甲公司宣告分派现金股利4 000万元。

③5月7日，西山公司收到甲公司分派的现金股利，款项已收存银行。

④甲公司2012年度实现净利润8 000万元，年初持有的存货已对外出售60%。

(3)其他资料：

①西山公司除对甲公司进行长期股权投资外，无其他长期股权投资。

②西山公司和甲公司采用相一致的会计政策和会计期间，均按净利润的10%提取盈余公积。

③西山公司对甲公司的长期股权投资在2011年度和2012年度均未出现减值迹象。

④西山公司与甲公司之间在各年度均未发生其他交易。

除上述资料外，不考虑其他因素。要求：

(1)分别确定西山公司2011年度和2012年度核算长期股权投资的方法。

(2)逐项编制西山公司2011年度与长期股权投资有关的会计分录。

(3)逐项编制西山公司2012年度与长期股权投资有关的会计分录。

(4)计算西山公司2012年12月31日资产负债表“长期股权投资”项目的期末数。

(“长期股权投资”科目要求写出明细科目；答案中的金额单位用万元表示)

2. 甲公司2012年度实现利润总额10 000万元，适用的所得税税率为25%；预计未来期间适用的所得税税率不会发生变化，假定未来期间能够产生足够的应纳税所得额用以抵扣暂时性差异。甲公司2012年度发生的有关交易和事项中，会计处理与税法规定存在差异的有：

(1)某批外购存货年初、年末借方余额分别为9 900万元和9 000万元，相关递延所得税资产年初余额为235万元，该批存货跌价准备年初、年末贷方余额分别为940万元和880万元，当年转回存货跌价准备60万元，税法规定，该笔准备金在计算应纳税所得额时不包括在内。

(2)某项外购固定资产当年计提的折旧为1 200万元，未计提固定资产减值准备。该项固定资产是2011年12月18日安装调试完毕并投入使用的，原价为6 000万元，预计使用年限为5年，预计净残值为零。采用年限平均法计提折旧。税法规定，类似固定资产采用年数总和法计提的折旧准予在计算应纳税所得额时扣除，企业在纳税申报时按照年数总和法将该折旧调整为2 000万元。

(3)12月31日，甲公司根据收到的税务部门罚款通知，将应缴罚款300万元确认为营业外支出，款项尚未支付。税法规定，企业该类罚款不允许在计算应纳税所得额时扣除。

(4)当年实际发生的广告费用为25 740万元，款项尚未支付。税法规定，企业发生的广告费、业务宣传费不超过当年销售收入15%的部分允许税前扣除，超过部分允许结转以后年度税前扣除。甲公司当年销售收入为170 000万元。

(5)通过红十字会向地震灾区捐赠现金500万元，已计入营业外支出。税法规定，企业发生的公益性捐赠支出，在年度利润总额12%以内的部分，准予在计算应纳税所得额时扣除。

要求：

(1)分别计算甲公司有关资产、负债在2012年年末的账面价值、计税基础，及其相关的暂时性差异、递延所得税资产或递延所得税负债的余额，计算结果填列在答题卡指定位置的表格中(不必列示计算过程)。

(2)逐项计算甲公司2012年年末应确认或转销递延所得税资产、递延所得税负债的金额。

(3)分别计算甲公司2012年度应纳税所得额、应交所得税以及所得税费用(或收益)的金额。

(4)编制甲公司2012年度与确认所得税费用(或收益)相关的会计分录。

五、综合题

(本类题共2小题，第1小题15分，第2小题18分，共33分。凡要求计算的项目，除了特别说明外，均须列出计算过程。计算结果出现小数的，均保留到小数点后两位小数。凡要求编制会计分录的，除题中有特殊要求外，只需写出一级科目)

1. 甲公司、乙公司和丙公司均为增值税一般纳税人，适用的增值税税率为17%。有关资料如下：

(1)2012年10月12日，经与丙公司协商，甲公司以一项非专利技术和持有的对丁公司的股权投资(划分为可供出售金融资产)换入丙公司持有的对戊公司的长期股权投资。

甲公司非专利技术的原价为1 200万元，已摊销200万元，已计提减值准备100万元，公允价值为1 000万元，应交纳营业税50万元；对丁公司的股权账面价值和公允价值均为400万元，其中，成本为350万元，公允价值变动为50万元。甲公司换入的对戊公司的长期股权投资采用成本法核算。

丙公司对戊公司的长期股权投资的账面价值为 1 100 万元。未计提减值准备，公允价值为 1 200 万元。丙公司另以银行存款向甲公司支付补价 200 万元。

(2)2012 年 12 月 13 日，甲公司获悉乙公司发生财务困难，对应收的向乙公司销售商品的款项 2 340 万元计提坏账准备 280 万元，此前未对该款项计提坏账准备。

(3)2013 年 1 月 1 日，考虑到乙公司近期可能难以按时偿还前欠货款 2 340 万元，经协商，甲公司同意免去乙公司 400 万元的债务，剩余款项应在 2013 年 5 月 31 日前支付；同时约定，乙公司如果截至 5 月 31 日经营状况好转，现金流量比较充裕，应再偿还甲公司 100 万元。当日，乙公司估计截至 5 月 31 日经营状况好转的可能性为 60%。

(4)2013 年 5 月 31 日，乙公司经营状况好转，现金流量较为充裕，按约定偿还了对甲公司的重组债务。

假定有关交易均具有商业实质，不考虑所得税等其他因素。

要求：(答案中的金额单位用万元表示)

(1)分析判断甲公司和丙公司之间的资产交换是否属于非货币性资产交换。

(2)计算甲公司换出非专利技术应确认的损益，并编制甲公司有关业务的会计分录。

(3)编制甲公司与确认坏账准备有关的会计分录。

(4)计算甲公司重组后应收账款的账面价值和重组损益，并编制甲公司有关业务的会计分录。

(5)计算乙公司重组后应付账款的账面价值和重组损益，并编制乙公司有关业务的会计分录。

(6)分别编制甲公司、乙公司 2013 年 5 月 31 日结清重组后债权债务的会计分录。

2. 甲公司为增值税一般纳税人，适用的增值税税率为 17%，适用的所得税税率为 25%，按净利润的 10%计提盈余公积。甲公司与收入有关的资料如下：

(1)2012 年 3 月 25 日，甲公司向丙公司销售一批商品，不含增值税的销售价格为 3 000 万元，增值税税额为 510 万元，该批商品的成本为 2 400 万元，未计提存货跌价准备，该批商品已发出，满足收入确认条件。

4 月 5 日，丙公司在验收该批商品时发现其外观有瑕疵，甲公司同意按不含增值税的销售价格给予 10%的折让，红字增值税专用发票上注明的价款为 300 万元、增值税税额为 51 万元。

5 月 10 日，甲公司收到丙公司支付的款项 3 159 万元。

(2)2012 年 9 月 1 日至 30 日，甲公司开展 A 产品以旧换新业务，共销售 A 产品 100 台，每台不含增值税的销售价格为 10 万元，增值税税额为 1.7 万元，每台销售成本为 7 万元，同时，回收 100 台旧产品作为原材料验收入库，每台不含增值税的回收价格为 1 万元，增值税税额为 0.17 万元，款项均已支付。

(3)2012 年 11 月 20 日，甲公司与戊公司签订一项为期 3 个月的劳务合同，合同总收入为 90 万元，当日，收到戊公司预付的合同款 45 万元。

12 月 31 日，经专业测量师测量后，确定该项劳务的完工程度为 40%。至 12 月 31 日，累计发生的劳务成本为 30 万元，估计完成该合同还将发生劳务成本 40 万元，该项合同的结果能够可靠计量。假定发生的劳务成本均为职工薪酬，不考虑税费等相关因素。

(4)2013 年 1 月 18 日，因产品质量问题，甲公司收到乙公司退回的一批商品，红字增值税专用发票上注明的价款为400万元，增值税税额为68万元，该批商品是2012年12月19日售出，销售成本为320万元，已于当日全部确认为收入，款项仍未收到，未计提坏账准备。甲公司2012年度财务报告批准报出日为2013年3月10日，2012年度所得税汇算清缴于2013年4月30日完成。

除上述资料外，不考虑其他因素。要求：

(1)根据资料(1)～(3)，逐笔编制甲公司相关业务的会计分录(销售成本和劳务成本应逐笔结转)。

(2)根据资料(4)，判断该事项是否属于资产负债表日后调整事项。如为调整事项，编制相应的会计分录。

(“应交税费”科目要求写出明细科目及专栏名称；答案中的金额单位用万元表示)

2014年中级会计职称资格考试

《中级会计实务》试题

一、单项选择题

（本类题共15小题，每小题1分，共15分。每小题备选答案中，只有一个符合题意的正确答案。请将选定的答案，按答题卡要求，用2B铅笔填涂答题卡中相应信息点，多选、错选、不选均不得分）

1. 企业将收到的投资者以外币投入的资本折算为记账本位币时，应采用的折算汇率是（ ）。

A. 投资合同约定的汇率　　B. 投资合同签订时的即期汇率

C. 收到投资款时的即期汇率　　D. 收到投资款当月的平均汇率

2. 2013年12月1日，甲公司与乙公司签订了一项不可撤销的销售合同，约定甲公司于2014年1月12日以每吨2万元的价格（不含增值税）向乙公司销售K产品200吨。2013年12月31日，甲公司库存该产品300吨，单位成本为1.8万元，单位市场销售价格为1.5万元（不含增值税）。甲公司预计销售上述300吨库存产品将发生销售费用和其他相关税费25万元。不考虑其他因素，2013年12月31日，上述300吨库存产品的账面价值为（ ）万元。

A. 425　　B. 525　　C. 540　　D. 550

3. 2013年12月31日，甲公司某项固定资产计提减值准备前的账面价值为1 000万元，公允价值为980万元，预计处置费用为80万元，预计未来现金流量的现值为1 050万元。2013年12月31日，甲公司应对该项固定资产计提的减值准备为（ ）万元。

A. 0　　B. 20　　C. 50　　D. 100

4. 2013年10月31日，甲公司获得只能用于项目研发未来支出的财政拨款1 000万元，该研发项目预计于2014年12月31日完成。2013年10月31日，甲公司应将收到的该笔财政拨款计入（ ）。

A. 研发支出　　B. 递延收益　　C. 营业外收入　　D. 其他综合收益

5. 2013年1月1日起，企业对其确认为无形资产的某项非专利技术按照5年的期限进行摊销，由于替代技术研发进程的加快，2014年1月，企业将该无形资产的剩余摊销年限缩短为2年，这一变更属于（ ）。

A. 会计政策变更　　B. 会计估计变更　　C. 前期差错更正　　D. 本期差错更正

6. 2013年3月5日，甲公司承建一项工程，合同约定的工期为18个月，合同总收入为300万元，预计总成本为250万元。甲公司采用完工百分比法确认收入，完工百分比按照累计实际发生的合同成本占合同预计总成本的比例确定。至2013年末已确认收入140万元，已收到工程款150万元。至2014年6月30日，该工程累计实际发生的成本为200万元，预计至工程完工还将发生成本50万元，剩余工程款将于项目完工时收到。2014年1—6月份，甲公司应确认的收入总额为（ ）万元。

A. 90　　B. 100　　C. 150　　D. 160

7. 2013年4月20日，甲公司以当月1日自银行取得的专门借款支付了建造办公楼的首期工程物资款，5月10日开始施工，5月20日因发现文物需要发掘保护而暂停施工，7月15日复工兴建。甲公司该笔借款费用开始资本化的时点为（　　）。

A. 2013年4月1日　　B. 2013年4月20日

C. 2013年5月10日　　D. 2013年7月15日

8. 2013年7月5日，甲公司与乙公司协商债务重组，同意免去乙公司前欠款中的10万元，剩余款项在2013年9月30日支付；同时约定，截至2013年9月30日，乙公司如果经营状况好转，现金流量充裕，应再偿还甲公司6万元。当日，甲公司估计这6万元届时被偿还的可能性为70%。2013年7月5日，甲公司应确认的债务重组损失为（　　）万元。

A. 4　　B. 5.8　　C. 6　　D. 10

9. 对于因无法满足捐赠所附条件而必须退还给捐赠人的部分捐赠款项，民间非营利组织应将该部分需要偿还的款项确认为（　）。

A. 管理费用　　B. 其他费用　　C. 筹资费用　　D. 业务活动成本

10. 甲公司一台用于生产M产品的设备预计使用年限为5年，预计净残值为零。假定M产品各年产量基本均衡。下列折旧方法中，能够使该设备第一年计提折旧金额最多的是（　）。

A. 工作量法　　B. 年限平均法　　C. 年数总和法　　D. 双倍余额递减法

11. 甲公司自行研发一项新技术，累计发生研究开发支出800万元，其中符合资本化条件的支出为500万元。研发成功后向国家专利局提出专利权申请并获得批准，实际发生注册登记费8万元；为使用该项新技术发生的有关人员培训费为6万元。不考虑其他因素，甲公司该项无形资产的入账价值为（　）万元。

A. 508　　B. 514　　C. 808　　D. 814

12. 事业单位在年末对非财政补助结余进行的下列会计处理中，不正确的是（　）。

A. 将"事业结余"科目借方余额转入"非财政补助结余分配"科目借方

B. 将"事业结余"科目贷方余额转入"非财政补助结余分配"科目贷方

C. 将"经营结余"科目借方余额转入"非财政补助结余分配"科目借方

D. 将"经营结余"科目贷方余额转入"非财政补助结余分配"科目贷方

13. 企业取得或生产制造某项财产物资时所实际支付的现金或者其他等价物属于（　）。

A. 现值　　B. 重置成本　　C. 历史成本　　D. 可变现净值

14. 下列关于不存在减值迹象的可供出售金融资产会计处理的表述中，正确的是（　　）。

A. 取得时将发生的相关交易费用计入当期损益

B. 将出售的剩余部分重分类为交易性金融资产

C. 资产负债表日将公允价值与账面价值的差额计入当期损益

D. 将出售时实际收到的金额与账面价值之间的差额计入当期损益

15. 在可行权日之后，与现金结算的股份支付有关的应付职工薪酬公允价值发生变动的，企业应将该变动金额计入（　　）。

A. 当期损益　　B. 盈余公积　　C. 资本公积　　D. 未分配利润

二、多项选择题

（本类题共 10 小题，每小题 2 分，共 20 分。每小题备选答案中，有两个或两个以上符合题意的正确答案。请将选定的答案，按答题卡要求，用 2B 铅笔填涂答题卡中相应信息点。多选、少选、错选、不选均不得分）

1. 下列各项中，属于借款费用的有（　　）。

A. 银行借款的利息　　B. 债券溢价的摊销

C. 债券折价的摊销　　D. 发行股票的手续费

2. 非货币性资产交换以公允价值计量并且涉及补价的，补价支付方在确定计入当期损益的金额时，应当考虑的因素有（　　）。

A. 支付的补价　　B. 换入资产的成本

C. 换出资产的账面价值　　D. 换入资产发生的相关税费

3. 下列各项中，属于固定资产减值迹象的有（　　）。

A. 固定资产将被闲置

B. 计划提前处置固定资产

C. 有证据表明资产已经陈旧过时

D. 企业经营所处的经济环境在当期发生重大变化且对企业产生不利影响

4. 下列关于工商企业外币交易会计处理的表述中，正确的有（　　）。

A. 结算外币应收账款形成的汇兑差额应计入财务费用

B. 结算外币应付账款形成的汇兑差额应计入财务费用

C. 出售外币交易性金融资产形成的汇兑差额应计入投资收益

D. 出售外币可供出售金融资产形成的汇兑差额应计入资本公积

5. 下列关于固定资产会计处理的表述中，正确的有（　　）。

A. 已转为持有待售的固定资产不应计提折旧

B. 至少每年年度终了对固定资产折旧方法进行复核

C. 至少每年年度终了对固定资产使用寿命进行复核

D. 至少每年年度终了对固定资产预计净残值进行复核

6. 下列用以更正能够确定累积影响数的重要前期差错的方法中，不正确的有（　　）。

A. 追溯重述法　B. 追溯调整法　C. 红字更正法　D. 未来适用法

7. 下列关于商品销售收入确认的表述中，正确的有（　　）。

A. 采用预收款方式销售商品，在收取款项时确认收入

B. 以支付手续费方式委托代销商品，委托方应在向受托方移交商品时确认收入

C. 附有销售退回条件但不能合理确定退货可能性的商品销售，应在售出商品退货期届满时确认收入

D. 采用以旧换新方式销售商品，售出的商品应当按照销售商品收入确认条件确认收入，收回商品作为购进商品处理

8. 下列关于使用寿命有限的无形资产摊销的表述中，正确的有（　　）。

A. 自达到预定用途的下月起开始摊销

B. 至少应于每年年末对使用寿命进行复核

C. 有特定产量限制的经营特许权，应采用产量法进行摊销

D. 无法可靠确定与其有关的经济利益预期实现方式的，应采用直线法进行摊销

9. 下列资产中，资产减值损失一经确认，在以后会计期间不得转回的有（　　）。

A. 在建工程　　B. 长期股权投资

C. 可供出售金融资产中的债券投资　　D. 以成本模式计量的投资性房地产

10. 因部分处置长期股权投资，企业将剩余长期股权投资的核算方法由成本法转变为权益法时进行的下列会计处理中，正确的有（　　）。

A. 按照处置部分的比例结转应终止确认的长期股权投资成本

B. 剩余股权按照处置投资当期期初至处置投资日应享有的被投资单位已实现净损益中的份额调整当期损益

C. 剩余股权按照原取得投资时至处置投资当期期初应享有的被投资单位已实现净损益中的份额调整留存收益

D. 将剩余股权的账面价值大于按照剩余持股比例计算原投资时应享有的投资单位可辨认净资产公允价值份额的差额，调整长期股权投资的账面价值

三、判断题

（本类题共 10 小题，每小题 1 分，共 10 分。请判断每小题的表述是否正确，并按答题卡要求，用 2B 铅笔填涂答题卡中相应信息点。认为表述正确的，填涂答题卡中信息点[√]；认为表述错误的，填涂答题卡中信息点[×]。每小题答题正确的得 1 分，答题错误的扣 0.5 分，不答题的不得分也不扣分。本类题最低得分为零分）

1. 资产组一经确定，在各个会计期间应当保持一致，不得随意变更。（　　）

2. 按暂估价值入账的固定资产在办理竣工结算后，企业应当根据暂估价值与竣工结算价值的差额调整原已计提的折旧金额。（　　）

3. 对直接用于出售的存货和用于继续加工的存货，企业在确定其可变现净值时应当考虑不同的因素。（　　）

4. 会计计量是为了将符合确认条件的会计要素登记入账，并列报于财务报表而确定其金额的过程。（　　）

5. 企业当期产生的外币报表折算差额，应在利润表“财务费用”项目中列示。（　　）

6. 企业每一会计期间的利息资本化金额不应当超过当期相关借款实际发生的利息金额。（　　）

7. 企业用于生产某种产品的、已确认为无形资产的非专利技术，其摊销金额应计入当期管理费用。（　　）

8. 事业单位长期投资在持有期间应采用成本法核算，除非追加或收回投资，其账面价值应一直保持不变。（　　）

9. 售后租回交易认定为融资租赁，售价与资产账面价值之间的差额应予递延，并按该项租赁资产的折旧进度进行分摊，作为折旧费用的调整。（　　）

10. 政府鼓励企业安置职工就业而给予的奖励款项不属于政府补助。（　　）

四、计算分析题

（本类题共2小题，第1小题10分，第2小题12分，共22分。凡要求计算的项目，除特别说明外，均须列出计算过程。计算结果出现小数的，均保留到小数点后两位小数。凡要求编制会计分录的，除题中有特殊要求外，只需写出一级科目）

1. 甲公司2011—2013年度对乙公司债券投资业务的相关资料如下：

(1)2011年1月1日，甲公司以银行存款900万元购入乙公司当日发行的5年期公司债券，作为持有至到期投资核算，该债券面值总额为1 000万元，票面年利率为5%，每年年末支付利息，到期一次偿还本金，但不得提前赎回。甲公司该债券投资的实际年利率为7.47%。

(2)2011年12月31日，甲公司收到乙公司支付的债券利息50万元。当日，该债券投资不存在减值迹象。

(3)2012年12月31日，甲公司收到乙公司支付的债券利息50万元。当日，甲公司获悉乙公司发生财务困难，对该债券投资进行了减值测试，预计该债券投资未来现金流量的现值为800万元。

(4)2013年1月1日，甲公司以801万元的价格全部售出所持有的乙公司债券，款项已收存银行。

假定甲公司的持有到期投资全部为对乙公司的债券投资。除上述资料外，不考虑其他因素。

要求：

(1)计算甲公司2011年度持有至到期投资的投资收益。

(2)计算甲公司2012年度持有至到期投资的减值损失。

(3)计算甲公司2013年1月1日出售持有至到期投资的损益。

(4)根据资料(1)～(4)，逐笔编制甲公司持有至到期投资相关的会计分录。

（"持有至到期投资"科目要求写出必要的明细科目；答案中的金额单位用万元表示）

2. 2010年12月16日，甲公司与乙公司签订了一项租赁协议，将一栋经营管理用写字楼出租给乙公司，租赁期为3年，租赁期开始日为2011年1月1日，年租金为240万元，于每年年初收取。相关资料如下：

(1)2010年12月31日，甲公司将该写字楼停止自用，准备出租给乙公司，拟采用成本模式进行后续计量，预计尚可使用46年，预计净现值为20万元，采用年限平均法计提折旧，不存在减值迹象。该写字楼于2006年12月31日达到预定可使用状态时的账面原价为1 970万元，预计使用年限为50年，预计净残值为20万元，采用年限平均法计提折旧。

(2)2011年1月1日，预收当年租金240万元，款项已收存银行。甲公司按月将租金收入确认为其他业务收入，并结转相关成本。

(3)2012年12月31日，甲公司考虑到所在城市存在活跃的房地产市场，并且能够合理估计该写字楼的公允价值，为提供更相关的会计信息，将投资性房地产的后续计量从成本模式转换为公允价值模式，当日，该写字楼的公允价值为2 000万元。

(4)2013年12月31日，该写字楼的公允价值为2 150万元。

(5)2014年1月1日，租赁合同到期，甲公司为解决资金周转困难，将该写字楼出售给丙企业，价款为2 100万元，款项已收存银行。

甲公司按净利润的10%提取法定盈余公积，不考虑其他因素。

要求：

(1)编制甲公司2010年12月31日将该写字楼转换为投资性房地产的会计分录。

(2)编制甲公司2011年1月1日收取租金、1月31日确认租金收入和结转相关成本的会计分录。

(3)编制甲公司2012年12月31日将该投资性房地产的后续计量由成本模式转换为公允价值模式的相关会计分录。

(4)编制甲公司2013年12月31日确认公允价值变动损益的相关会计分录。

(5)编制甲公司2014年1月1日处置该投资性房地产时的相关会计分录。

(采用公允价值模式进行后续计量的投资性房地产应写出必要的明细科目；答案中的金额单位用万元表示)

五、综合题

(本类题共2小题，第1小题15分，第2小题18分，共33分。凡要求计算的项目，除特别说明外，均须列出计算过程。计算结果出现小数的，均保留到小数点后两位小数。凡要求编制会计分录的，除题中的特殊要求外，只需写出一级科目)

1. 甲公司适用的所得税税率为25%，且预计在未来期间保持不变，2013年度所得税汇算清缴于2014年3月20日完成；2013年度财务报告批准报出日为2014年4月5日。甲公司的有关资料如下：

(1)2013年10月12日，甲公司与乙公司签订了一项销售合同，约定甲公司在2014年1月10日以每件5万元的价格出售100件A产品，甲公司如不能按期交货，应在2014年1月15日之前向乙公司支付合同总价款的10%的违约金。签订合同时，甲公司尚未开始生产A产品，也未持有用于生产A产品的原材料。至2013年12月28日，甲公司为生产A产品拟从市场购入原材料时，该原材料的价格已大幅上涨，预计A产品的单位生产成本为6万元。2013年12月31日，甲公司仍在与乙公司协商是否继续履行该合同。

(2)2013年10月16日，甲公司与丙公司签订了一项购货合同，约定甲公司于2013年11月20日之前向丙公司支付首期购货款500万元。2013年11月8日，甲公司已从丙公司收到所购货物。2013年11月25日，甲公司因资金周转困难未能按期支付首期购货款而被丙公司起诉，至2013年12月31日该案尚未判决。甲公司预计败诉的可能性为70%，如败诉，将要支付60万～100万元的赔偿金，且该区间内每个金额发生的可能性大致相同。

(3)2014年1月26日，人民法院对上述丙公司起诉甲公司的案件作出判决，甲公司应赔偿丙公司90万元，甲公司和丙公司均表示不再上诉。当日，甲公司向丙公司支付了90万元的赔偿款。

(4)2013年12月26日，甲公司与丁公司签订了一项售价总额为1 000万元的销售合同，约定甲公司于2014年2月10日向丁公司发货。甲公司因2014年1月23日遭受严重自然灾害无法按时交货，与丁公司协商未果。2014年2月15日，甲公司被丁公司起诉；2014年2月20日，甲公司同意向丁公司赔偿100万元。丁公司撤回了该诉讼。该赔偿金额对甲公司具有较大影响。

(5)其他资料：

①假定递延所得税资产、递延所得税负债、预计负债在2013年1月1日的期初余额均为零。

②涉及递延所得税资产的，假定未来期间能够产生足够的应纳税所得额用以利用可抵扣暂时性差异。

③与预计负债相关的损失在确认预计负债时不允许从应纳税所得额中扣除，只允许在实际发生时据实从应纳税所得额中扣除。

④调整事项涉及所得税的，均可调整应交所得税。

⑤按照净利润的10%计提法定盈余公积。

⑥不考虑其他因素。

要求：

(1)根据资料(1)，判断甲公司应否将与该事项相关的义务确认为预计负债，并简要说明理由。如需确认，计算确定预计负债的金额，并分别编制确认预计负债、递延所得税资产(或递延所得税负债)的会计分录。

(2)根据资料(2)，判断甲公司应否将与该事项相关的义务确认为预计负债，并简要说明理由。如需确认，计算确定预计负债的金额，并分别编制确认预计负债、递延所得税资产(或递延所得税负债)的会计分录。

(3)分别判断资料(3)和资料(4)中甲公司发生的事项是否属于2013年度资产负债表日后调整事项，并简要说明理由。如为调整事项，编制相关会计分录；如为非调整事项，简要说明具体的会计处理方法。

(答案中的金额单位用万元表示)

2. 甲公司与长期股权投资、合并财务报表有关的资料如下：

(1)2013年度资料

①1月1日，甲公司与非关联方丁公司进行债务重组，丁公司以其持有的公允价值为15 000万元的乙公司70%有表决权的股份，抵偿前欠甲公司货款16 000万元。甲公司对上述应收账款已计提坏账准备800万元。乙公司股东变更登记手续及董事会改选工作已于当日完成。交易前，甲公司与乙公司不存在关联方关系且不持有乙公司任何股份；交易后，甲公司能够对乙公司实施控制并将持有的乙公司股份作为长期股权投资核算，当日，乙公司可辨认净资产的公允价值和账面价值均为20 000万元，其中股本为10 000万元，资本公积为5 000万元，盈余公积为2 000万元，未分配利润为3 000万元。

②12月1日，甲公司向乙公司销售A产品一台，销售价格为3 000万元，销售成本为2 400万元；乙公司当日收到后作为管理用固定资产并于当月投入使用，该固定资产预计使用年限为5年，预计净残值为零，采用年限平均法计提折旧。12月31日，甲公司尚未收到上述款项，对其计提坏账准备90万元；乙公司未对该固定资产计提减值准备。

③2013年度，乙公司实现的净利润为零，未进行利润分配，所有者权益无变化。

(2)2014年度资料

①1月1日，甲公司以银行存款280 000万元取得丙公司100%有表决权的股份，并作为长期股权投资核算。交易前，甲公司与丙公司不存在关联方关系且不持有丙公司任何股份；交易后，甲公司能够对丙公司实施控制。当日，丙公司可辨认净资产的公允价值和账面

价值均为 280 000 万元，其中股本为 150 000 万元，资本公积为 60 000 万元，盈余公积为 30 000万元，未分配利润为 40 000 万元。

②3 月 1 日，甲公司以每套 130 万元的价格购入丙公司 B 产品 10 套，作为存货，货款于当日以银行存款支付。丙公司生产 B 产品的单位成本为 100 万元/套，至 12 月 31 日，甲公司以每套售价 150 万元对外销售 8 套，另外 2 套存货不存在减值迹象。

③5 月 9 日，甲公司收到丙公司分配的现金股利 500 万元。

④12 月 31 日，甲公司以 15 320 万元将其持有的乙公司股份全部转让给戊公司，款项已收存银行，乙公司股东变更登记手续及董事会改选工作已于当日完成，当日，甲公司仍未收到乙公司前欠的 3 000 万元货款，对其补提了 510 万元的坏账准备，坏账准备余额为 600 万元。

⑤2014 年度，乙公司实现的净利润为 300 万元，除净损益和股东变更外，没有影响所有者权益的其他交易或事项；丙公司实现的净利润为 960 万元，除净损益外，没有影响所有者权益的其他交易或事项。

(3)其他相关资料

①甲、乙、丙公司均以公历年度作为会计年度，采用相同的会计政策。

②假定不考虑增值税、所得税及其他因素。

要求：

(1)根据资料(1)，编制甲公司取得乙公司股份的会计分录。

(2)根据资料(1)，计算甲公司在 2013 年 1 月 1 日编制合并财务报表时应确认的商誉。

(3)根据资料(1)，逐笔编制与甲公司编制 2013 年度合并财务报表相关的抵消分录(不要求编制与合并现金流量表相关的抵消分录)。

(4)根据资料(2)，计算甲公司出售乙公司股份的净损益，并编制相关的会计分录。

(5)根据资料(2)，分别说明在甲公司编制的 2014 年度合并财务报表中应如何列示乙公司的资产、负债、所有者权益、收入、费用、利润和现金流量。

(6)根据资料(2)，逐笔编制与甲公司编制 2014 年度合并财务报表相关的调整、抵消分录(不要求编制与合并现金流量表相关的抵消分录)。

(答案中的金额单位用万元表示)

2015年中级会计职称资格考试

《中级会计实务》试题

一、单项选择题

（本类题共15小题，每小题1分，共15分。每小题备选答案中，只有一个符合题意的正确答案。请将选定的答案，按答题卡要求，用2B铅笔填涂答题卡中相应信息点。多选、错选、不选均不得分）

1. 甲公司向乙公司发出一批实际成本为30万元的原材料，另支付加工费6万元（不含增值税），委托乙公司加工一批适用消费税税率为10%的应税消费品，加工完成收回后，全部用于连续生产应税消费品，乙公司代扣代缴的消费税款准予后续抵扣。甲公司和乙公司均是增值税一般纳税人，适用的增值税税率均为17%。不考虑其他因素，甲公司收回的该批应税消费品的实际成本为（ ）万元。

A. 36　　B. 39.6　　C. 40　　D. 42.12

2. 甲公司是增值税一般纳税人，2015年8月31日以不含增值税的价格100万元售出2009年购入的一台生产用机床，增值税销项税额为17万元，该机床的原价为200万元（不含增值税），已计提折旧120万元，已计提减值30万元，不考虑其他因素，甲公司处置该机床的利得为（ ）万元。

A. 3　　B. 20　　C. 33　　D. 50

3. 下列各项资产减值准备中，在以后会计期间符合转回条件予以转回时，应直接计入所有者权益类科目的是（ ）。

A. 坏账准备　　B. 持有至到期投资减值准备

C. 可供出售权益工具减值准备　　D. 可供出售债务工具减值准备

4. 2014年12月31日，甲公司某项无形资产的原价为120万元，已摊销42万元，未计提减值准备，当日，甲公司对该无形资产进行减值测试，预计公允价值减去处置费用后的净额为55万元，未来现金流量的现值为60万元。2014年12月31日，甲公司应为该无形资产计提的减值准备为（ ）万元。

A. 18　　B. 23　　C. 60　　D. 65

5. 2014年2月3日，甲公司以银行存款2 003万元（其中含相关交易费用3万元）从二级市场购入乙公司股票100万股，作为交易性金融资产核算。2014年7月10日，甲公司收到乙公司于当年5月25日宣告分派的现金股利40万元；2014年12月31日，上述股票的公允价值为2 800万元。不考虑其他因素，该项投资使甲公司2014年营业利润增加的金额为（ ）万元。

A. 797　　B. 800　　C. 837　　D. 840

6. 下列各项交易或事项中，属于股份支付的是（ ）。

A. 股份有限公司向其股东分派股票股利

B. 股份有限公司向其高管授予股票期权

C. 债务重组中债务人向债权人定向发行股票抵偿债务

D. 企业合并中合并方向被合并方股东定向增发股票作为合并对价

7. 企业对向职工提供的非货币性福利进行计量时，应选择的计量属性是（　　）。

A. 现值　　B. 历史成本　　C. 重置成本　　D. 公允价值

8. 甲公司以950万元发行面值为1 000万元的可转换公司债券，其中负债成分的公允价值为890万元。不考虑其他因素，甲公司发行该债券应计入所有者权益的金额为（　　）万元。

A. 0　　B. 50　　C. 60　　D. 110

9. 2015年1月1日，甲公司从乙公司融资租入一台生产设备，该设备的公允价值为800万元，最低租赁付款额的现值为750万元，甲公司担保的资产余值为100万元。不考虑其他因素，甲公司该设备的入账价值为（　　）万元。

A. 650　　B. 750　　C. 800　　D. 850

10. 甲公司于2014年1月1日成立，承诺产品售后3年内向消费者免费提供维修服务，预计保修期内将发生的保修费在销售收入的3%～5%之间，且这个区间内每个金额发生的可能性相同。当年甲公司实现的销售收入为1 000万元，实际发生的保修费为15万元。不考虑其他因素，甲公司2014年12月31日资产负债表预计负债项目的期末余额为（　　）万元。

A. 15　　B. 25　　C. 35　　D. 40

11. 2015年1月10日，甲公司收到专项财政拨款60万元，用以购买研发部门使用的某特种仪器。2015年6月20日，甲公司购入该仪器后立即投入使用。该仪器预计使用年限为10年，预计净残值为零，采用年限平均法计提折旧。不考虑其他因素，2015年度甲公司应确认的营业外收入为（　　）万元。

A. 3　　B. 3.5　　C. 5.5　　D. 6

12. 2014年12月1日，甲公司以300万港元取得乙公司在香港联交所挂牌交易的H股100万股，作为可供出售金融资产核算。2014年12月31日，上述股票的公允价值为350万港元。甲公司以人民币作为记账本位币，假定2014年12月1日和31日1港元的即期汇率分别为0.83元人民币和0.81元人民币。不考虑其他因素，2014年12月31日，甲公司因该资产计入所有者权益的金额为（　　）万元。

A. 34.5　　B. 40.5　　C. 41　　D. 41.5

13. 企业对该资产负债表日后调整事项进行会计处理时，下列报告年度财务报表项目中，不应调整的是（　　）。

A. 损益类项目　　B. 应收账款项目

C. 货币资金项目　　D. 所有者权益类项目

14. 2014年1月1日，甲公司以1 800万元自非关联方购入乙公司100%有表决权的股份，取得对乙公司的控制权；乙公司当日可辨认净资产的账面价值和公允价值均为1 500万元。2015年度，乙公司以当年1月1日可辨认资产公允价值为基础计算实现的净利润为125万元，未发生其他影响所有者权益变动的交易或事项。2015年1月1日，甲公司以2 000万元转让上述股份的80%，剩余股份的公允价值为500万元。转让后，甲公司能够对乙公司施加重大影响。不考虑其他因素，甲公司因转让该股份计入2015年度合并财务报表中投资收益项目的金额为（　　）万元。

A. 560　　B. 575　　C. 700　　D. 875

15. 下列各项中，属于以后不能重分类进损益的其他综合收益的是（　　）。

A. 外币财务报表折算差额

B. 现金流量套期的有效部分

C. 可供出售金融资产公允价值变动损益

D. 重新计量设定受益计划净负债或净资产的变动额

二、多项选择题

（本类题共 10 小题，每小题 2 分，共 20 分。每小题备选答案中，有两个或两个以上符合题意的正确答案。请将选定的答案，按答题卡要求，用 2B 铅笔填涂答题卡中相应信息点。多选、少选、错选、不选均不得分）

1. 企业为外购存货发生的下列各项支出中，应计入存货成本的有（　　）。

A. 入库前的挑选整理费　　B. 运输途中的合理损耗

C. 不能抵扣的增值税进项税额　　D. 运输途中因自然灾害发生的损失

2. 企业在固定资产发生资本化后续支出并达到预定可使用状态时进行的下列各项会计处理中，正确的有（　　）。

A. 重新预计净残值　　B. 重新确定折旧方法

C. 重新确定入账价值　　D. 重新预计使用寿命

3. 下列各项中，应作为投资性房地产核算的有（　　）。

A. 已出租的土地使用权　　B. 以经营租赁方式租入再转租的建筑物

C. 持有并准备增值后转让的土地使用权　　D. 出租给本企业职工居住的自建宿舍楼

4. 企业将境外经营的财务报表折算为以企业记账本位币反映的财务报表时，应当采用资产负债表日即期汇率折算的项目有（　　）。

A. 固定资产　　B. 应付账款　　C. 营业收入　　D. 未分配利润

5. 下列各项中，属于非货币性资产的有（　　）。

A. 应收账款　　B. 无形资产　　C. 在建工程　　D. 长期股权投资

6. 下列各项中，属于设定受益计划中计划资产回报的有（　　）。

A. 计划资产产生的股利　　B. 计划资产产生的利息

C. 计划资产已实现的利得　　D. 计划资产未实现的损失

7. 2015 年 7 月 1 日，甲公司因财务困难以其生产的一批产品偿付了应付乙公司的账款 1 200万元，该批产品的实际成本为 700 万元，未计提存货跌价准备，公允价值为 1 000 万元，增值税销项税额 170 万元由甲公司承担。不考虑其他因素，甲公司进行的下述会计处理中，正确的有（　　）。

A. 确认债务重组利得 200 万元　　B. 确认主营业务成本 700 万元

C. 确认主营业务收入 1 000 万元　　D. 终止确认应付乙公司账款 1 200 万元

8. 下列各项中，投资方在确定合并财务报表的合并范围时应予考虑的因素有（　　）。

A. 被投资方的设立目的

B. 投资方是否拥有对被投资方的权力

C. 投资方是否通过参与被投资方的相关活动而享有可变回报

D. 投资方是否有能力运用对被投资方的权力影响其回报金额

9. 母公司在编制合并财务报表前，对子公司所采用会计政策与其不一致的情形进行的下列会计处理中，正确的有(　　)。

A. 按照子公司的会计政策另行编报母公司的财务报表

B. 要求子公司按照母公司的会计政策另行编报子公司的财务报表

C. 按照母公司自身的会计政策对子公司财务报表进行必要的调整

D. 按照子公司的会计政策对母公司自身财务报表进行必要的调整

10. 某事业单位 2015 年度收到财政部门批复的 2014 年年末未下达零余额账户用款额度 300 万元，下列会计处理中，正确的有(　　)。

A. 贷记“财政补助收入”300 万元　　B. 借记“财政补助结转”300 万元

C. 贷记“财政应返还额度”300 万元　　D. 借记“零余额账户用款额度”300 万元

三、判断题

(本类题共 10 小题，每小题 1 分，共 10 分。请判断每小题的表述是否正确，并按答题卡要求，用 2B 铅笔填涂答题卡中相应信息点。认为表述正确的，填涂答题卡中信息点[√]；认为表述错误的，填涂答题卡中信息点[×]。每小题答题正确的得 1 分，答题错误的扣 0.5 分，不答题的不得分也不扣分。本类题最低得分为零分)

1. 公允价值是指市场参与者在计量日发生的有序交易中，出售一项资产所能收到或转移一项负债所需支付的价格。(　　)

2. 企业为执行销售合同而持有的存货，其可变现净值应以合同价格为基础计算。(　　)

3. 企业将土地使用权用于自行开发建造自用厂房的，该土地使用权与厂房应分别进行摊销和提取折旧。(　　)

4. 母公司在编制合并现金流量表时，应将其直接以现金对于公司进行长期股权投资形成的现金流量，与子公司筹资活动形成的与之对应的现金流量相互抵消。(　　)

5. 非货币性资产交换不具有商业实质的，支付补价方应以换出资产的账面价值加上支付的补价和应支付的相关税费作为换入资产的成本，不确认损益。(　　)

6. 企业发行的原归类为权益工具的永续债，现因经济环境的改变需要重新分类为金融负债的，在重分类日应按账面价值计量。(　　)

7. 在企业不提供资金的情况下，境外经营活动产生的现金流量难以偿还其现有债务和正常情况下可预期债务的，境外经营应当选择与企业记账本位币相同的货币作为记账本位币。(　　)

8. 总承包商在采用累计实际发生的合同成本占合同预计总成本的比例确定总体工程的完工进度时，应将分包工程的工作量完成之前预付给分包单位的工程款项计入累计实际发生的合同成本。(　　)

9. 企业难以将某项变更区分为会计政策变更还是会计估计变更的，应将其作为会计政策变更处理。(　　)

10. 民间非营利组织应当采用收付实现制作为会计核算基础。(　　)

四、计算分析题

（本类题共 2 小题，第 1 小题 10 分，第 2 小题 12 分，共 22 分。凡要求计算的项目，除特别说明外，均须列出计算过程。计算结果出现小数的，均保留到小数点后两位小数。凡要求编制会计分录的，除题中有特殊要求外，只需写出一级科目）

1. 甲公司是增值税一般纳税人，适用的增值税税率为 17%。有关资料如下：

资料一：2014 年 8 月 1 日，甲公司从乙公司购入 1 台不需安装的 A 生产设备并投入使用，已收到增值税专用发票，价款为 1 000 万元，增值税税额为 170 万元，付款期为 3 个月。

资料二：2014 年 11 月 1 日，应付乙公司款项到期，甲公司虽有付款能力，但因该设备在使用过程中出现过故障，与乙公司协商未果，未按时支付。2014 年 12 月 1 日，乙公司向人民法院提起诉讼，至当年 12 月 31 日，人民法院尚未判决。甲公司的法律顾问认为败诉的可能性为 70%，预计支付诉讼费 5 万元，逾期利息在 20 万～30 万元之间，且这个区间内每个金额发生的可能性相同。

资料三：2015 年 5 月 8 日，人民法院判决甲公司败诉，承担诉讼费 5 万元，并在 10 日内向乙公司支付欠款 1 170 万元和逾期利息 50 万元。甲公司和乙公司均服从判决，甲公司于 2015 年 5 月 16 日以银行存款支付上述所有款项。

资料四：甲公司 2014 年度财务报告已于 2015 年 4 月 20 日报出，不考虑其他因素。

要求：

(1)编制甲公司购进固定资产的相关会计分录。

(2)判断说明甲公司 2014 年年末就该未决诉讼案件是否应当确认预计负债及其理由；如果应当确认预计负债，编制相关会计分录。

(3)编制甲公司服从判决支付款项的相关会计分录。

2. 甲公司 2014 年年初递延所得税负债的余额为零，递延所得税资产的余额为 30 万元（是 2013 年年末应收账款的可抵扣暂时性差异产生）。甲公司 2014 年度有关交易和事项的会计处理中，与税法规定存在差异的有：

资料一：2014 年 1 月 1 日，购入一项非专利技术并立即用于生产 A 产品，成本为 200 万元，因无法合理预计其带来经济利益的期限，作为使用寿命不确定的无形资产核算。2014 年 12 月 31 日，对该项无形资产进行减值测试后未发现减值。根据税法规定，企业在计税时，对该项无形资产按照 10 年的期限摊销，有关摊销额允许税前扣除。

资料二：2014 年 1 月 1 日，按面值购入当日发行的三年期国债 1 000 万元，作为持有至到期投资核算。该债券票面年利率为 5%，每年年末付息一次，到期偿还面值。2014 年 12 月 31 日，甲公司确认了 50 万元的利息收入。根据税法规定，国债利息收入免征企业所得税。

资料三：2014 年 12 月 31 日，应收账款账面余额为 10 000 万元，减值测试前坏账准备的余额为 200 万元，减值测试后补提坏账准备 100 万元。根据税法规定，提取的坏账准备不允许税前扣除。

资料四：2014 年度，甲公司实现的利润总额为 10 070 万元，适用的所得税税率为 15%；预计从 2015 年开始适用的所得税税率为 25%，且未来期间保持不变。假定未来期间能够产生足够的应纳税所得额用以抵扣暂时性差异，不考虑其他因素。

要求：

(1)分别计算甲公司 2014 年度应纳税所得额和应交所得税的金额。

(2)分别计算甲公司 2014 年年末资产负债表“递延所得税资产”、“递延所得税负债”项目“期末余额”栏应列示的金额。

(3)计算确定甲公司 2014 年度利润表“所得税费用”项目“本年金额”栏应列示的金额。

(4)编制甲公司与确认应交所得税、递延所得税资产、递延所得税负债和所得税费用相关的会计分录。

五、综合题

（本类题共 2 小题，第 1 小题 15 分，第 2 小题 18 分，共 33 分。凡要求计算的项目，除特别说明外，均须列出计算过程。计算结果出现小数的，均四舍五入保留小数点后两位小数。凡要求编制会计分录的，除题中有特殊要求外，只需写出一级科目。答案中的金额单位用万元表示）

1. 甲公司 2013—2015 年对乙公司股票投资的有关资料如下：

资料一：2013 年 1 月 1 日，甲公司定向发行每股面值为 1 元、公允价值为 4.5 元的普通股 1 000 万股作为对价取得乙公司 30%的有表决权的股份。交易前，甲公司与乙公司不存在关联方关系且不持有乙公司股份；交易后，甲公司能够对乙公司施加重大影响。取得投资日，乙公司可辨认净资产的账面价值为 16 000 万元，除行政管理用 W 固定资产外，其他各项资产、负债的公允价值分别与其账面价值相同。该固定资产原价为 500 万元，原预计使用上限为 5 年，预计净残值为零，采用年限平均法计提折旧，已计提折旧 100 万元；当日，该固定资产的公允价值为 480 万元，预计尚可使用 4 年，与原预计剩余年限相一致，预计净残值为零，继续采用原方法计提折旧。

资料二：2013 年 8 月 20 日，乙公司将其成本为 900 万元的 M 商品以不含增值税的价格 1 200 万元出售给甲公司。至 2013 年 12 月 31 日，甲公司向非关联方累计售出该商品 50%，剩余 50%作为存货，未发生减值。

资料三：2013 年度，乙公司实现的净利润为 6 000 万元，因可供出售金融资产公允价值变动增加其他综合收益 200 万元，未发生其他影响乙公司所有者权益变动的交易或事项。

资料四：2014 年 1 月 1 日，甲公司将对乙公司股权投资的 80%出售给非关联方，取得价款 5 600 万元，相关手续于当日完成，剩余股份当日的公允价值为 1 400 万元。出售部分股份后，甲公司对乙公司不再具有重大影响，将剩余股权投资转为可供出售金融资产。

资料五：2014 年 6 月 30 日，甲公司持有乙公司股票的公允价值下跌至 1 300 万元，预计乙公司股价下跌是暂时性的。

资料六：2014 年 7 月起，乙公司股票的价格持续下跌，至 2014 年 12 月 31 日，甲公司持有乙公司股票的公允价值下跌至 800 万元，甲公司判断该股权投资已发生减值，并计提减值准备。

资料七：2015 年 1 月 8 日，甲公司以 780 万元的价格在二级市场上售出所持乙公司的全部股票。

资料八：甲公司和乙公司采用的会计政策、会计期间相同，假定不考虑增值税、所得税等其他因素。

要求：

(1)判断说明甲公司2013年度对乙公司长期股权投资应采用的核算方法，并编制甲公司取得乙公司股权投资的会计分录。

(2)计算甲公司2013年度应确认的投资收益和应享有乙公司其他综合收益变动的金额，并编制相关会计分录。

(3)计算甲公司2014年1月1日处置部分股权投资交易对公司营业利润的影响额，并编制相关会计分录。

(4)分别编制甲公司2014年6月30日和12月31日与持有乙公司股票相关的会计分录。

(5)编制甲公司2015年1月8日处置乙公司股票的相关会计分录。（“长期股权投资”、“可供出售金融资产”科目应写出必要的明细科目）

2. 甲公司是增值税一般纳税人，适用的增值税税率为17%，适用的所得税税率为25%，预计在未来期间保持不变。甲公司已按2014年度实现的利润总额6 000万元计算确认了当年的所得税费用和应交所得税，金额均为1 500万元，按净利润的10%提取了法定盈余公积。甲公司2014年度财务报告批准报出日为2015年3月25日；2014年度的企业所得税汇算清缴在2015年4月20日完成。2015年1月28日，甲公司对与2014年度财务报告有重大影响的经济业务及其会计处理进行检查，有关资料如下：

资料一：2014年12月1日，甲公司委托乙公司销售A商品1 000件，商品已全部移交乙公司，每件成本为500元，合同约定，乙公司应按每件不含增值税的固定价格600元对外销售，甲公司按每件30元向乙公司支付代销售出商品的手续费；代销期限为6个月，代销期限结束时，乙公司将尚未售出的A商品退回甲公司；每月月末，乙公司向甲公司提交代销清单。2014年12月31日，甲公司收到乙公司开具的代销清单，注明已售出A商品400件，乙公司对外开具的增值税专用发票上注明的销售价格为24万元，增值税税额为4.08万元，当日，甲公司向乙公司开具了一张相同金额的增值税专用发票，按扣除手续费1.2万元后的净额26.88万元与乙公司进行了货款结算，甲公司已将款项收存银行。根据税法规定，甲公司的增值税纳税义务在收到代销清单时产生。甲公司2014年对上述业务进行了如下会计处理（单位：万元）：

借：应收账款　　60

　贷：主营业务收入　　60

借：主营业务成本　　50

　贷：库存商品　　50

借：银行存款　　26.88

　销售费用　　1.2

　贷：应收账款　　24

　　应交税费——应交增值税（销项税额）　　4.08

资料二：2014年12月2日，甲公司接受丙公司委托，与丙公司签订了一项总金额为500万元的软件开发合同，合同规定的开发期为12个月。至2014年12月31日，甲公司已收到丙公司支付的首期合同款40万元，已发生软件开发成本50万元（均为开发人员薪酬），该合同的结果能够可靠估计，预计还将发生350万元的成本。2014年12月31日，甲公司根据软件开发特点决定通过对已完工作的测量确定完工进度，经专业测量师测定，该软件的完工进度为10%，根据税法规定，甲公司此项业务免征增值税。甲公司2014年对上述业务进行了如下会计处理(单位:万元)

借:银行存款 40

　贷:主营业务收入 40

借:劳务成本 50

　贷:应付职工薪酬 50

借:主营业务成本 50

　贷:劳务成本 50

资料三:2014年6月5日，甲公司申请一项用于制造导航芯片技术的国家级研发补贴。申请书中的相关内容如下:甲公司拟于2014年7月1日起对导航芯片制造技术进行研发，期限24个月，预计研发支出为1 200万元(其中计划自筹600万元，申请财政补贴600万元);科研成果的所有权归属于甲公司。2014年6月15日，有关主管部门批准了甲公司的申请，同意给予补贴款600万元，但不得挪作他用。2014年7月1日，甲公司收到上述款项后开始研发，至2014年12月31日该项目还处于研发过程中，预计能如期完成。甲公司对该项补贴难以区分与资产相关的部分和与收益相关的部分。根据税法规定，该财政补贴款属于不征税收入。甲公司2014年7月1日对上述财政补贴业务进行了如下会计处理(单位:万元):

借:银行存款 600

　贷:营业外收入 600

要求:

(1)判断甲公司对委托代销业务的会计处理是否正确，并判断该事项是否属于资产负债表日后调整事项;如果属于调整项目，编制相关的调整分录。

(2)判断甲公司对软件开发业务的会计处理是否正确，并判断该事项是否属于资产负债表日后调整事项;如果属于调整事项，编制相关的调整分录。

(3)判断甲公司对财政补贴业务的会计处理是否正确，并判断该事项是否属于资产负债表日后调整事项;如果属于调整事项，编制相关的调整分录。